马克思主义哲学
中国化实践研究

MAKESI ZHUYI ZHEXUE
ZHONGGUOHUA SHIJIAN YANJIU

杜学礼　著

中国水利水电出版社
www.waterpub.com.cn

内 容 提 要

本书从两个方面介绍了马克思主义哲学中国化的实践经验，一是以马克思主义哲学中国化的成果为线，系统介绍了马克思主义哲学中国化的两大历史成果：毛泽东思想和中国特色社会主义理论体系；二是以马克思主义哲学在当代社会发展的热点问题为线，介绍了马克思主义哲学中国化的经验、发展问题和理论创新三个方面。总体来说，本书结构严谨、逻辑严密，适合作为广大理论工作者研究参考之用。

图书在版编目（CIP）数据

马克思主义哲学中国化实践研究 / 杜学礼著. -- 北京：中国水利水电出版社，2014.11（2022.9重印）
 ISBN 978-7-5170-2672-3

Ⅰ. ①马… Ⅱ. ①杜… Ⅲ. ①马克思主义哲学－发展－研究－中国 Ⅳ. ①B27

中国版本图书馆CIP数据核字(2014)第260665号

策划编辑：杨庆川　责任编辑：杨元泓　封面设计：崔 蕾

书　　名	马克思主义哲学中国化实践研究
作　　者	杜学礼 著
出版发行	中国水利水电出版社 （北京市海淀区玉渊潭南路1号D座 100038） 网址：www.waterpub.com.cn E-mail：mchannel@263.net（万水） 　　　　sales@mwr.gov.cn 电话：(010)68545888（营销中心）、82562819（万水）
经　　售	北京科水图书销售有限公司 电话：(010)63202643、68545874 全国各地新华书店和相关出版物销售网点
排　　版	北京鑫海胜蓝数码科技有限公司
印　　刷	天津光之彩印刷有限公司
规　　格	170mm×240mm　16开本　11.75印张　211千字
版　　次	2015年5月第1版　2022年9月第2次印刷
印　　数	3001—4001册
定　　价	36.00元

凡购买我社图书，如有缺页、倒页、脱页的，本社发行部负责调换

版权所有·侵权必究

前　言

马克思主义哲学中国化,就是把马克思主义基本原理与中国具体实际相结合,使马克思主义具有中国的民族特点和民族形式,成为指导中国人民革命、建设和改革的科学理论。从一定意义上说,一部中国共产党的历史就是马克思主义哲学中国化的历史。2009年党的十七届四中全会提出"推进马克思主义中国化、时代化、大众化"的命题,标志着中国共产党对于马克思主义同中国实际关系的认识达到了新高度。

在马克思主义哲学中国化的历史进程中,出现了两次历史性飞跃,形成了两大理论成果。第一次飞跃,形成了毛泽东思想;第二次飞跃,形成了中国特色社会主义理论体系,包括邓小平理论、"三个代表"重要思想、科学发展观等指导思想。在马克思主义哲学中国化的历史进程中,毛泽东同志是开拓者,产生了毛泽东思想;在中国特色社会主义理论体系的构建中,邓小平同志是开创者,创立了邓小平理论;以江泽民同志为核心的第三代中央领导集体,在马克思主义哲学中国化的道路上继续前进,形成了"三个代表"重要思想;以胡锦涛同志为核心的领导集体,继续推进这一伟大历史进程,形成了科学发展观,把马克思主义哲学中国化的进程推进到一个重要阶段。党的十八大的成功召开,表明马克思主义哲学中国化进入到一个新的历史发展阶段。

本书是马克思主义哲学中国化研究中的重要成果,它的出版对于新时期推进马克思主义哲学的中国化和中国哲学的现代化必将发挥有益的积极作用,对于深化中华民族优秀传统哲学与马克思主义哲学,以及毛泽东、邓小平、江泽民哲学思想的综合性、整体性研究,也有重要的学术价值和现实意义。从学术价值上讲,有利于弘扬中国传统哲学精华,使民族文化重放异彩,不断丰富发展具有鲜明实践特色、民族特色和时代特色的中国化马克思主义哲学;从现实意义上讲,有利于广大党员干部、人民群众,尤其是高校师生深刻认识中国化马克思主义哲学的理论渊源和精神实质,巩固马克思主义哲学在我国意识形态领域指导思想的理论基础地位,自觉坚持用马克思主义哲学中国化的最新理论成果指导新的实践,推进中国特色社会主义的伟大事业,实现中华民族的伟大复兴。

本书通过对马克思主义哲学中国化历史进程的梳理,力图从多个方面把握马克思主义哲学中国化的基本脉络。在内容上,第一章系统阐述了马克思主义哲学中国化的基本内涵、历史进程和理论依据；第二章和第三章主要论述了马克思主义哲学中国化的重要理论成果，包括毛泽东思想、邓小平理论、"三个代表"重要思想和科学发展观的指导思想，详细阐述了这些重要理论成果的发展进程、理论体系以及历史地位；第四章总结了马克思主义哲学中国化的历史经验；第五章论述在党的十八大成功召开以来，马克思主义哲学中国化的进一步深化；第六章主要阐述了当代基本国情下马克思主义哲学中国化的理论创新，包括社会主义生态文明建设、共产党执政理论创新和中国特色社会主义文化建设理论三个方面。总体而言，马克思主义哲学实践研究，是一个意义重大、难度很大的研究课题。

本书史论结合，思想敏锐，论证深刻，具有以下几个方面的特点：

一是论证逻辑严密。在论述的过程中，作者以马克思主义哲学中国化的理论前提为逻辑起点，以中国共产党领导的革命、建设和改革的波澜壮阔的历史为主线，紧密结合时代背景，坚持历史与逻辑的统一，从整体上对马克思主义哲学中国化的科学内涵、基本条件、理论成果、基本要求、历史进程、基本经验、当下启示和最新理论成果研究述评等一系列问题进行了深入浅出的论证分析。这种理论分析模式循序渐进、层层深入、说理充分，显示了研究内容内在的严密逻辑性，彰显了全书结构的系统性。

二是内容具有深刻性。作者能站在历史发展高度，既概括时人高见，总结历史成就，又为新的发展开拓了思路，在时代需要和理论发展前沿之上实现了理论创新。一是对马克思主义哲学特质作了准确理解，抓住马克思主义哲学是实践哲学这一精神要义，强调它作为世界观与价值观的普遍原理，要求与不同国情和不同时代问题相结合，从中国革命和现代化建设实践的发展中来论述其中国化的过程与成就，即在与中国现时代的国情——改革开放和现代化建设实践的结合中焕发生机活力；二是把握了中国哲学与马克思主义哲学的结合点：如何解决中国革命和现代化建设的现实问题，在新的时空中为中国特色社会主义和谐社会的发展构建思想理论基础。

三是理论观点有所创新。科学的本质在于创新，本书在吸收和借鉴其他学者研究成果的基础上，体现了许多创新性的观点。例如，在改革开放的历史进程中，我们党把坚持马克思主义基本原理同推进马克思主义哲学中国化结合起来；中国特色社会主义理论体系，是马克思主义哲学中国化的最新成果；在构建社会主义和谐文化时要以社会主义核心价值体系和核心价值观为根本。

四是写作文风朴实。全书结构严谨，条理清楚，文字流畅，通俗易懂。一方面，本书注重学理分析，在较高层次上实现了对实践经验的理论提升，体现了较强的学术研究性；另一方面，本书注重理论联系实际，其研究具有

前言

很强的时代感和针对性,研究态度端正,文风朴实。

此外,在本书写作过程中引用了马克思、恩格斯、列宁、毛泽东、邓小平、江泽民、胡锦涛等马克思主义者的一些第一手资料,借鉴了国内外很多相关的研究成果及期刊、著作、论文等,在此对有关的学者、作者表示诚挚的感谢。同时衷心地希望马克思主义中国化研究方面能够取得很好的发展,也祝愿相关专家、学者、教授们为建设社会主义精神文明崇高事业做出一份应有的贡献。

由于水平有限,书中不足之处在所难免,在此恳切地希望广大读者朋友给予批评、指正。

作 者

2014 年 9 月

目　　录

前言 ·· 1

第一章　绪论 ·· 1
第一节　马克思主义哲学中国化内涵解读 ······························· 1
第二节　马克思主义哲学中国化的历史进程 ··························· 10
第三节　马克思主义哲学中国化的理论依据 ··························· 17

第二章　毛泽东哲学思想的主要贡献 ··· 23
第一节　毛泽东哲学思想的形成与发展 ·································· 23
第二节　毛泽东哲学思想的科学体系 ····································· 29
第三节　毛泽东哲学思想对马克思主义哲学中国化的贡献 ········ 48

第三章　中国特色社会主义理论体系的哲学意蕴 ························· 52
第一节　邓小平理论对马克思主义哲学中国化的重要贡献 ········ 52
第二节　"三个代表"重要思想的哲学内涵 ····························· 61
第三节　科学发展观的哲学理念 ·· 80

第四章　马克思主义哲学中国化的基本经验 ······························· 92
第一节　坚持马克思主义 ··· 92
第二节　坚持理论创新 ·· 98
第三节　坚持实事求是 ·· 106
第四节　坚持依靠人民群众 ·· 110

第五章　马克思主义哲学中国化与当代中国的发展 ····················· 113
第一节　坚持中国特色社会主义道路 ····································· 113
第二节　建设和谐文化 ·· 119
第三节　全面建成小康社会 ·· 135

第六章　新时期马克思主义哲学中国化的理论创新 ····················· 139
第一节　社会主义生态文明建设 ·· 139

第二节　共产党执政理论的重大创新…………………………… 155
第三节　中国特色社会主义文化建设理论………………………… 162

结束语　不断推进马克思主义哲学中国化　实现中华民族的伟大复兴
………………………………………………………………………… 176

参考文献………………………………………………………………… 178

第一章 绪 论

中国共产党 90 多年的奋斗史,其实质就是把马克思主义原理与中国革命和建设的实际相结合,实现马克思主义哲学的中国化。马克思主义哲学中国化是中国共产党理论创新的光辉典范,对于全面建成小康社会、实现中华民族的伟大复兴具有十分重要的意义。

第一节 马克思主义哲学中国化内涵解读

"马克思主义哲学中国化"就是把马克思主义基本原理和中国的实际国情和时代特点结合起来,出现问题时要以马克思主义的立场、观点和方法来思考问题,解决问题。

一、马克思主义哲学中国化的科学内涵

马克思主义哲学是一个内容广博精深的思想体系,既包括基本原理,也包括个别观点;既包括指导原则,又包括具体结论;既包括价值观,又包括方法论。坚持马克思主义哲学,首先就是要坚持马克思主义哲学的根本价值观和基本原理。一般地说,马克思主义哲学的根本价值目标就是实现共产主义的理想社会制度,其基本原理就是辩证唯物主义和历史唯物主义。为了实现解放全人类的崇高目标,马克思主义哲学还创立了一整套分析和认识世界的系统理论和科学方法,它是贯穿于马克思主义哲学理论体系中的一种科学精神,是对主客观关系科学认识方法,是强调实事求是,一切从实际出发,辩证地、历史地看问题的立场、观点和方法,是从根本上维护马克思主义的。马克思主义哲学经典作家的个别观点和个别结论可能随着实际的变化而不再适用,但其基本原理和崇高目标则是放之四海而皆准的。

(一)马克思主义哲学中国化的内涵

马克思主义哲学中国化的内涵,就是把马克思主义哲学同中国传统文化、中国传统哲学和中国社会的实际相结合,走好自己的道路,并创造马克思主义哲学同中国哲学和时代特征相结合起来新的哲学理论,使起源于欧洲的马克思主义哲学深深地扎根于中国社会。马克思主义哲学中国化,不仅要在内容上运用马克思主义哲学的立场、观点和方法来解决中国革命、改革开放和现代化建设的问题,还要总结和概括中国人民革命、改革与建设的实践经验,揭示中国革命、改革和现代化建设发展的认识范式和客观规律,以丰富和发展马克思主义哲学的理论宝库;而且要在形式上推进马克思主义哲学的大众化、通俗化,把马克思主义哲学从欧洲的语言变成中华民族的汉语语言,运用中国人民所喜闻乐见的民族形式,深入浅出地阐述马克思主义哲学的基本原理和精神实质,从而形成指导中国革命、改革开放和现代化建设的中国现代哲学。马克思主义哲学中国化也就是要使马克思主义哲学成为在内容和形式的内在统一上都具有中国实际、中国内涵、中国风格、中国气派、中华民族特点和形式的新哲学,成为中国化了的马克思主义哲学。

(二)马克思主义哲学中国化的最根本要求

马克思主义哲学中国化的最根本要求,就是要信仰马克思主义哲学的科学理论体系,坚持构成这个科学理论体系的基本原理和崇高追求,坚持贯穿于这些基本原理之中的立场、观点和方法,坚持把马克思主义普遍原理同中国具体实际相结合,坚持把马克思主义哲学的基本原理运用于中国革命、建设和改革的实践,用马克思主义的基本原理和崇高追求分析中国国情,指导中国革命、改革和建设现代化实践;用马克思主义的基本原理总结中国革命、改革和建设现代化的经验,把实践经验上升为理论,形成中国化了的马克思主义哲学理论体系。

(三)马克思主义哲学中国化即是对马克思主义哲学的发展

中国化了的马克思主义哲学不仅坚持了马克思主义哲学的基本原理,而且发展了马克思主义哲学。中国化了的马克思主义哲学在中国革命的性质和道路、斗争和策略、治党和治国的方略等许多问题上都有自己独到的见解,并经过中国革命、改革和现代化建设的实践检验证明是科学的真理,从而极大地丰富和发展了马克思主义哲学。它使得马克思主义哲学的时代内容和方法运用更加具体化了,它表明了任何国家、任何民族在进行社会主义革命和建设时,都必须从本国的国情和民情出发,探索具有自己特色的、符合本国国情和民情的现实道路。

1. 马克思主义哲学中国化是马克思主义哲学基本原理与中国革命、改革开放和现代化建设实践有机结合的产物

我们可以这样来界定中国哲学,它必然符合马克思主义基本指导原理,深深植根于中国大地,与中国革命、改革和现代化建设紧密相连。如果没有实现马克思主义哲学与中国革命、改革开放和现代化建设实践的有机结合,它就不会产生既符合马克思主义哲学基本原理,又符合中国革命、改革开放和现代化建设实践要求,并具有文化风格特色的新哲学。

2.中国化了的马克思主义哲学是被实践证明是正确的理论,是指导中国革命、改革和现代化建设的强大理论武器

中国化了的马克思主义哲学之所以能承担如此艰巨的历史任务,与它理论内容的科学性和形式的民族性是密切相关的。马克思主义哲学中国化是一个有严密逻辑的理论体系和内在精神的统一整体,在这个理论体系中,最根本的是马克思主义哲学科学的世界观、人生观、价值观和方法论。马克思主义哲学科学的世界观、人生观、价值观和方法论只是理论的概括和抽象,要把它贯彻到具体实践当中,还必须使它的理论内容和理论原则进一步具体化,必须理论联系实际。

3.马克思主义哲学中国化是由中国革命、改革和现代化建设实践的品格所决定的

理论的品格是静态的,而实践则始终呈现出动态的品格。实践具有鲜明的活动性,它随着时间、地点和条件的变化而不断向前发展,这一过程是不以人的意志为转移的。马克思主义哲学中国化是一个不断实践探索的过程,应该把马克思主义哲学中国化放到以中国革命、改革和现代化建设广阔的历史背景和理论创新中去研究。对马克思主义哲学中国化的解读,只有把握马克思主义哲学的发展历程,把握马克思主义哲学中国化的演变过程,才能真正把握马克思主义哲学中国化的真谛,真正把握马克思主义哲学中国化对中国传统哲学变革的实质,真正理解马克思主义哲学中国化划时代的贡献。

二、马克思主义哲学中国化的基本特征

(一)时代性

马克思主义哲学中国化的历程表明它是一个与时俱进的过程,与时俱进就是它固有的本质属性,在与时俱进中展现着其生命力和创造力。这种与时俱进,一方面体现在时代变迁中,如从毛泽东的民族民主革命和社会主义革命理论到邓小平的建设有中国特色社会主义理论;另一方面,在同时代的不同发展阶段,也会因形势的变化和历史任务的不同,出现理论形态的变化,如从"三个代表"重要思想到科学发展观,就具有这样的性质。在不同的历史时期,马克思主义哲学中国化都有合乎时代发展的新的理论成果产生。民主革命时期,战争与革命是时代的主题,主要特征是"战争引起革命,革命制止战争"。以江泽民、胡锦涛和习近平为核心的三任党中央集体,根据变化了的形势,与时俱进,以中国现时的时代特征为依据,提出了"三个代表"重要思想、科学发展观等重要理论成果,特别是党的十八大的顺利召开,进一步推进了中国特色社会主义事业的更大发展。

（二）批判性

在马克思主义理论体系中，辩证法的本质被规定为批判性和革命性，这是整个马克思主义理论体系的基本特征之一。马克思主义是属于无产阶级的，无产阶级一无所有，他们失去的只是锁链，得到的将是自由，将是整个世界。马克思认为，这种批判性和革命性，既包含了对客观世界的改造，也包含了对主观世界的改造。

批判性和革命性不仅是社会变革的动力，更是社会变革的目的。批判性和革命性也适用于马克思主义自身。比如，在学习和实践马克思主义时，可能会产生教条主义错误，这就需要通过批评和自我批评，克服教条主义，还马克思主义所固有的生动活泼的革命本性。又如，革命的发展是分阶段的，当革命实践已经跨入新阶段时，有些人的头脑还停留在旧地方，发生了思想僵化现象，这就需要通过批评和自我批评，帮助他们跟上时代的步伐。再如，马克思主义是在同各种非马克思主义思潮的斗争中获得发展的，一些错误观点就可能附在马克思主义身上，假马克思主义之名而行，这就需要拿起批评和自我批评的武器，清除附在马克思主义身上的"脏物"，保持马克思主义的纯洁性。可见，批评和自我批评是马克思主义理论批判性和革命性应用的最好形式。反对教条主义和反对经验主义的斗争就是在马克思主义哲学中国化的历史上这种批判性和革命性的典型体现。

（三）创新性

马克思主义之所以强大，之所以经久不衰，之所以适用于全世界任何国家，就在于它的与时俱进性。任何科学的理论都不是一成不变的，任何科学的理论都是要与特定的时代背景相联系的。僵死的理论是没有出路的。马克思主义的理论自然不是自我封闭的，它是在不断变化的社会实践中不断发展的鲜活的思想体系。因为马克思主义学说就是用来指导认识世界并改造世界的。

马克思主义诞生于19世纪中叶的欧洲，经过一个多世纪的发展仍然充满活力而长盛不衰，并且对全世界的共产主义运动产生了巨大意义，这正是体现了马克思主义与时俱进、开拓创新的鲜明特征。马克思主义具有普遍性的指导意义，但这种普遍性的指导意义并不意味着马克思主义能够为马克思之后年代所产生的一切问题提供现成的答案。要想解决新的实际问题，必须以待解决问题所处时代的具体实际为基础，在坚持马克思主义基本原理的基础上，创造出新的经验，使马克思主义能够解决特定的问题。

马克思主义哲学中国化本身就具有创新性：其一，马克思主义哲学中国化随着中国革命、建设和改革的实践发展而不断产生着新成果，不断发展着马克思主义;其二,马克思主义哲学中国化的几大理论成果是在不同的历史阶段、对应不同的社会实践,是在吸取前人有益的经验基础上发展而来的,是对已经不适用于现时的部分扬弃,都是对不合理的过时的某些论断的大胆突破。但有一个基本指导思想,就是始终坚持马克思主义的指导思想。

(四) 实践性

不同于其他的社会理论,马克思主义对实践的重视程度是很高,并将实践作为了保持整个理论体系先进性和科学性的动力源泉。马克思主义从实践中产生,在实践中发展,以在实践中改变社会最终实现共产主义为最高目标。从某种意义上来说,实践性是马克思主义区别于其他社会理论的最鲜明的区别,同时也是其强大生命的最鲜活的体现。马克思主义理论在不同的时代、不同的国家、不同的社会和经济环境下的实践中会有不同的存在形式和应用手段,因此在运用马克思主义理论时要结合社会成员的认识水平、经济发展水平以及社会政治条件等因素灵活的确定采用何种方式、通过何种手段实施。

马克思主义以实践性作为自己的本质特征,这一特质从根本上决定了它不可能是一成不变的,而必然会随着时代、实践和科学的发展而改变自己的存在状态。因此对马克思主义基本原理的运用必须考虑各国家和地区当时当地的历史条件、社会环境以及经济特点等基本要素。正是这个原因,如果我们想要让发源于欧洲的马克思主义能够为我国无产阶级认识和改造世界的科学指导,就应该在尊重我国国情的基础上对其进行必要的调整和改变,使其能够更加完美的适应中国国情。

马克思主义在社会形态理论上的研究与建树在所有的社会理论中独树一帜,它通过对资本主义的产生、发展到成熟的整个过程的研究,结合资本主义社会的周期性经济危机对资本主义的本质以及未来社会发展的形态进行了深刻的挖掘与研究,从而揭示了人类社会发展和进化的完整形态,对人类的发展做出了突出的贡献。但是,马克思主义作为一种理论,只是对事实的深层次揭示和挖掘,它本身并没有解决这些问题实现共产主义的力量和工具。因此,马克思主义理论必须与革命精神和革命斗志最彻底的无产阶级相结合,通过无产阶级的社会革命和建设来实现其最终目标,可以说马克思主义与工人运动的结合是历史的必然选择。马克思指出:"哲学家们只是用不同的方式解释世界,而问题在于改变世界。"[1]

---

[1] 马克思恩格斯选集(第3卷).北京:人民出版社,1995,第6页

（五）民族性

马克思、恩格斯对资本主义规律的考察都是以西欧为蓝本的,可以说,马克思主义产生和形成的社会条件与实践基础是西欧资本主义的形成和发展。同时,马克思是德国人,以他的名字命名的马克思主义产生于德国,带有德国的民族性。相对于中国与中华民族的传统文化而言,马克思主义是一种外来文化。所以,马克思主义要发挥对中国革命、建设和改革的指导作用,必须要经历与中国实际相结合的中国化过程。"化"者,彻头彻尾、彻里彻外之谓也。马克思主义哲学中国化,就是要使产生于欧洲的马克思主义在内容和形式上都实行一番变化,使它具有中国的民族特点和民族形式,成为中国人民特有的科学理论。

（六）发展性

在历史的长河之中,马克思主义就像一颗光彩夺目的钻石,自其诞生之日起就一直闪烁着耀眼的光芒。蚀金铄骨、大浪淘沙,时间的推移使得很多社会理论和学说都湮没在了历史的长河之中,但马克思主义却一直葆有旺盛的生命力。马克思主义不是闭门造车的产物,更不是一成不变的教条,它是一个不断吸收、不断发展、不断创新、不断适应社会的优秀社会理论。正如恩格斯所指出:"马克思的整个世界观不是教义,而是方法。它提供的不是现成的教条,而是进一步研究的出发点和供这种研究使用的方法。"[1]也正如马克思所说:"正确的理论必须结合具体情况并根据现存条件和环境加以阐明和发挥。"[2]

马克思主义之所以具有如此旺盛的生命力,最根本的原因就是其本身固有的发展性使其不断丰富和完善,始终紧跟时代和潮流的步伐,始终保持着自身的先进性。只有不断的发展、进步和完善,马克思主义才能在实践中得到广泛的传播和运用,实践中获得的经验才能为马克思主义的完善和发展源源不断地提供动力。

三、马克思主义哲学在中国的创新形态——实践唯物主义

1978年以后的改革开放,不仅促成了中国马克思主义哲学的拨乱反正,而且引起了人们对实践问题、人的主体性问题以及价值问题的浓厚兴趣。这一变化改变了中国哲学家认识和选择马克思主义哲学思想的角度,也改变了他们对马克思主义哲学的理解。中国哲学家开始真正像马克思在

---

[1] 马克思恩格斯全集(第4卷).北京:人民出版社,1974,第406页
[2] 马克思恩格斯全集(第4卷).北京:人民出版社,1974,第433页

《关于费尔巴哈的提纲》中所说的那样,从主体出发、从人和人的活动出发观察世界。这一变化的集中表现是实践唯物主义思潮的兴起。

(一)实践唯物主义研究的兴起和发展

实践唯物主义弘扬人的主体性,是市场经济建设中形成的马克思主义哲学中国化的主要形态。尽管由于各种原因,实践唯物主义至今还没有建立起一个完整的能够为大家所接受的体系,但其基本精神已被中国学术界所认可,它的出现在马克思主义哲学中国化创新中具有十分重要的意义。

1. 实践唯物主义研究兴起的背景

马克思《1844年经济学哲学手稿》的中文全译本在1979年发表,促进了中国学者对马克思早期哲学思想的全面研究,也掀起了有关人道主义、异化问题的讨论热潮。这是实践唯物主义研究兴起的理论背景。同时,《1844年经济学哲学手稿》还进一步推动了哲学界对马克思主义实践观的研究。其中关于人的"自由自觉的活动"的思想具有丰富的实践内涵:实践是人的本质力量的对象化,人通过实践在改造外在世界的同时改造自身;实践会造成人的异化,而人的异化最终又必须通过实践才能消除;人类历史是实践的历史,是实践基础上人与自然、社会相互作用的历史;通过不断发展的实践,最终会实现人的解放和自由全面发展。这些思想为哲学界研究马克思主义实践观提供了丰富的理论资源,也为实践唯物主义以实践统摄马克思主义哲学提供了确凿的理论依据。在这些因素的共同作用下,20世纪80年代初,中国哲学界出现了一场关于人道主义和异化问题的大讨论。这场讨论极大地改变了人们对马克思主义哲学的理解,人们开始认识到,人道主义和人的主体性是马克思主义哲学的核心内容。中国当时的市场经济建设呼唤人的主体性,这种新的实践需要与对《1844年经济学哲学手稿》和马克思的其他早期著作的学习以及关于人道主义和异化问题的讨论相结合,掀起了一股对马克思实践唯物主义思想研究的热潮。

2. 实践唯物主义研究的兴起和发展

"实践唯物主义"或"实践的唯物主义"本是马克思、恩格斯对其有别于旧唯物主义的以实践为基础、以共产主义为目标的新唯物主义哲学的称谓,在《1844年经济学哲学手稿》中就已初步形成,并在《神圣家族》和《关于费尔巴哈的提纲》中得到了进一步发展,最后在《德意志意识形态》中正式提出来。现实的情况是,在共产主义者看来,我们的使命就是改变旧的不合理制度,在全世界范围内进行革命。但在马克思主义哲学发展的很长一段时间里,尤其是从第二国际到斯大林时期,实践在马克思主义哲学中的重要地位被忽视了,对实践的阐述仅限于认识论领域,只是把实践理解为认识的基础。在这里,我们强调下,是西方国家的马克思主义学者对马克思主义哲学与实践的关系重新进行了研究,不是东方国家的马克思主义者。

20世纪20年代,西方马克思主义者葛兰西指出,马克思主义哲学就是"实践哲学",其实践性体现在两个方面:一是马克思主义哲学之所以超越了旧唯物主义和唯心主义的缺陷,之所以是普遍的真理,正是由于马克思主义哲学立足于具体实践;二是马克思主义哲学本身就是现实的、革命的、实践的哲学,其目的在于"改造世界"而不是"解释世界"。50年代,南斯拉夫兴起了一个"实践派",他们从马克思的《1844年经济学哲学手稿》出发,强调人本主义、人道主义,强调人的本质是自由自觉的、创造性的实践活动,无论是自然、人类社会还是人本身,只有当其作为实践的客体或主体而存在时才是有意义的。60年代,在民主德国,哲学家们展开了一场关于马克思主义体系的争论。其中,柯辛的《马克思主义哲学的对象、结构、叙述方法》和《马克思主义哲学的各种职能》两篇文章,尖锐地批评了斯大林模式的马克思主义哲学体系,提出要重新思考马克思主义哲学的内在结构;赛迪尔在《人对于现实的实践和理论的关系》一文中,批评传统研究是从辩证唯物主义导出历史唯物主义,致使历史唯物主义严重地忽视了实践,而实践原本是整个马克思主义哲学的中心范畴。

如果说在实践哲学问题上西方马克思主义者的观点和理论是需要借鉴的,那么东方马克思主义者关于实践哲学、实践唯物主义的看法同样是值得关注的。20世纪70年代,日本哲学家芝田进午编译了《现代的马克思主义哲学论争》一书,将前民主德国的这场争论介绍到了日本,又引发了日本的马克思主义哲学研究者对这一问题的讨论。1976年,在岩崎允胤与宫原将平合著的《科学认识论》中,明确指出马克思主义哲学就是实践唯物主义。他们说,马克思同恩格斯一起,"作为变革现实的世界观而倡导了'实践唯物主义'",这种世界观"因为是变革现实的、特别是实现共产主义的、彻底'革命'的、'批判的'精神武器,所以可以称为实践唯物主义"。后来,岩崎允胤又主编了《实践唯物主义的方法与视角》一书。1987年,芝田进午出版了《实践唯物主义的根本问题》,这是日本马克思主义哲学家第一本关于实践唯物主义的专著。芝田进午确立了一个以自然(物质)为始元的实践唯物主义体系,在强调实践在马克思主义哲学中的重要地位的同时,仍然坚持马克思主义哲学的基点是自然(物质),而不是实践。广松涉则提出马克思、恩格斯从来没有刻意建构自己的哲学体系,但的确有自己的哲学,这就是以实践为核心的"关系本体论",即物质与精神的关系不再是第一性的问题,而实践(主体间性)才是第一性的。

以上这些思想都在一定程度上影响了中国的马克思主义哲学。中国的实践唯物主义研究开始于真理检验标准问题的大讨论,具有代表性的理论成果就是1978年发表的《实践是检验真理的唯一标准》一文。20世纪70年代末,李泽厚在评述康德哲学时首先提出马克思主义哲学即实践论,亦即实践唯物主义,但这一提法未形成广泛的影响。1984年由北京大学哲学教研室编写组编写的《马克思主义哲学原理》,也有"实践唯物主义"的提法。1987年的《中国大百科全书·哲学》收录了题为"实践唯物主义"的条目。

实践唯物主义的系统发展是从1988年开始的,这年1月,在天津南开大学召开了全国性的"哲学体系改革讨论会",会议达成了共识,即实践唯物主义是中国马克思主义哲学体系改革的方向。同年9月,"全国实践唯物主义讨论会"在北京召开,与会专家就实践唯物主义的基本内容、体系特点,以及国外马克思主义对实践的研究等问题,展开了热烈的讨论。由于这两次会议的与会专家多为中国马克思主义哲学界的权威人物,因此会议提出的实践唯物主义的改革方向引起了广泛的反响。此后,实践唯物主义逐渐成为马克思主义哲学在中国创新的主流思想和发展方向。

(二)中国实践唯物主义研究的历史意义

实践唯物主义是对马克思主义哲学的继承和发展,是新时期马克思主义哲学在中国的新形态,无论是对马克思主义哲学乃至整个哲学的研究,还是对现实的社会主义建设实践,都具有重要的理论意义。

1. 实践唯物主义冲破教条主义和本本主义的束缚,解放了人们的思想

实践唯物主义从实践的角度解读马克思主义哲学,打破了教条主义和本本主义的框框架架,极大地激发了人们了解、学习马克思主义哲学的热情,打开了我国迎接马克思主义哲学的大门,这本身就起到了解放思想的作用。原有的马克思主义哲学体系强调物质与精神、主体与客体的二元对立,突出强调对立统一规律,受其影响,人们逐渐形成了非此即彼的形而上学的思维方式和"斗争哲学"的观念,以至于在某种程度上促成了"文化大革命"的严重失误。实践唯物主义强调物质与精神、主体与客体在实践基础上的相互沟通与相互作用,在强调对立统一规律的同时主张整体的、系统的观点,把人们从形而上学的思维方式中解放了出来,从而催生了人们价值观念体系的多元化思潮,从而开辟了马克思主义哲学在中国的发展道路,推动了马克思主义哲学在中国的发展。

2. 实践唯物主义恢复了实践在马克思主义哲学中的地位

实践唯物主义是正确的观点,在实践唯物主义指导下,实践在马克思主义哲学中的地位得到重新确立,也推动了马克思主义哲学理论与实践相统一、认识世界与改造世界相结合基本原则的重新确立。马克思主义哲学从一开始就是诞生于实践之中的,是为了实践而诞生的,理论与实践相统一是马克思主义哲学的内在要求,认识世界与改造世界相结合是马克思主义哲

学生命力之所在。但在相当长的一段时期内,苏联和中国对马克思主义哲学的理解存在着片面化、简单化的倾向,仅仅将理论与实践相统一的原则限定在认识论领域,而没有将其贯穿于整个马克思主义哲学。实践唯物主义根据马克思主义的经典文本,结合当代现实需要,重新阐释了实践及其在马克思主义哲学中的地位和作用,使马克思主义哲学重新回到理论与实践相统一、认识世界与改造世界相结合的发展道路上来。

3. 实践唯物主义区分了作为体系的马克思主义哲学和作为思想的马克思主义哲学

马克思主义哲学既是一种体系,又是一种思想。正是实践唯物主义把马克思主义哲学分为了"体系"和"思想"。我们在这方面存在一些不足,一些学者错误地划分了马克思主义哲学的板块。对此,实践唯物主义认为,马克思主义哲学是一个整体的体系,不能对其内部进行拆分,而应以实践的观点提挈整个马克思主义哲学。有一些学者认为,马克思主义哲学思想就是马克思主义哲学体系,二者是完全合一的。实践唯物主义认为,研究马克思主义哲学思想,介绍和传播马克思主义哲学思想,的确需要有一定的理论体系作支撑,然而马克思主义哲学思想又不能囿于任何既定的体系,不能为任何形式的体系所桎梏。因此,实践唯物主义虽然也注重马克思主义哲学体系的建设,但是却反对以任何固化的体系去限制马克思主义思想的发展,而主张思想与体系的共建,主张开放思想和开放体系的互动。

4. 实践唯物主义促进了对马克思及其思想的全面、深入的研究

马克思是马克思主义哲学的创始人,也是唯物史观的"发现者"。但从斯大林时代开始,受占统治地位的意识形态的影响,也出于政治对学术的主观取舍的需要,对马克思本人及其著作和思想的研究逐渐被忽视。在当代中国,实践唯物主义提出要"回到马克思"、"重读马克思",使这一时期研究马克思生平和马克思文本的成果层出不穷,而实践唯物主义本身也是"重读马克思"的重要成果。哲学界一些学者主张"回到马克思",实际上是力图弱化现实政治对哲学的直接影响,使哲学作为学术回归到它自身那里去。这在一定意义上有利于人们客观地、全面地把握马克思主义哲学,进而也拓宽了马克思主义哲学的研究领域。

第二节 马克思主义哲学中国化的历史进程

马克思主义自洋务运动时期开始传入中国,于五四运动期间广泛传播,它在与工人运动相结合的过程中,逐渐进行着中国化的过程。

一、关于马克思主义哲学中国化历史进程之"进程"解读

只有深入理解了马克思主义哲学中国化历史进程之"进程"的概念,才能对马克思主义中国化的历史进程准确把握。"进程"是理解马克思主义哲学中国化进程的出发点和立足点。

进程是事物在时间或空间上连续发展变化或进行的过程,其发展变化的根源在于事物的内部矛盾。事物总是作为过程而存在的,自然、社会、思维乃至整个宇宙都是一个无限发展的过程。虽然进程就是过程,但进程又是一个特殊的过程,它是一个由浅入深不断变化的过程。

(一)进程即过程

所谓过程,是指事物进行或事物发展所经历的程序,是物质运动在时间上的持续性和空间上的广延性,是矛盾存在和事物发展的表现形式。马克思和恩格斯在继承黑格尔关于永恒发展的过程思想时批判了其唯心主义色彩,他们认为:"世界不是既成事物的集合体,而是过程的集合体,其中各个似乎稳定的事物同它们在我们头脑中的思想映象即概念一样都处在生成和灭亡的不断变化中,在这种变化中,尽管有种种表面的偶然性,尽管有种种暂时的倒退,前进的发展终究会实现。"[①]这是唯物辩证法中极为重要的一个基本思想。唯物辩证法认为:过程是物质、运动与时间、空间的辩证统一。任何事物都是过程,自然、社会、思维是过程,整个宇宙是一个无限发展的过程,事物就是作为过程出现并向前发展的。在辩证法面前:"除了生成和灭亡的不断过程、无止境地由低级上升到高级的不断过程,什么都不存在。它本身就是这个过程在思维着的头脑中的反映"[②]。由此可见,马克思主义中国化作为一个特殊的事物,它的进程也是一个过程。

(二)进程发展变化的根源在于事物的内部矛盾

进程是一个逐步向前发展的过程,其发展的根源在于事物的内部矛盾。列宁曾指出:"在自然界、社会和精神领域,矛盾是普遍存在的,一切现象和过程都具有矛盾着的、相互排斥的、对立的倾向,事物的内在矛盾性是发展的动力,发展是对立面的斗争。"[③]对此,毛泽东又进一步解释:"事物总是作为过程而向前发展的。而任何一个过程,都是由矛盾着的两个侧面相互联

[①] 马克思恩格斯选集(第4卷).北京:人民出版社,1995,第244页
[②] 马克思恩格斯选集(第4卷).北京:人民出版社,1995,第217页
[③] 列宁全集(第55卷).北京:人民出版社,1990,第8页

系又相互斗争而得到发展的。"[①]唯物辩证法认为:矛盾范畴不仅能够反映事物内部的本质联系,也能够揭示事物发展的实质内容。而事物发展的实在过程就表现为:在各种外部条件的影响下,事物内部矛盾的双方既相互依赖又相互排斥,双方力量在辩证统一的此消彼长中不断变化;一旦矛盾双方力量的对比发生了根本性变化,便引起了双方地位的转化,于是新的矛盾便取代了旧的矛盾,新的事物也就取代了旧的事物。这是一个由事物内部矛盾引起的"自己"运动的过程。事物的发展如此,马克思主义的发展也是这样。

(三)进程是一个特殊的过程

进程是一个特殊的过程,不能把它归结为一个普通的过程。它是一个完整连续的、不断上升的时间发展序列。进程还是分阶段的,其中的每一个分阶段都是一个完整的过程。所谓"进",与"退"相反,意指前进、向前。进程就是很多个乃至无穷个完整的、不断向前发展的子过程所组成的连续发展过程。而这些连续发展运动的过程或呈迂回曲折的螺旋式上升态势或呈不断向前的直线式上升态势,但无论其以何种态势发展都无法改变它不断前进上升的形态。这种形态体现为它的阶段性成果,每一次阶段性成果的出现都标志着它由浅入深、由低到高、由此及彼、由表及里、逐步演进、不断向前的发展过程,都体现和证明着该事物运动发展的前进性。本书所研究的马克思主义中国化进程,也是从这个意义出发,来讲它的发展方向和基本趋势的。

概括起来说,马克思主义中国化进程,首先,是从路径层面开始的;其次,进入到制度层面;最后,发展到思想层面。它是一个由低到高、由浅入深逐步向前发展的过程。一方面,其每一个阶段过程的常住性是相对的,因为该过程只有转化为其他过程,才能实现飞跃。另一方面,其渐进的变动性又是绝对的。因此,只有用辩证发展观来审查,才能真正地理解马克思主义中国化的历史进程。

值得一提的是,马克思主义中国化的每一个阶段无不具有其他阶段的某些要素,但这些要素并不是该阶段的主要方面,不会影响到马克思主义中国化进程的阶段性特征,因为"事物的性质,主要地是由取得支配地位的矛盾的主要方面所规定的"[②]。我们之所以这样去研究马克思主义中国化的历史进程,主要是由于只有彻底分析了矛盾的特殊性才能够找到正确解决

---

① 建国以来毛泽东文稿(第10册).北京:中央文献出版社,1996,第442页
② 毛泽东选集(第1卷).北京:人民出版社,1991,第322页

矛盾的方法和途径。正如毛泽东对我党其他同志们所要求的："对于物质的每一种运动形式，必须注意它和其他各种运动形式的共同点。但是，尤其重要的，成为我们研究事物的基础的东西，则是必须注意它的特殊点，就是说，注意它和其他运动形式质的区别。"①

二、马克思主义哲学中国化的发展进程

（一）马克思主义哲学中国化的起点

马克思主义是伴随着实践不断发展的科学，它的生命力存在于实践的土壤之中，在与各国实践相结合的过程中开拓新的境界，不断发展与创新。20世纪20年代，马克思主义在中国广泛传播并在指导中国革命实践的过程中与工人运动相结合，诞生了中国共产党，从此开启了马克思主义哲学中国化。

第一，和工人运动结合。在马克思主义广泛传播的同时，五四运动后中国的工人运动也有了巨大发展，罢工规模和次数迅速增加，斗争日益带有鲜明的反帝民族解放运动的色彩。工人阶级组织自己的工会，寻找有力的精神武器以进行更有效斗争的要求日益迫切。同时，先进的知识分子逐渐认识了工人阶级的伟大力量，他们开始接近工人，到工人中去宣传马克思主义。五四运动后，马克思主义在中国广泛传播中并日益同工人运动相结合的过程，就是中国共产党从酝酿、准备到建立的过程，也是马克思主义与中国革命实践相结合的新起点。

第二，早期党组织的建立。最早酝酿在中国建立共产党的是陈独秀和李大钊。1920年2月，为了躲避反动军阀政府的迫害，陈独秀秘密离开北京前往上海。李大钊亲自送他到天津。在北京至天津的路上，两人交换了建立共产党组织的意见，相约在北京和上海分别进行建党的筹备活动。陈独秀到上海后，积极深入到工人群众中，了解他们的状况，向他们宣传马克思主义，开展筹建党组织的工作。1920年8月，在陈独秀的主持下，上海的早期党组织成立，取名为"中国共产党"，是中国第一个共产党组织。1920年10月，北京的共产党早期组织成立，当时取名为"共产党小组"。成员先后有李大钊、张申府、张国焘、邓中夏、张太雷等人，大都是北京大学的进步师生。1920年秋，湖北共产党早期组织在武汉成立，成员有董必武、陈潭秋、刘伯垂、包惠僧等。同时，广州也酝酿建立共产党的组织，但成员多是无政府主义者。陈独秀到广州后，于1921年春改组了这个组织，才逐渐摆脱

---

① 毛泽东选集（第1卷）.北京：人民出版社，1991，第308页

了无政府主义的影响。1921年春,山东的共产党组织在济南成立,参加者有王尽美、邓恩铭、王翔千等。1920年初冬,在毛泽东的筹划下,长沙的共产党早期组织建立,到1921年7月,成员有毛泽东、何叔衡、彭璜等人。与以上六个城市建立共产党早期组织的同时,旅日、旅法的华人中也成立了共产党的早期组织。1921年初,旅法华人中的共产党早期组织成立,成员多为留法勤工俭学人员,有张申府、赵世炎、陈公培、刘清扬、周恩来等人。旅日华人中的共产党早期组织是由在国内加入党组织后去日本的施存统、周佛海等人组成的。上述中国共产党的的早期组织,成立时名称并不统一,后来都被称作共产主义小组。这些早期党组织将中国最早的一批马克思主义者和具有初步共产主义思想的进步知识分子组织起来,相互之间建立了联系,其中上海组起到了核心和纽带作用。这就为建立全国统一的无产阶级政党做了组织上的准备。

第三,马列主义和俄国革命经验的宣传。各地早期党组织成立后,开始了系统宣传介绍马克思列宁主义理论和俄国革命经验的活动。他们一方面继续在知识分子中宣传马克思主义,另一方面按照俄国的方法,帮助工人组织各种团体,创办各种工人刊物,努力促进马克思主义同中国工人运动相结合。上海早期党组织成立后,就将《新青年》改组为它的机关刊物,宣传马克思主义的基本理论。随后,又出版《共产党》月刊,介绍革命理论和党的基本知识,推动建党工作的开展。武汉有《武汉星期评论》、济南有《励新》半月刊,广州有《广东群报》。到工人中去宣传的通俗刊物,有北京的《劳动音》、上海的《劳动界》和广州的《劳动者》等。这些刊物文字通俗易懂,讲解马克思主义的道理深入浅出,同时结合工人的切身经历,诉说工人的需求,引起工人们广泛的共鸣。

第四,中国共产党的成立。马克思主义的建党学说认为,社会主义理论和工人运动,是在资本主义经济关系的发展过程中,在资本主义制度造成广大工人群众贫穷困苦的过程中并列产生的。在欧洲各国,社会主义和工人运动最初没有关系,工人为了改善自己的处境自发地同资本家进行罢工斗争;社会主义者则站在工人运动之外,从理论上批判资本主义制度,宣传社会主义制度;而两者都是软弱无力的。社会主义学说不同工人斗争相结合,就只能是一种空想,一种善良的愿望,对实际生活不会发生影响;而工人运动如果没有科学社会主义的指导,也只能流于自发的、零散的状态,只限于经济斗争的范围。马克思和恩格斯的伟大功绩,就在于引导科学社会主义同工人运动逐步结合起来。他们创立的革命理论阐明了这种结合的必要性,并特别强调社会主义者的任务就是组织无产阶级的阶级斗争。列宁进一步科学地论述了马克思主义同工人运动的结合是一个客观的、有规律的过程,需要具有一定的经济条件和政治条件。这些条件主要是:要有"处于自觉性萌发状态"并开始进行自发性、群众性斗争的工人阶级,要有把科学社会主义思想传播到工人中间去的革命的知识分子。工人运动不会自发地产生马克思主义,科学社会主义思想是从外部由革命的知识分子灌输到工人中间去的,这是社会主义同工人运动相结合的基本特征。中国共产党的创建,正是这样一个客观的、有规律的过程。

1921年7月23日,中国共产党第一次全国代表大会在上海召开,会址在当时法租界贝勒路树德里3号(解放前曾改为望志路106号,现为兴业路76号)。出席会议的代表有13人,他们是:上海的李达、李汉俊,北京的张国焘、刘仁静,湖南的毛泽东、何叔衡,湖北的董必武、陈潭秋,山东的王尽美、邓恩铭,广东的陈公博,从日本回国的周佛海以及由陈独秀指派的代表包惠僧。他们代表全国50多名党员。共产国际代表马林和尼克尔斯基也出席了大会。

中国共产党第一次全国代表大会宣告了中国共产党的正式成立。从此,中国人民在中国共产党的领导下,克服一切艰难险阻,一步步走向胜利。

(二)马克思主义哲学中国化的初步探索

马克思主义哲学中国化是马克思主义与中国革命实际相结合的必然结果,它随着中国共产党人对马克思主义认识水平的提高和革命实践的深入而不断发展。中国共产党成立之初,由于外在环境与自身认识水平所限,中国共产党人虽然尚未进行自觉的马克思主义哲学中国化思考。但是,在事实上,党的早期领导人如李大钊、陈独秀、毛泽东、蔡和森、恽代英、瞿秋白等在以理论指导实践的过程中,已就此进行了初步的探索。

在中国共产党成立前,马克思主义者就已经注意到将马克思主义与中国的实践相结合。李大钊指出,马克思主义"实在是一个时代的产物"[①]。因此,"不可拿这一个时代一种环境造成的学说,去解释一切历史,或者就那样整个拿来,应用于我们生存的社会。"[②]这些思考表明中国共产党成立之初就已开始思考如何把马克思主义和中国实际相结合的问题。但是,这些思想并没有化为党自觉的观念意识,从而更好地去指导他们的实际行动。

随着革命实践的不断深入,中国共产党人逐渐认识到,应注重运用马克思主义理论于中国革命的实际,开始尝试着运用马克思主义的立场、观点和

[①] 李大钊文集(下).北京:人民出版社,1984,第68—69页
[②] 李大钊文集(下).北京:人民出版社,1984,第34页

方法来分析中国社会的性质和中国革命的历史特点,制定了党的"二大"《宣言》,探讨了中国革命和同世界无产阶级的关系、民主革命中的统一战线、中国无产阶级在民主革命中的领导权、农民运动和武装斗争、中国民主革命的非资本主义前途、民主革命与社会主义的关系等理论问题和策略问题。1926年,蔡和森在《中国共产党史的发展(提纲)》中明确提出了"形成自己的理论"这样一个任务。

同时需要注意,把马克思主义和中国实际正确地结合起来是一项十分艰巨、复杂的历史性任务,难以一蹴而就。总的来看,这一时期中国共产党对于马克思主义哲学中国化的认识尚处于一种不自觉的、被动的状态。因为马克思主义只是一般地指明社会发展和革命发展的方向,至于具体情形,要经过反复实践才能形成理论的自觉。当然,理论上的认识并不等于在实践中能够贯彻实施。国民革命失败的事实证明,虽然中国共产党人认识到了无产阶级领导权、统一战线、工农联盟和武装斗争在民主革命中的重要地位和作用,但还未能将其具体地、有效地应用于实践。

显然,中国共产党人对于马克思主义哲学中国化的认识必然要经历一个从不自觉到自觉的过程,经历从思想上的认识外化为实践行动的过程,从被动接受到主动探讨的过程。马克思主义普遍真理同中国革命具体实践相结合这一历史课题的根本解决,只能在此后的革命斗争实践中,在马克思主义的理论指导下,经过理论与实践的紧密结合才能逐步完成。

(三)马克思主义哲学中国化的第一次历史性飞跃

这主要是从遵义会议至抗日战争胜利后的10年,是马克思主义哲学中国化获得历史性飞跃的10年。

在这个飞跃过程中,就马克思主义哲学中国化的总体而言,实现了五个方面的理论大发展:一是奠定了马克思主义哲学中国化的坚实哲学基础,二是提出了"马克思主义哲学中国化"的科学命题,三是明确了"农村包围城市"的中国特色革命道路,四是构建了系统的新民主主义理论,五是创立了中国化的马克思主义理论——毛泽东思想。从1942年开始的延安整风运动,彻底肃清了党内长期存在的教条主义错误的认识根源,使实事求是的思想路线为全党所接受,马克思主义哲学中国化成了全党的共识。党的六届七中全会通过的《关于若干历史问题的决议》将中国化的马克思主义的思想体系——毛泽东思想体系作为指导思想。这样,我们党自创立以后第一次将马克思主义哲学中国化的伟大理论成果确立为党的指导思想。

解放战争时期是中国两种命运、两种前途大决战的时期,是新民主主义革命从局部走向全国胜利的时期。这一时期马克思主义哲学中国化事业继续向前推进,主要体现在:总结出了"十大军事原则",创立了战略进攻学说,发展和丰富了毛泽东军事思想;对新民主主义革命总路线作了新概括,分析了新民主主义社会的经济形态,制定了各项具体政策,丰富和发展了新民主主义理论;提出了人民民主专政理论和建立新中国的构想,丰富和发展了毛泽东思想的政权学说。正是在这些理论的指导下,我们党取得了解放战争的辉煌胜利,建立了新中国。这是马克思主义哲学中国化第一次历史性飞跃最伟大的实践成果。

(四)马克思主义哲学中国化的第二次历史性飞跃

"邓小平理论"是1978年十一届三中全会到1992年邓小平在武昌、深圳、珠海、上海视察谈话十余年间以邓小平为首的党中央领导集体改革开放建设中国特色社会主义的理论概括和经验总结,是中国共产党在把马克思主义同中国实际相结合的过程中实现第二次历史性飞跃的理论成果。它科学地把握社会主义的本质,第一次比较系统地初步回答了中国这样的经济文化比较落后的国家,如何建设社会主义、如何巩固和发展社会主义的一系列基本问题,用新的思想、观点,继承、丰富和发展了马克思主义。

进入21世纪,中国特色社会主义进入一个新的发展时期。中国共产党面临着关系到党的执政地位是否巩固、关系到中国特色社会主义事业能否继续前进、关系到中华民族能否实现伟大复兴的一系列重大考验。如何结合当今世界的变化和中国发展的实际,创造性地运用和发展马克思主义,不断推进新的理论创新和新的实践创新,成为中国共产党人的重大使命和历史责任。以江泽民为核心的第三代党中央创造性地提出"三个代表"重要思想,推进马克思主义哲学中国化的历程。深入研究在邓小平理论和"三个代表"重要思想指导下,以胡锦涛为核心的第四代党中央在全面贯彻"三个代表"重要思想过程中,着眼当代世界和当代中国的发展趋势,立足新世纪、新阶段我国经济社会发展新特点,在新的实践基础上大力推进理论创新,先后提出树立和落实科学发展观、构建社会主义和谐社会等一系列重大战略思想。这一系列新观点新论断全面推进了中国特色社会主义事业、实现了马克思主义与中国实际新的结合,促进了马克思主义哲学中国化理论的新发展。

第三节 马克思主义哲学中国化的理论依据

中国化的马克思主义的产生和发展不是偶然的,是中国对世界现代化浪潮、先进文化、社会主义革命和建设运动的体现与回应。马克思主义所回答的基本问题恰好是中国人民企盼和努力解决的重大问题,是中国社会变迁和革命发展的客观要求。

一、马克思主义哲学中国化的政治依据

马克思主义最显著的特点是时代性、发展性、实践性、创新性的有机统一。它不仅说明世界,更重要的是改造世界。这就要求在学习和运用中,把它的基本原理同各个国家、各个民族的实际情况、具体特点、历史文化传统结合起来。对于这个问题,马克思指出:"正确的理论必须结合具体情况并根据现存条件加以阐明和发挥。"①马克思这里所说的"具体情况""现存条件",主要指的就是一国的国情。国情既包括自然状况,也包括社会状况;既包括历史状况,也包括现实状况。

(一)近代以来中国社会面临的两大历史课题与民族民主革命

1840年以来中国的近代历史表明,改变腐败的社会制度和落后的经济技术,是近代以来中国社会面临的两大历史课题,也成为近代以来中华民族面临的两大历史任务。

为了完成救国救民这一历史任务,在马克思主义传入中国以前,中国人民进行了长达半个多世纪的前赴后继的反帝反封建的英勇斗争。但是,由于农民阶级和资产阶级没有比较科学的思想作为指导理论,一切可以用来试验的方案在实践中都破产了。

单纯的农民战争、改良主义的君主立宪、革命民主派的资产阶级共和国,都不能解决中国近代历史提出的独立、民主和富强的中心任务。中国的仁人志士企求通过学习西方来振兴中华的道路走不通,先进的中国人还在苦苦地求索出路。中国历史就这样一步一步地为马克思主义在中国的传播扫清了道路、创造了条件。

(二)中国社会的需要与人民对马克思主义的认同

1840年第一次鸦片战争以后,为了救亡图存,一些先进的中国知识分子几乎从西方搬来了整个资产阶级的思想库。和西方资本主义思潮相比较来说,马克思主义算是"迟到"的真理。究其原因,最基本的一条就是马克思主义的基本原理和精神适应了中国人民的民族追求,中国人民救亡图存的政治要求内在地推动了中国人民对马克思主义的选择、认同。1860年第二次鸦片战争又一次将大清王朝推到亡国的边缘。为了救亡图存,中国人民

---

① 马克思恩格斯全集(第27卷).北京:人民出版社,1972,第433页

进行了一系列的政治运动——以"自强""求富"为目的的"自强新政"洋务运动，以严复、康有为、梁启超为代表的新兴资产阶级改良派的"戊戌变法"，激进的民主派"辛亥革命"。这些失败的历史教训让人们认识到，必须进行一场思想文化革命。正在这个时候，俄国十月革命给中国人民送来了马克思主义，这对深受封建主义和殖民主义压迫的中国来说，具有特别的吸引力。一些先进的知识分子开始将马克思主义作为理论工具，思考国家的独立和民族的富强这两大历史任务，并带领中国人民一步一步走向光明。

二、马克思主义哲学中国化的组织依据

（一）新的革命力量的成长

19世纪40年代，中国工人阶级伴随着外国人在华直接经营企业的产生而产生。19世纪60年代后，洋务派在国内开办军用工业和少数的民用工业。第一次世界大战期间，由于帝国主义暂时放松了对中国的经济侵略，民族工业有了较大发展，工人阶级的队伍也随之迅速壮大，仅仅产业工人就由1913年大约120万人发展到1919年的200万人左右。另有1000多万手工业工人和商店店员。

中国工人阶级不仅在数量上迅速增长，而且在分布上高度集中。1920年全国工人总数的85%集中在500人以上的大工厂中，主要分布在上海、汉口、天津和广州等大城市。尽管其历史不长，数量不大，所占比例小，但中国工人阶级毕竟代表了新的生产方式和中国社会的发展方向。

中国工人阶级具有较强的组织性、纪律性和高度集中的特点，容易形成强大的政治力量，并由于深受帝国主义、封建主义和资本主义的三重压迫而具有强烈的革命要求和战斗品格。这样，当一批先进的中国人接受了马克思主义以后，就将马克思主义作为科学理论来指导中国的无产阶级革命。马克思主义是为无产阶级革命服务的，是国际工人运动的理论总结，是代表无产阶级根本利益的，具有鲜明的阶级性。

（二）中国共产党的成立

1921年7月23日，中国共产党第一次全国代表大会在上海召开，中国共产党第一次全国代表大会宣告了中国共产党的正式成立。从此，中国就出现了完全新式的、以马克思列宁主义为行动指南的、以实现社会主义和共产主义为奋斗目标的统一的无产阶级政党。这是中国历史上开天辟地的大事件。中国共产党的创建，适应了近代以来中国社会进步和革命发展的客观需要，是近代中国历史选择的必然结果，是中国人民选择的必然结果。自

从有了中国共产党,中国人民就有了可以信赖的组织者和领导者,中国革命就有了坚强的领导力量,中国革命的面貌就焕然一新了。

三、马克思主义哲学中国化的文化依据

(一)马克思主义的人学思想与中国传统文化中的民本思想是相通的

马克思、恩格斯对人的本质关注始于他们对资本主义制度下人为物役、人性异化的社会现实的关注。在他们看来,私有制是产生一切社会不合理现象的总根源,因此,"废除私有制甚至是工业发展必然引起的改造整个社会制度的最简明扼要的概括。"[①]在废除私有制的过程中,人民群众起着至关重要的作用。人民群众是生产主体,历史主体,是历史创造者。

中国传统文化中有丰富的民本思想。孔子历来主张重民、富民、教民,在"民、食、丧、祭"这些世间大事中,将"民"列为首位,还将"人"作为其仁学核心。荀子主张民为邦本,他的君舟民水理论至今仍振聋发聩。另外,道、法、墨等家也有鲜明的重民和爱民思想。比如老子认为统治者必须顺应民意,提出"圣人无常心,以百姓心为心"。这些思想作为影响我国治国安邦大业达几千年之久的政治思想,源远流长,影响深远,深深地积淀在中国人的思维习惯和行为方式之中,成为理解马克思主义人学思想得以在中国传播不可回避的文化背景。

由于历史和阶级的局限,历代封建统治阶级"重民""爱民""顺民"和"福民"的最终目的是如何保持一个王朝统治者政权的巩固和长治久安,是如何安定君王天下。所以,无论从最终目的上,还是理论动机来分析,中国传统文化中的民本思想与马克思主义的人学思想有着本质区别。但是,就"重民"、"爱民"、"顺民"和"福民"的具体内容来看,两者是有相通之处的。中国共产党人正是在对传统文化中的民本思想进行了马克思主义改造的基础上,确立了全心全意为人民服务的党的宗旨和群众路线,提出了中国特色社会主义理论。

(二)马克思主义的共产主义思想与中国传统文化中的大同社会思想是相通的

马克思和恩格斯在对资本主义社会"破"的同时"立"了一个新的社会,认为"代替那存在着阶级和阶级对立的资产阶级旧社会的,将是这样一个联

[①] 马克思恩格斯选集(第 1 卷).北京:人民出版社,1995,第 237 页

合体,在那里,每个人的自由发展是一切人的自由发展的条件"[①]。他们把这一新的社会制度称为共产主义社会。在未来的共产主义社会里,生产力高度发达,物质财富极大丰富;财产公有,大家各尽所能、各取所需;人人平等,和平共处,没有剥削。自科学社会主义诞生以来,共产主义理想一直激励着全世界一代又一代的共产党人和其他先进分子为之奋斗。

在中国传统文化中,对理想社会的追求一直是其最终目标。从陈胜吴广起义的"均田地"到太平天国运动的"有田同耕,有饭同食,有衣同穿,有钱同使,无处不均匀,无人不饱暖",从《礼记·礼运》篇中的美好社会远景到康有为《大同书》中的"据乱世、升平世、太平世",都反映了中国人对美好社会的不懈追求。而五四时期的李大钊、陈独秀、毛泽东等人都是在中国传统文化熏陶下成长起来的知识分子,在他们的思想深处也有着美好的"大同理想"。所以,当他们开始认识马克思主义理论中的共产主义社会理想时,很自然地就与中国传统的"大同理想"联系起来,用"大同理想"来理解共产主义理想。大同理想的社会蓝图与马克思主义的共产主义理想有相似之处,这使中国先进知识分子更容易理解和接受马克思主义的共产主义理想,成为中国共产党人能够不断推进马克思主义中国化的文化结合点。

(三)马克思主义的辩证唯物主义和历史唯物主义思想与中国传统文化中的朴素辩证法、唯物论思想是相通的

马克思主义的辩证唯物主义和历史唯物主义是马克思主义的世界观和方法论,是放之四海而皆准的真理,是"坚持马克思主义为指导"的首要内涵。它与中国传统文化中的朴素唯物论思想存在着许多相通之处。

第一,历史唯物主义强调社会存在对社会意识的决定作用,强调物质生产对社会发展的作用,强调人的实践对社会发展的推动作用。这与我国的儒学是相通的。儒学强调"经世致用",常常从经济、地理、人口等物质条件与民心向背去思考历史的发展、朝代的更替,从人民的物质生活出发去研究人民大众的精神生活。

第二,唯物辩证法是马克思主义的精髓之一,中国传统文化同样蕴涵着丰富的辩证思维。比如"阴阳学说"与对立统一规律就有相通之处。早在殷商时代就产生了阴阳五行说,后来得到进一步的发展,《周易》认为"一阴一阳谓之道",强调阴阳对立面对事物发展的推动作用。这与对立统一规律是相通的,按照对立统一规律来看,矛盾贯穿于每一事物发展过程的始终,事物的发展变化是由于其内部矛盾双方既对立又统一的结果。

---

① 马克思恩格斯选集(第1卷).北京:人民出版社,1995,第294页

马克思主义产生于西方,又与中国传统文化密不可分,不仅其理论中有着丰富的中国因素,而且在文化精神上有多个要素是相通的。基于此,我们必须承认:马克思主义之所以能在中国不同的发展阶段都能实现"中国化",因为马克思主义与中国优秀传统文化存在共同的文化基因。这是马克思主义能"中国化"的基本文化依据。

第二章 毛泽东哲学思想的主要贡献

毛泽东思想是指导中国人民走向独立、走向幸福的灯塔,是我国人民获得解放的思想武器,它是指导中国革命和建设走向胜利的科学指南,揭示了中国革命和建设的规律。

第一节 毛泽东哲学思想的形成与发展

毛泽东哲学思想作为一个科学的思想体系,有一个产生、发展、成熟的发展过程。党领导人民进行革命和建设的历史,就是毛泽东哲学思想产生、发展、成熟的历史。

一、毛泽东哲学思想形成的基础

(一)国际背景

毛泽东哲学思想是在世界无产阶级革命勃兴和中国新民主主义革命继起的时代背景下产生的。

1917年11月7日(俄历10月25日),俄国工人阶级和劳动人民在以列宁为代表的布尔什维克的领导下,推翻了地主资产阶级的统治,建立了世界上第一个社会主义国家。

无产阶级革命是世界性的革命,俄国十月革命的胜利揭开了人类历史的新纪元,标志着世界性的无产阶级革命的开始。斯大林论述十月革命的世界意义时指出:"第一,它扩大了民族问题的范围,把它从欧洲反对民族压迫的斗争的局部问题,变为各被压迫民族、各殖民地及半殖民地从帝国主义之下解放出来的总问题;第二,它给这一解放开辟了广大的可能性和现实的道路,这就大大地促进了西方和东方的被压迫民族的解放事业,把他们吸引到胜利的反帝国主义斗争的巨流中去;第三,它从而在社会主义的西方和被奴役的东方之间架起了一道桥梁,建立了一条从西方无产者经过俄国革命到东方被压迫民族的新的反对世界帝国主义的革命战线。"[①]正是这一伟大的历史事件,在客观上将中国民主主义革命置于世界无产阶级革命的涵盖

---

① 斯大林选集(上卷).北京:人民出版社,1979,第65页

之下。从此,反帝反封建的中国民主主义革命不再是纯粹的资产阶级民主主义革命,而开始具有世界无产阶级社会主义革命的意义。就客观规律而言,这种革命,已经不是旧的、资产阶级领导的、以建立资本主义社会和资产阶级专政的国家为目的的革命,而是新的、无产阶级领导的、以在第一阶段建立新民主主义社会和建立各个革命阶级联合专政的国家为目的、进而为社会主义的发展扫清道路的革命。

这一时代背景的出现,对于毛泽东哲学思想的产生和形成具有至关重要的意义。马克思主义是无产阶级革命的理论。毛泽东哲学思想的本质,则是马克思主义的基本原理与中国革命实际相结合。因此,这种本质属性,决定了毛泽东哲学思想只能在具有无产阶级革命性质的中国革命的伟大实践中产生。

十月革命以后,随着马克思主义在中国的传播和五四运动的爆发,具有世界无产阶级革命性质的中国新民主主义革命拉开了帷幕,21世纪中华民族赖以复兴和崛起的精神宝藏亦孕育其中了。

(二)历史条件

1. 社会基础

马克思曾精辟地指出:理论在一个国家的实现程度,决定于理论满足这个国家的需要的程度。这就是说,任何科学理论的形成,均有与其相对应的社会基础。理论服务于现实,为解决社会实际问题而建立。毛泽东哲学思想是马克思主义在中国的体现,属于无产阶级革命理论范畴,因此,没有中国无产阶级革命的现实,便不可能有毛泽东哲学思想的产生和发展。

1919年五四运动后,中国革命进入新民主主义革命阶段,开始具有世界无产阶级革命的性质。无产阶级革命需要理论的指导,马克思主义则是无产阶级革命的理论,适应了中国社会的需要。这一理论性质和社会革命性质的亲和,使以马克思主义与中国革命实际相结合为基本特征的毛泽东哲学思想的产生成为必然。毛泽东哲学思想正是对应中国新民主主义革命和社会主义革命的社会实际而产生、发展起来的。

2. 理论渊源

新文化运动的兴起和马克思主义的传入与广泛传播,为毛泽东哲学思想的产生和形成准备了思想理论条件。新文化运动和五四运动推动了马克思主义在中国的传播;中国深厚的传统文化和孙中山的革命思想对毛泽东哲学思想的形成也产生了重要的影响。

3. 阶级基础

19世纪末20世纪初,中国社会生产力有了一定的发展,尤其在第一次世界大战期间,是中国民族资本主义发展的黄金时期。随着民族资本主义工业的发展,中国新的阶级力量逐步壮大,到五四运动之前,工人阶级的人数已达到200多万。五四运动期间,工人阶级作为独立的政治力量登上历史舞台,逐渐由自在阶级向自为阶级转变。工人阶级力量的兴起,推动了具有初步共产主义思想的知识分子的成长,他们积极投身于工人运动中间,进行马列主义的宣传和组织工作,促进了马列主义和工人运动的结合。五四运动后,由于工人运动的进一步发展,也由于马克思主义在中国的广泛传播,使马列主义和工人运动相结合的要求日益迫切。1921年,以马列主义为指导的无产阶级政党——中国共产党终于诞生了,中国无产阶级革命从此有了坚强有力的政治集团和领导核心。

4. 文化条件

毛泽东哲学思想的形成,不仅依赖于马克思主义的理论源泉,而且在很大程度上得益于中国优秀传统文化的积淀。毛泽东及中国共产党的主要领导人深厚而全面的文学、艺术、哲学、历史等文化素养,使其在中国革命和建设历程中,对马克思主义的学习、运用,得心应手,深入浅出,既呈现出科学的马克思主义理论形态,又极具中国优秀传统文化的鲜明特色。在毛泽东哲学思想的理论宝库中,一些著名的论断无不闪烁着中国传统文化的光辉,诸如:以"实事求是"和"不入虎穴,焉得虎子"等,表述马克思主义"具体情况具体分析"和"实践第一"的哲学思想;以"愚公移山"、"重于泰山"、"轻于鸿毛"等,表述马克思主义"为人民服务"的观点;以"一叶障目,不见泰山",批评反马克思主义的"形而上学";以"祸兮福之所倚,福兮祸之所伏"阐释马克思主义辩证法等。总之,人们印象中深刻玄奥的马克思主义理论,变得生动活泼,亲切自然,为广大人民群众所喜闻乐见。中国优秀传统文化的确堪称毛泽东哲学思想形成和发展的重要基本条件之一。

二、毛泽东哲学思想的历史进程演变

毛泽东哲学思想的产生、形成和发展,在每一个历史阶段,都有着其显著的特点,大致经历了以下几个阶段。

(一)毛泽东哲学思想的萌芽时期——从中国共产党创立到国共合作的北伐战争时期

早在中国共产党正式建立之前,李大钊就初步表达过关于马克思主义与中国实际相结合的思想。在中国共产党成立以后,中国共产党人积极投身于革命实践,并积极运用马克思主义基本观点来观察和分析中国实际问题。

1921年7月,中国共产党成立后立即投身到改变中国现状的现实斗争中。1922年,党的二大根据马克思主义基本原理和对中国社会的分析提出民主革命与社会主义革命两步走的思想，制定了彻底的反帝反封建的民主革命纲领。在此纲领指导下，党的主要活动是发动工农运动，特别是工人运动，抗击帝国主义。在领导工农运动的斗争实践中，以毛泽东为代表的中国共产党人在马克思主义的指导下，在对中国国情的研究中，对中国革命的对象、动力、同盟军等有了初步认识，特别是认识到了农民革命及土地革命对中国革命的意义，为后来革命新道路的开辟奠定了基础。

这一时期马克思主义同中国革命实践相结合的成果主要体现在开始运用马克思主义的立场、方法、观点，研究中国国情、分析中国革命特点。特别是毛泽东在此期间通过研究中国国情，分析农村、农民在中国社会结构中的特殊地位，初步阐明农民革命和土地革命的重要性；通过分析农民中各阶层的经济、政治地位指出中国革命的动力和目标，从而既具体说明了中国革命同盟军问题，也为他后来"农村包围城市，武装夺取政权"的理论奠定了基础，标志着毛泽东哲学思想开始萌芽。

（二）毛泽东哲学思想的形成时期——从北伐战争失败到土地革命战争前期

这个时期是以毛泽东为代表的中国共产党人发动武装起义、开展土地革命、创建农村根据地、开辟革命新道路的时期。

大革命失败后，国内政治局势急剧逆转。蒋介石在南京建立政权，残酷镇压、屠杀共产党人和革命群众，中国革命进入低潮。八七会议确定了土地革命和武装起义的方针，这是由大革命失败到土地革命战争兴起的一个历史转折点。随后，以毛泽东为首的中国共产党人排除各种干扰，克服各种困难，遵从客观实际，开创井冈山革命根据地。毛泽东、朱德等共产党人以马克思主义理论为指导，以中国国情为根据，在党的建设、军队建设、土地革命、政权建设等方面进行了全新的、深入的理论思考和丰富的实践探索，逐渐探索出了中国革命的新道路，开创了中国革命的新理论。

首先，革命新道路理论的形成。八七会议确定了武装起义方针后，派出许多干部分赴各地，组织武装起义。其次，人民军队建设的理论和红军作战原则的确立。加强党对军队的领导，确定了中国共产党对军队的绝对领导，保证了我军的无产阶级性质，从政治上、组织上奠定了新型人民军队的基础。再次，土地革命理论的形成。革命斗争促进了土地革命运动的发展，积累了土地革命运动的经验，土地革命理论日益成熟。最后，党的思想路线的提出。毛泽东始终注重调查研究，坚持从实际出发，灵活运用马克思主义。

把党领导的武装斗争、土地革命、建立革命政权三者密切结合起来，解决了建立和发展农村革命根据地的重大问题，是毛泽东运用马克思主义理论研究中国社会、中国革命特点的重要成果。革命道路新理论、土地革命理论、人民军队建设理论、党的思想路线的基本形成标志着毛泽东哲学思想的初步形成。

(三)毛泽东哲学思想的成熟时期——从土地革命战争后期到抗日战争时期

抗日战争爆发后,经历了20多年血雨腥风的革命洗礼,中国共产党逐渐成为在政治、军事、理论上成熟的政党,成为走向全国政治生活的大党。共产党能够也需要有一个成熟的理论、明确的纲领,为人民指明中国未来的发展方向,吸引中国人民团结在自己的周围。

毛泽东哲学思想在这一时期成熟,之所以如此,原因是多方面的。第一,毛泽东在全党领导地位的确立,是毛泽东哲学思想成熟的根本保证。1938年,共产国际也承认了毛泽东在中国共产党内的领袖地位(同年8月,中国共产党驻共产国际代表王稼祥回国,传达共产国际的指示:中共中央的政治路线是正确的,中国共产党要以毛泽东为首来解决统一领导问题)。1943年3月,毛泽东当选为中央政治局主席。这使毛泽东能够站在制高点上总揽中国革命的全局,系统进行中国革命理论的研究。第二,中国革命两次胜利与两次失败(从北伐战争的失败到土地革命战争的兴起,从第五次反"围剿"的失败到抗日战争的发起)的反复比较,为毛泽东哲学思想的成熟提供了丰富的历史经验。这种鲜明对比,促使以毛泽东为代表的中国共产党人认真总结经验,科学地揭示中国革命的规律。第三,抗日战争的复杂环境和丰富实践,为毛泽东哲学思想的成熟提供了深厚的现实土壤。当时,抗日烽火燎原全国,为中国共产党人在战争中研究战争并夺取战争胜利提供了极为便利的条件。第四,党的理论素养的加强和思想路线的端正,为毛泽东哲学思想的成熟创造了良好的思想理论条件。抗日战争时期,陕甘宁边区相对稳定,一批优秀的马克思主义理论工作者云集延安。诸如,李达、艾思奇、胡乔木、胡绳等是其中的优秀代表。另外,还有后来走向反面的康生、陈伯达等。值得提及的是,在这一时期,艾思奇在马克思主义哲学中国化、通俗化、大众化、现实化方面,作出了突出的贡献。1936年1月,艾思奇出版了《大众哲学》一书。该书很受读者喜爱,不到5个月就连续出了4版,10多年中创下了连续出32版的奇迹,影响很大。这部著作在我国较早地创造性地全面而系统地传播了辩证唯物主义基本原理,给中国广大青年和人民群众提供了第一部比较完整的马克思主义哲学教科书,极大地促进了马克思主义哲学在中国的传播和中国无产阶级哲学思想的形成与发展。毛泽东称它是"通俗而有价值的著作"。1938年9月,在毛泽东的倡议下,成立了延安"新哲学会",让艾思奇和何思敬主持会务工作。为了帮助干部学哲学,艾思奇编写了《哲学研究提纲》,编辑了《哲学选辑》,与吴黎平一起编写了

《科学历史观教程》。在整风运动中,艾思奇受毛泽东的委托,主编了《马恩列斯思想方法论》,作为干部必读书供干部学习。这些工作,大大提高了党的理论素养。就党的思想状况来看,1941年开始的党内整风运动,认清了教条主义的危害,端正了思想路线,提高了全党的马列主义理论水平,促进了毛泽东哲学思想的成熟。在此条件下,毛泽东进行了大量的理论研究,撰写了许多理论著作,包括《中国革命战争的战略问题》(1936年12月)、《抗日游击战争的战略问题》(1938年5月)、《战争和战略问题》(1938年11月)、《实践论》(1937年7月)、《矛盾论》(1937年8月)、《论持久战》(1938年5月)、《〈共产党人〉发刊词》(1939年10月)、《中国革命和中国共产党》(1939年12月)、《新民主主义论》(1940年1月)、《统一战线中的独立自主问题》(1938年11月)、《目前抗日统一战线中的策略问题》(1940年3月)、《论政策》(1940年12月)、《整顿党的作风》(1942年2月)、《在延安文艺座谈会上的讲话》(1942年5月)、《关于领导方法的若干问题》(1943年6月)、《论联合政府》(1945年4月)等。这些著作从多方面多角度阐述了中国革命的有关问题,主要体现在以下几方面:其一,总结了中国革命战争的规律,阐述了人民战争思想,形成了完备的军事理论;其二,构建了毛泽东哲学思想的哲学体系,为认识中国革命开辟了新的视野;其三,论证了中国革命必须分两步走,提出了新民主主义的政治、经济、文化纲领,形成了完整的新民主主义理论;其四,总结了抗日民族统一战线的丰富经验,形成了一整套策略方针和策略原则,发展了统一战线理论;其五,完善和发展了党的建设,特别是思想建设的理论;其六,提出了文化艺术工作的方针,形成了比较系统的文艺理论。随着毛泽东哲学思想的发展成熟,1945年召开的中共七大,正式确立了毛泽东哲学思想在全党的指导地位。七大通过的党章明确规定:"中国共产党,以马克思列宁主义的理论与中国革命的实践之统一的思想——毛泽东哲学思想,作为自己一切工作的指针,反对任何教条主义的或经验主义的偏向。"[①]

(四)毛泽东哲学思想的继续发展时期——从解放战争时期到中华人民共和国成立后

抗日战争胜利后,在毛泽东哲学思想的正确领导下,解放战争很快取得胜利,社会主义新中国建立。新的实践推动以毛泽东为首的共产党人进行新的探索,毛泽东哲学思想进一步得到了充实和发展,增添了许多新内容。在这一时期,毛泽东又写下了大量的理论著作,包括《抗战胜利后的时局和

[①] 中国共产党历次党章汇编(1921—2002).北京:中国方正出版社,2006,第95页

我们的方针》(1945年8月)、《集中优势兵力,各个歼灭敌人》(1946年9月)、《关于目前党的政策中的几个重要问题》(1948年1月)、《关于工商业的政策》(1948年2月)、《新解放区农村工作的策略问题》(1948年5月)、《在中国共产党第七届中央委员会第二次全体会议上的报告》(1949年3月)、《论人民民主专政》(1949年6月)、《革命的转变和党在过渡时期的总路线》(1953年12月)、《在资本主义工商业社会主义改造问题座谈会上的讲话》(1955年10月)、《论十大关系》(1956年4月)等。这些著作主要阐述了以下思想:其一,政策和策略的理论原则;其二,十大军事原则;其三,党的工作重心由乡村转移到城市的思想;其四,人民民主专政理论;其五,由新民主主义向社会主义转变的思想;其六,社会主义改造的理论原则和经验总结;其七,调动一切积极因素建设社会主义伟大国家的思想;其八,社会主义经济建设和中国工业化道路理论;其九,社会主义民主政治建设和执政党建设;其十,社会主义思想文化建设。这些思想正确地指导了解放战争和中国社会主义革命。

总的来说,新中国成立后,对封建制度统治几千年、半封建半殖民地占统治地位一百多年的旧中国进行社会主义改造,在一穷二白的基础上建设社会主义,是一项全新的、艰巨的伟大事业。以毛泽东为代表的中国共产党人以马克思主义基本理论为指导,在总结中国社会主义改造和社会主义建设经验,借鉴苏联社会主义建设经验教训的基础上,逐渐探索出了适合中国国情的社会主义改造和社会主义建设的道路和理论,这些理论也发展成为毛泽东哲学思想的一部分。

第二节 毛泽东哲学思想的科学体系

对毛泽东思想科学体系的理论概括,也有一个演变过程,有不尽相同的概括。党的七大把毛泽东思想概括为九个方面。在这里主要论述以下方面内容。

一、毛泽东新民主主义革命思想

(一)新民主主义革命思想的形成和发展

1.新民主主义革命思想形成的基础条件

(1)社会条件

新民主主义革命思想是近代中国国情的产物。毛泽东认为,半殖民地半封建社会性质及其决定的国家贫穷落后和经济、政治、文化发展的极端不平衡,是近代中国的基本国情。与鸦片战争前的封建社会相比,其基本特点有以下几方面：

第一，在政治方面，帝国主义列强划分势力范围，侵占和"租借"中国领土。扶植军阀，作为自己的代理人，从而导致连绵不断的军阀混战，使中国长期处于不统一的状态。第二，在经济方面，帝国主义列强控制了中国的经济命脉，并与地主阶级、买办阶级相勾结，残酷地剥削和压榨中国人民。第三，在思想文化方面，帝国主义也通过各种手段进行侵略。派遣教士，通过办学校、出版书刊、吸收留学生等，以磨灭中国人民的民族意识和革命精神。

在半殖民地半封建社会的中国，帝国主义和封建主义是压在中国人民头上的两座大山。封建势力是帝国主义统治中国的社会基础。两者相互勾结，共同压迫和残酷剥削中国人民，是造成中国贫穷落后的总根源。反对帝国主义和封建主义，便是中国民主革命的两大基本任务。作为指导这场伟大革命的思想——新民主主义革命理论也就应运而生了。

(2)历史条件

新民主主义革命理论，也是总结中国旧民主主义革命失败经验教训的结果，通过分析毛泽东将中国资产阶级区分为买办资产阶级（即大资产阶级、官僚资产阶级）和民族资产阶级两部分，前者是革命的对象，后者是革命的动力。毛泽东还分析指出，民族资产阶级具有两面性，既有革命要求，又有动摇性。因此，领导革命的重任就落在了工人阶级及其政党肩上。由此可见，不经过对旧民主主义革命失败进行深刻的经验总结，新民主主义革命理论也不可能顺利的产生。

(3)思想条件

1917年俄国十月革命的胜利，第一次把马克思、恩格斯的科学社会主义理论变为现实，在十月革命的影响下，1919年中国发生了五四运动，工人阶级开始以独立的政治力量登上政治舞台，成为中国新民主主义革命的开端。中国人民的反帝斗争，经过苏俄同西方的无产阶级结成了一条反对帝国主义的广泛统一战线，将中国革命与整个世界无产阶级革命联合起来，这促进了马克思主义与中国工人运动相结合。中国共产党成立后，逐步学会把马克思列宁主义的理论应用于中国的具体环境，使马克思列宁主义在中国具体化。

2.新民主主义思想的发展过程

(1)初步提出

中共一大通过了《中国共产党宣言》，颁布了第一个党纲，承认无产阶级政党，正式组建了共产党。但大会并没有认识到党即将领导进行的革命是新的民主主义革命。中共二大根据列宁关于民族和殖民地问题的思想，制定了党在现阶段反帝反封建的民主革命纲领，明确指出中国应首先进行民主革命然后再进行社会主义革命。同时初步指出了中国革命的动力是工人、农民和小资产阶级,民族资产阶级也是革命的力量之一。

在中共四大召开前后,邓中夏、瞿秋白、李大钊、恽代英、周恩来、毛泽东等一大批共产党人相继发表论文和讲演,积极探索新民主主义革命理论问题。瞿秋白认为,劳工阶级在国民革命的过程中要日益取得重要的地位,以至于指导权。李大钊指出,自耕农与佃农是农民中最多数最困苦的阶级。恽代英认为真正与一切统治阶级利害完全相反的,只有农民与工人。毛泽东发表的《中国社会各阶级的分析》,集中了全党的智慧,对于无产阶级领导权等中国革命一系列重要问题,作了精辟独到的论述。

毛泽东认为,小资产阶级和半无产阶级是无产阶级最接近的朋友。他将买办阶级和民族资产阶级明确区别开来,指出民族资产阶级代表中国城乡资本主义的生产关系。他们对于中国革命具有矛盾的态度,既"需要革命",又"怀疑革命"。毛泽东还明确指出,在帝国主义和无产阶级革命的时代,这个阶级企图在中国建立实现民族资产阶级统治的国家,是完全行不通的,以其本阶级为主体的"独立"革命思想,仅仅是一个幻想。毛泽东一针见血地指出,地主阶级和买办阶级,完全是国际资产阶级的附庸,其生存和发展,是附属于帝国主义的,他们始终站在帝国主义一边,是极端的反革命派。

(2)形成与发展

1927年大革命失败后,中国共产党人确立的土地革命和武装反抗国民党的总方针,走上了独立领导武装斗争、创建苏维埃的革命新道路。在20世纪20年代后期和30年代前期,党内"左"的机会主义,特别是1931—1935年遵义会议前,以王明为代表的"左"倾冒险主义,把马克思主义神圣化,曾使中国革命几乎陷入绝境,他们没有也不可能提出新民主主义革命的正确理论。

以毛泽东为代表的老一辈无产阶级革命家,坚决反对本本主义,坚持一切从中国革命实际出发,总结了大革命失败的教训。在秋收起义遇到严重挫折后,带领秋收起义的部队向井冈山地区进军,在那里开展游击战争,发动土地革命,建立红色政权,创立了第一个农村革命根据地。遵义会议以后,确立了毛泽东在红军和党中央的领导地位,中国民主革命再次打开新局面,不断走向新胜利。随着党有了1927年和1934年两次严重失败的痛苦考验,随抗日民族统一战线策略的制定和第二次国共合作的实现,在抗日战争时期,党对中国革命的客观规律才有了比较清醒的认识。毛泽东对中国新民主主义革命经验进行系统总结,提出的新民主主义革命总路线和基本纲领、新民主主义革命的发展道路和基本经验,以及从新民主主义向社会主义转变等重大理论问题,这标志着党的新民主主义革命理论达到了成熟。

毛泽东在这里不仅完整地表述了新民主主义革命的总路线的思想,而且提出了从新民主主义向社会主义转变的思想。

由于抗日战争时期民族矛盾大于阶级矛盾,为了巩固和发展抗日民族统一战线,在新民主主义革命总路线的最初表述中,没有提出反对官僚资本主义。抗日战争胜利后,新的情况和任务是国内斗争。在解放战争节节胜利的大好形势下,党内许多同志往往记住了党的具体的个别的工作路线和政策,忘记了党的总路线和总政策。为此,毛泽东于1948年4月1日在晋绥干部会议上的讲话中进一步阐明了新民主主义革命的总路线和总政策,正式将官僚资本主义列入了革命对象,至此,党的新民主主义革命总路线和总政策便完整地提了出来。

(二)新民主主义革命理论的主要内容

新民主主义革命在内容上继承和发扬了毛泽东思想,也是对毛泽东思想的进一步补充。新民主主义推翻了压在老百姓身上的三座大山,通过新民主主义的三件法宝,带领中国取得了民主革命的伟大胜利。

新民主主义革命的对象是帝国主义、封建主义和官僚资本主义;其动力是工人阶级、农民阶级、城市小资产阶级和民族资产阶级;其要由无产阶级领导,而无产阶级的领导权是经过其政党——中国共产党的领导来实现的,这是中国革命的中心问题,也是新民主主义革命理论的核心,是区别新旧民主主义革命的根本标志;其前途是社会主义。

新民主主义的基本纲领包括:政治纲领,就是要建立新民主主义的政治制度。这是中国新民主主义革命的基本政治目标。新民主主义的基本政治制度具有鲜明的中国特色,新民主主义社会实行的是人民代表大会制度,人民代表由全体有选举权的公民投票选举产生,他们代表了最广大人民群众的利益和意志,通过各级人民代表大会行使职权,决定国家大政方针,选举各级政府,是全体人民的真正代表。经济纲领在新民主主义革命进入抗日战争阶段后,革命的经济政策就是把大银行、大工业、大商业收归共和国的国家所有,由国家经营管理,使私有资本不能操纵国计民生。对于不能操纵国计民生的资本主义,不仅不没收,还应有所发展。抗日战争胜利后,又明确将新民主主义革命的经济政策概括为三大经济纲领:没收封建阶级的土地归农民所有,没收蒋介石、宋子文、孔祥熙、陈立夫为首的垄断资本归新民主主义的国家所有,保护民族工商业。文化纲领主要表现为五四运动前的新文化运动,其基本内容是宣传西方资产阶级的民主与科学。五四运动后的新文化运动,其基本内容是宣传马克思主义的。

新民主主义的发展道路是通过暴力革命、武装夺取政权,这也是马克思主义的一条基本原理。在实际运用这一原理时,每一个无产阶级及其政党都根据本国的实际条件,随时随地以本国当时的历史条件为转移。中国革命要走的是农村包围城市、武装夺取政权的道路。

(三)新民主主义革命的基本经验

毛泽东在新民主主义革命实践中,非常重视战略策略思想的创新和运用,他反复强调:"政策和策略是党的生命,各级领导同志务必充分注意,万万不可粗心大意。"他把马克思主义战略策略的基本原理同中国实际相结合,形成了一整套独创性的战略策略思想,同时丰富和发展了马克思主义战略策略思想宝库,指导中国革命从胜利走向胜利。

1. 武装斗争

中国共产党领导的新民主主义革命史,就是武装斗争的历史。这是中国革命的特点之一,也是中国革命的优点之一。但是,在党成立之初的三四年中,党不懂得直接准备战争和组织军队的重要性,直到1935年1月遵义会议,党坚决反对战争中的机会主义,才把战争问题放在第一位。从此,在毛泽东军事思想的指引下,革命不断走向胜利。到了抗日战争时期,不但造就了一大批会治党会治国的有力的骨干,而且造就了一大批会治军的有力的骨干。由此可见,实现民族独立和人民民主,没有一支站在人民立场上的军队,那是不行的。

这支新型的人民军队,必须坚持中国共产党的绝对领导。这是保持人民军队无产阶级性质的根本保证,是区别无产阶级建军原则和资产阶级建军原则的根本标志,也是毛泽东建军思想的核心内容。这支新型的人民军队,必须坚持人民战争的思想和战略战术原则。这是人民军队长期处于敌强我弱的历史条件下决定的。这支新型的人民军队,必须坚持全心全意为人民服务的宗旨。这是由人民军队的阶级本质和建军宗旨决定的,是坚持正确的政治方向,使其成为执行革命的政治任务的武装集团的根本要求,是人民军队立于不败之地的力量源泉。

2. 党的建设

加强党的思想建设、组织建设和作风建设,对保持党的无产阶级先锋队性质具有极端的重要性。

在土地革命时期,从三湾改编到1929年12月的古田会议期间,毛泽东一直强调把党的思想建设放在首位。然而,由于"左"倾错误,把马克思主义教条化、把共产国际决议和苏联经验神圣化,曾使中国革命几乎陷于绝境。到遵义会议以后,党才彻底地走上了马克思主义中国化的道路。

到了抗日战争时期,凭借着党对马克思主义中国化的深切理解,凭借着党在过去的革命经验,凭借着党在全国人民中间的崇高政治信仰,使共产党成为一个全国性的大党。然而,由于无产阶级具有一定的狭隘性致使一些非无产阶级思想,特别是小资产阶级思想必然反映到党内来。许多共产党员在思想上还跟不上党的思想。这些情况表明,为了中国革命的胜利,迫切需要建设一个全国范围的、广大群众性的、思想上政治上组织上完全巩固的马克思列宁主义的革命政党。建设这样的政党就必须加强党的建设,必须把思想建设放在首位,用马克思列宁主义教育全党,不断改造和克服各种非无产阶级思想。1942年全党开展的整风运动,对于全党,特别是党的高级干部,坚持党的实事求是的思想路线,具有重大深远的历史意义,同时,通过延安整风,党在组织上也达到了空前的团结与统一,并且逐步形成了党的新的工作作风。

统一战线、武装斗争、党的建设这三者是相互联系、密不可分的,是党建设的三大法宝的中心环节。在长期的革命斗争中,中国共产党正是充分地认识了统一战线、武装斗争、党的建设这三者的重要地位和作用,并正确地处理了它们之间的相互关系,才取得了中国新民主主义革命的胜利。

二、毛泽东社会主义改造思想

(一)新民主主义向社会主义的过渡

中华人民共和国的成立,标志着新民主主义社会在全国范围的确立。新民主主义社会是中国走向社会主义社会的中间环节,是过渡性社会。党在过渡时期的总路线,是由新民主主义社会向社会主义社会过渡的路线,是社会主义革命和社会主义建设并举的路线。在这条总路线的指引下,我国奠定了工业化的初步基础,开辟了一条适合中国国情的社会主义改造道路。

新中国成立后,根据马克思主义关于过渡时期的理论,从当时的实际情况出发,毛泽东和中国共产党人在新民主主义革命取得的成果和积累的经验的基础上,对新中国面临的主要矛盾和主要任务等问题作了系统的论述。

新民主主义社会是近代中国走向社会主义社会的中介和桥梁。毛泽东曾明确指出中国革命分两步走:第一步,完成新民主主义革命任务;第二步,进行社会主义革命,在中国建立社会主义制度。从新民主主义革命基本完成到社会主义制度基本建立是一个过渡时期,这个时期我国的社会性质是新民主主义社会。它是一个具有双重性质的过渡社会,既有资本主义因素也有社会主义因素。新民主主义社会的性质是由新中国成立之初我国的基本国情所决定的。

迅速恢复国民经济,发展生产力,变农业国为工业国和变革生产关系,变新民主主义国家为社会主义国家是当时我国面临的两大历史任务。其中,迅速恢复和发展国民经济是各项任务中的中心任务,因为它关系到新生的人民政权的生死存亡。

(二)从新民主主义社会向社会主义社会过渡的条件

新民主主义社会是一个过渡性质的社会,其发展前途是社会主义。想要顺利完成向社会主义社会的过渡,需要有以下条件:

一是政治条件。新中国成立后,在政治上,由于各阶级的统一战线还在继续和发展。因此,由无产阶级领导的人民政权具有广泛、坚实的社会政治基础,是十分稳固的。首先实现了大陆的解放和统一,建立了各级地方人民政权,无产阶级的领导地位毫不动摇,是保证向社会主义过渡的根本政治条件。人民民主专政的国家政权以工人阶级为领导,以工农联盟为基础。

二是经济条件。社会主义国营经济的建立和巩固,是过渡得以实现的关键因素。国营经济是完全社会主义性质的,使国家掌握了经济命脉,决定了新中国经济的社会主义发展方向。其次,农民个体经济已开始走合作化道路,是过渡得以实现的重要因素。小农经济是封建统治的经济基础,是中国贫穷落后的重要根源。再次,对私人资本主义经济的利用和限制,是过渡得以实现的又一重要因素。私人资本主义经济是以生产资料私有制为基础的经济,在国民经济中占有相当重要的地位。在国家扶植下,私人资本主义经济得到较大发展。

三是思想文化条件。在新民主主义革命中,共产党领导广大人民群众和爱国进步知识分子建立了民主革命的文化统一战线。新中国成立初期,共产党领导了思想文化方面的社会改造工作,一是肃清了帝国主义的、封建主义的思想,为确立新民主主义以及社会主义意识形态的主导地位奠定了基础。二是以《共同纲领》为基础,用爱国主义思想教育人民,积极稳妥对待统一战线中非无产阶级思想。三是正面提出以社会主义的思想教育团结广大人民群众,把团结全党全国人民建设为新中国的中心环节。

新民主主义革命过程中社会主义经济条件、政治条件和文化条件等的积累和增长,是新民主主义革命向社会主义革命过渡的内在驱动力,它从根本上决定了中国新民主主义革命向社会主义革命过渡的历史必然性。

(三)社会主义改造的道路

毛泽东以马克思列宁主义消灭私有制的基本原理为指导,在认真总结国内外经验教训的基础上,从中国的实际出发,提出了符合国情的理论和方针政策,开辟了一条有中国特色的社会主义改造道路。

1. 对资产阶级实行和平赎买

社会主义就是要消灭资本主义,这是科学社会主义理论的基本要求,但如何实现消灭资本主义这一历史任务,却需要从本国的实际出发。

在中国,由于中国民族资产阶级本身的特性和中国共产党的正确政策,能够实现对资产阶级的和平赎买。毛泽东曾提出两个重要思想:一是由新民主主义转变到社会主义社会,可以采取不流血的方式。二是在新中国成立以后,对民族资产阶级要采取团结、教育和改造的基本政策。

国家资本主义是改造资本主义经济的主要途径。党和政府根据指导思想,逐步把资本主义私有制改造成为社会主义公有制,把资本主义经济改造成为社会主义经济。在对资本主义经济进行改造时,党和政府考虑到资本家应得的合法利润,对资本家的生产资料采取了赎买的办法。这是从中国特殊的历史条件中产生的、既符合马克思主义原则又对工人阶级有利的政策。

改造企业同改造资本家相结合,教育和改造的具体做法有两种:一是实际的教育。这就是对资本主义经济加以限制和对资产阶级的不法行为进行斗争,对他们在改造中的积极态度表示欢迎,对怀疑态度给予教育和等待,对反抗态度进行必要的斗争。另一种是组织他们和家庭进行学习,开展自我教育。实践证明,我们党对资产阶级实行和平赎买的理论和政策是成功的。

2.个体农业和手工业实行合作化

毛泽东根据马克思主义关于对农民的私有制不能剥夺的原理,在总结党在老解放区领导农民互助合作的经验的基础上,提出了对农业进行社会主义改造的理论和方针政策。要积极引导个体农民走互助合作的道路。毛泽东认为,孤立、分散、守旧、落后的个体经济限制着农业生产力的发展,与社会主义工业化的矛盾日益突出。随着工业化的发展,一方面对农产品的需求日益增大,一方面对农业技术改造的支援日益增强,这也是促进个体农民向合作化方向发展的一个动力。

由个体经济过渡到集体经济必须采取从低级到高级逐步过渡的形式。必须坚持自愿互利、典型示范和国家帮助的原则。对手工业的社会主义改造,其指导思想和农业的社会主义改造一样,要求通过手工业生产小组、手工业供销生产合作社、手工业生产合作社三种形式,逐步把大量分散的个体手工业者组织起来,实现由分散到集中、由低级到高级的社会主义改造。

3.社会主义改造与社会主义建设同时并举

社会主义改造与社会主义建设两者是统一的整体。毛泽东根据生产关系一定要同生产力相适应的规律,提出了反映落后国家社会主义发展规律的新思路,强调只有社会主义才能发展中国,才是实现中国工业化的唯一正确道路;同时表明社会主义改造是为了解放和发展生产力,实现工业化,反对离开生产力谈社会主义。

第二章 毛泽东哲学思想的主要贡献

(四) 社会主义基本制度的初步确立

从中华人民共和国成立到社会主义改造基本完成，短短七年，中国共产党就从一个经济文化落后的大国，成功实现了从新民主主义到社会主义的伟大历史转变。我国人民民主专政国家政权的建立和巩固，为这一转变的实现奠定了可靠的政治基础；社会主义国营经济的建立和发展，为这一转变的实现奠定了强大的经济基础；马克思列宁主义、毛泽东思想指导地位的确立，为这一转变的实现提供了必要的思想条件；党培养的大批党政军干部，为这一转变的实现作了充分的组织准备。

第一，社会主义改造基本消灭了以生产资料私有制为基础的剥削制度，建立了以生产资料公有制和按劳分配为主要形式的社会主义的经济制度，同新中国成立初期建立的工人阶级领导的人民民主专政的社会主义政治制度一起，使社会主义制度在中国得到了确立，创立和奠定了中国进步和发展的基础。

第二，社会主义改造不仅避免了通常情况下社会变革难以避免的生产下降、商业凋敝、市场萧条、工人失业等不良后果，而且促进了生产力的发展。衡量生产关系的变革是否正确和必要，主要的标准应当是看这种变革对生产力的发展起促进作用还是阻碍破坏作用，社会主义改造不但没有阻碍生产力的发展，反而成为生产力发展的直接动力。

第三，中国共产党对从新民主主义向社会主义转变时机的选择、方式方法的创造和运用，丰富和发展了马克思主义关于社会主义革命的理论，是对国际共产主义运动的重大历史贡献。时机和方式的选择，开辟了一条适合中国国情的社会主义改造的道路，解决了中国如何向社会主义转变的大问题。

三、毛泽东执政党建设思想

工人阶级执政党建设的理论，是工人阶级执政党建设实践的科学总结。马克思、恩格斯为工人阶级政党的建设奠定了科学的理论基础，但是他们没有执掌政权的实践。新中国成立后，中国共产党成为执政党。中国社会主义革命和社会主义建设的实际，为执政党自身的建设，提出了新的课题、新的任务和新的要求。以毛泽东为代表的中国共产党人，在执政党建设方面，丰富和发展了上述关于执政党建设的理论。

(一) 强调增强党性教育，维护党的团结与统一

党性是无产阶级的阶级性和人民利益至上在观念上的集中表现。维护党的团结和统一是马克思列宁主义的建党原则之一，也是执政党建设的重

要问题之一。革命战争年代,革命斗争严酷性和革命环境的恶劣性使每个共产党员都懂得维护党的团结与统一的重要性,而新中国成立后,随着党执政环境的改善,党内出现了一些领导干部,特别是个别高级干部,由于对维护党的团结和统一的重要性认识不足,进而把自己所领导的地区和部门看成是自己的独立王国,向党中央闹独立性。新中国成立初期出现的高、饶反党联盟事件,就是破坏党的团结、分裂党的统一的重大事件。因此,党执政后,必须对全党进行增强党性的教育,以维护党的团结与统一。此后,在党的一系列会议和重要场合,毛泽东等都一再强调要加强党性教育,维护党的团结和统一。

(二)防止"和平演变"的战略思考

1964年6月16日,毛泽东在北京召开的中共中央工作会议上,在谈到培养接班人的时候,又说:"帝国主义说我们第一代、第二代没有希望,第三、四代怎么样? 有希望。帝国主义这话讲得灵不灵? 我不希望灵,但也可能灵。"[①]为了防止"和平演变",毛泽东一再强调要警惕党内特别是领导层出问题。他认为领导人、领导集团很重要,许多事情都是这样,领导人一变,就都变了,整个国家就会改变颜色。这也就是说,问题的关键是在于执政党,因此,要高度重视加强执政党的建设。毛泽东的这些谈话和指示,从总的理论和原则的指导来说是正确的,具有重大而深远的历史意义。

(三)培养和造就无产阶级革命事业的接班人

如何培养和造就无产阶级革命事业的接班人,毛泽东的想法主要有以下几点:第一,要到群众斗争中考察和识别、挑选和培养。第二,要大力提拔和重用青年干部、新生力量。第三,要从组织上落实,搞几层接班人。

总之,在执政党建设问题上,毛泽东关于警惕和防御资产阶级"糖衣炮弹"的攻击的理论观点,关于防止"和平演变"的战略思想,关于培养和造就无产阶级革命事业接班人的战略部署,这些都是在马克思列宁主义的发展史上,在当代社会主义的发展史上,从未有人提出过的崭新的理论命题,都是对马列主义的创造性发展或独创性贡献。

四、毛泽东军事思想

军事是一切直接与武装斗争有关的事。从20世纪20年代到50年代,中国共产党领导中国人民英勇地进行了长达20多年的武装斗争。在这个

---

① 刘仁荣,方小年.毛泽东思想的理论创新研究.北京:人民出版社,2004,第146页

艰难曲折的历史进程中，毛泽东军事思想产生了，并逐步地发展为完整的科学体系。它是中国共产党人的集体智慧的结晶，是对中国武装斗争实践经验所进行的科学总结和理论升华。在这里主要论述以下两点。

(一)人民军队建设

马克思、恩格斯和列宁都从暴力革命出发，明确地论述了建立无产阶级军队的必要性和重要性，规定了无产阶级建军的一般原则，奠定了革命军队建设的理论基础。在中国革命中，毛泽东运用马列主义的建军原则，系统地解决了在以被压迫的农民占多数的中国大背景下如何建立起人民群众自己的革命军队的问题，丰富和发展了马列主义的建军原则。其主要的贡献是提出和确定了以下几个方面的重要原则：

第一，全心全意为人民服务的唯一宗旨。

第二，党对军队的绝对领导。这一原则，是人民军队建设的根本原则，是人民军队区别于一切旧式军队的主要标志。这一原则，是毛泽东建军思想的核心，是毛泽东对马列主义建军原则的最突出和最重大的、具有创造性和开拓性的贡献。我军是中国共产党武装斗争的产物。只有坚持党对军队的绝对领导，才能始终保持人民军队的性质，才能使军队保持无产阶级革命性，才能保持和发扬人民军队在长期革命斗争实践中形成的光荣传统，始终践行全心全意为人民服务的宗旨。

第三，极其严格而又高度自觉的纪律。

第四，突出政治工作的重要地位。

第五，军队内部的民主主义制度，主要是政治民主、经济民主、军事民主三大方面。

第六，军队内部的民主主义制度。毛泽东指出，在中国，不仅人民需要民主主义，军队也需要民主主义，主要包括政治民主、经济民主、军事民主三大方面。政治民主，就是不论官兵的职务高低，在政治上一律平等；经济民主，就是让士兵参加经济管理，实行经济公开；军事民主，就是在战时发动士兵讨论作战计划，真正做到集思广益。

(二)国防建设指导思想

新中国成立后，毛泽东在领导我国国防建设的实践中，对于马列主义军事科学理论作出了一些新的重大的贡献，取得了一些新的重大的成果。主要内容有：第一，要建立起一支强大的包括陆、海、空三军和各种技术兵种在内的正规化、现代化的国防部队。这是毛泽东国防建设思想的核心内容。第二，要发展包括用于自卫的原子武器在内的具有高度现代化和强大威慑力的国防技术。第三，要大办民兵师，坚持走全民皆兵的人民战争道路。第四,要从新的时代特点出发,坚持和发展积极防御的战略方针。第五,要从各方面做好准备,为未来的反侵略战争建立雄厚的物质基础和可靠的战略后方。第六,要实行正确的外交方针,努力创造有利于我国的国际战略环境。

(三)人民战争理论

1. 战争观

中国革命战争的本质就是中华民族与帝国主义、人民大众与封建主义之间的政治矛盾和政治斗争的继续。毛泽东科学揭示了战争与和平的统一性,在阶级社会里,战争是两个和平之间的现象,战争是政治的继续,是和平的继续,和平就是政治。毛泽东提出了两类不同性质的矛盾,非正义战争违背人民群众的根本利益,得不到人民群众的拥护与支持;正义战争反映人民群众的利益要求,人民战争有着广泛坚实的群众基础和物质条件。

2. 民本是胜利之本

"兵"与"民"相互支持、密切配合,是人民战争的本质属性和根本内涵。毛泽东强调革命战争必须与民众相结合。在长期中国革命奋斗中,在多数情况下,我军在武器方面都处于劣势,而我军拥有广泛的群众根基,人民群众为自身解放积极加入到革命斗争中来,推动了人民战争取得胜利。

五、毛泽东国际战略思想

国际战略是指主权国家在客观分析国际形势和正确估量自己综合国力的基础上,为实现其国家利益而制定的对外关系领域内具有全局性、长期性的总谋划和总指导。毛泽东是举世闻名的国际战略家,他在领导中国共产党和中国人民缔造并建设中华人民共和国的历史进程中,始终关注国际风云的变化,提出了一系列国际战略思想,对建立新中国、捍卫独立主权、提高中国国际地位,起了重要的推动作用。毛泽东的国际战略思想是对马克思列宁主义国际战略思想的继承和发展。

(一)反对和制止世界大战的爆发,争取世界和平

战争与和平是人类特有的社会状态,两者互相矛盾、又互相交替。马克思主义认为,战争是阶级社会的产物,根源在于私有制和剥削阶级;战争是政治或政策的另一种手段的继续;战争有正义和非正义之分,马克思主义者并不无条件地反对一切战争;只有同战争势力进行坚决的斗争才能维护和平。毛泽东继承了马克思主义关于战争与和平的基本观点,在战争与和平这一关系人类命运和各国人民利益的重大问题上,提出了许多精辟而独到的见解,把马克思主义的战争观和和平观提高到一个新的高度。

1. 战争不可避免,但世界大战可能制止

战争是政治的继续,只要世界上存在剥削阶级和私有制,战争是不可避免的,但不能由此推理出世界大战也是不可避免的观点。1960年底,毛泽东接见外宾时非常明确地指出:局部战争和世界战争要加以区别。周恩来在阐述这一思想时说,"推迟世界大战的可能性也在增长,但有限战争即局部战争却不可避免"。①

首先,世界大战有两种可能性。毛泽东一直用两点论认识世界战争的问题。1955年10月12日,毛泽东会见民主德国外宾时指出:世界战争打或不打,两种可能都有,但我们要做好准备。1957年2月他在《关于正确处理人民内部矛盾问题》的讲话中指出,第三次世界大战一个长时期打不起来,可能给我们十几年,或者更多一点时间。目前,打仗对帝国主义利益不大。1957年4—5月间,毛泽东同苏联伏罗希洛夫谈话时说,帝国主义也不敢真正的同我们打仗。现在有两种可能性:一种是战争的可能;一种是和平时间拉长的可能。其次,依靠全世界人民的团结和斗争能够制止世界战争的爆发。1950年6月,在七届三中全会上,毛泽东就指出,"只要全世界共产党能够继续团结一切可能的和平民主力量,并使之获得更大的发展,新的世界战争是能够制止的"。1960年5月8日,毛泽东在接见拉丁美洲八个国家的代表和著名人士时指出,"世界和平的取得,主要依靠各国人民的斗争"。"人民是决定的因素,依靠人民的团结和斗争,必能战胜帝国主义和他们的走狗,取得世界的持久和平"。② 再次,帝国主义也不敢轻易发动世界战争。毛泽东多次从哲学的高度总结两次世界大战的历史经验,强调要发动世界战争不利于帝国主义的观点。他说:"第一次世界大战打出个苏联共产,第二次世界大战打出许多国家共产。从历史上看,共产是世界大战打出来的。"③他还说,"第三次世界大战最好不打,如果打,结果不是对我们不利,不是对亚非国家不利,而是对西方国家不利"。④ 1970年毛泽东同金日成谈话中说,现在世界大战的可能性比较小,我看也是有原因的,就是帝国主义搞世界大战信心不足。毛泽东认为这是帝国主义不敢发动战争的最重要的原因。

2. 和平是全世界人民的共同愿望,争取较长时间的世界和平是可能的

这不但是因为新中国的建设迫切需要和平,更主要的是和平符合全世

---

① 毛泽东外交思想研究.北京:世界知识出版社,1994,第99页
② 建国以来毛泽东文稿(第9册).北京:中央文献出版社,1996,第178页
③ 毛泽东文集(第6卷).北京:人民出版社,1999,第484页
④ 毛泽东文集(第6卷).北京:人民出版社,1999,第412页

界人民的根本利益。1954年10月,毛泽东会见印度总理尼赫鲁时说:"我们现在需要几十年的和平,至少几十年的和平,以便开发国内生产,改善人民的生活。我们不愿意打仗。"① 1955年5月26日同印度总理沙斯特罗阿米佐约谈话时说,"我们要争取和平的环境,时间要尽可能长,这是有希望的,有可能的。如果美国愿意签订一个和平条约,多长的时期都可以,五十年不够就一百年,不知道美国干不干"。② 同年10月15日,毛泽东在会见日本国会议员访华团时指出:"我可以说一句话,将来世界上的事情,和平友好是基本的,世界大战这个东西意思不大。""丢原子弹谁也害怕,日本人怕,中国人也怕,所以最好还是不打,尽一切可能争取不打。"③ 1959年10月18日,在同日本共产党代表团谈话时指出,"争取比较长的和平时间是可能的",因为:第一,"西方统治集团,比如美国集团、英国集团的大部分,都对打第三次世界大战抱有恐惧";第二,"社会主义国家是团结的,阵营加强了。帝国主义发动战争已是不那么容易";第三,"最强大的就是美国冒险集团。他们在目前发动侵略战争还是有困难的,因为他们还未准备好"。④ 直到1976年2月23日,毛泽东对美国前总统尼克松说,再保持世界和平25年有可能。尽管毛泽东一度认为大规模的战争迫在眉睫,并为此做了最坏的打算,准备大打、早打、打核大战,但就他本意来说,还是充分估计到战争与和平两种可能性,并更多地寄希望于避免战争,争取和平。

3. 制止战争、保卫和平需要采取正确的战略方针

毛泽东认为,要制止世界战争、维护持久和平,必须最广泛地团结一切可以团结的力量,组织起来同帝国主义、霸权主义进行坚决的、有理、有利、有节的斗争。为此,他提出了正确的策略方针。首先,帝国主义和一切反动派都是纸老虎,战略上要藐视,战术上要重视。他说:"从本质上看,从长期上看,从战略上看,必须如实地把帝国主义和一切反动派,都看成纸老虎。从这点上,建立我们的战略思想。另一方面,它们又是活的铁的真的老虎,它们会吃人的。从这点上,建立我们的策略思想和战术思想。"他认为,我们在战略上完全有理由轻视他们,坚信帝国主义制度是要灭亡的,全世界人民是要站起来的。我们在战术上要谨慎,每个步骤都要好好地研究,要重视它们,要认真办事。其次,对帝国主义既要敢于斗争又要善于斗争。既敢于斗争又善于斗争是毛泽东领导民主革命取得胜利的宝贵经验,新中国成立后

---

① 毛泽东文集(第6卷).北京:人民出版社,1999,第365页
② 毛泽东文集(第6卷).北京:人民出版社,1999,第413页
③ 毛泽东文集(第6卷).北京:人民出版社,1999,第484页
④ 毛泽东文集(第8卷).北京:人民出版社,1999,第91—93页

又用作反对帝国主义的重要策略。毛泽东把敢于斗争比作不怕鬼,认为越是怕鬼越有鬼,不怕鬼就没有鬼了。对付帝国主义、霸权主义的侵略威胁,一是坚决斗争,二是不要着急。1958年10月毛泽东在会见东欧国家外宾时,深刻地指出:同帝国主义斗争有两种打法,文打和武打,基本上是文打,用和平的方法打它,但也要准备武打。新中国建立后的几十年里,一直处于先是美帝国主义、后是苏联霸权主义的包围和威胁之中,斗争一天也没有停止过。但真正"武打"只有一次,就是抗美援朝,结果把世界上的头号帝国主义打败了。其他时候,我们坚持和平外交和自卫原则,在政治、经济、意识形态和外交领域同帝国主义"文打"。再次,建立最广泛的国际统一战线。统一战线是中国革命的法宝之一,也是毛泽东反对帝国主义和霸权主义的重要策略。他先是提出了中间地带和两个中间地带的思想,团结世界上一切反对美帝国主义侵略、扩张的力量。后来又提出"三个世界"的战略思想,团结世界上一切反对霸权主义的力量。

(二)坚持独立自主,坚决捍卫国家主权

独立自主是马克思列宁主义关于无产阶级及其政党处理对外关系问题的基本原则。恩格斯指出:"国际联合只能存在于国家之间,因而这些国家的存在、它们在内部事务上的自主和独立也就包括在国际主义这一概念本身之中。"[①]马克思指出,由于不同国家的工人阶级所处的发展条件极不相同,因而"用什么方式来达到结局,应当由这个国家的工人阶级自己选择",[②]从而为各国无产阶级及其政党在国际事务中坚持独立自主原则指明了方向。

抗战时期复杂的国际国内关系使毛泽东开始形成独立自主的国际战略思想,既反对国民党政府依附美英等国的政策,也不同意中共党内盲目服从苏联和共产国际的做法,主张独立自主地解决中国的问题。1944年,毛泽东对来延安访问的美国外交官谢伟思说:"我们首先是中国人。我们寻求友好关系,但我们不听从任何人的指挥。我们要自己解决自己的事,要按照中国的实际情况应用马克思主义。"新中国成立前夕,毛泽东又强调绝不允许任何外国政府干涉中国内政,"中国必须独立,中国必须解放,中国的事情必须由中国人民自己作主张,自己来处理,不容许任何帝国主义国家有一丝一毫的干涉"。[③]

新中国成立以后,毛泽东把独立自主的思想进一步发扬光大,贯彻到各

---

① 马克思恩格斯全集(第39卷).北京:人民出版社,1974,第84页
② 马克思恩格斯全集(第17卷).北京:人民出版社,1974,第683页
③ 毛泽东选集(第4卷).北京:人民出版社,1991,第1465页

个阶段的国际战略中去,强调独立自主地处理本国事务,反对依附于任何大国,反对任何大国对中国的控制和干涉。1950年6月,当美国发动侵朝战争,派遣第七舰队侵占我国台湾海峡时,毛泽东就向世界宣布:全世界各国的事务应由各国人民自己来管,亚洲的事务应由亚洲人民自己来管而不应由美国来管。他严正指出,中国人民将坚决反对美国的侵略,随时准备打败美帝国主义的任何挑衅,随后以大无畏的勇气,派出志愿军赴朝作战。经过三年坚苦卓绝的斗争,迫使美国在停战协定上签字。1959年,他说:"在台湾问题上,美国企图搞'两个中国',一个大中国,一个小中国,""我们反对'两个中国'。"又说:"我们历来都讲,台湾问题是中国的内政。中国一定要解放台湾,解放的办法有两个:一个是用和平的方法,一个是用战争的方法。"他严厉地告诫美国:"我们打金门是内战问题。……你们管不着,这是我们中国的地方,我们打不打是我们的事,你们不要多管。我们和你们美国只在一点上有关系,那就是要求你们从台湾撤军。"

新中国成立初期尽管采取"一边倒"的战略,但在处理中苏关系时,毛泽东始终坚持独立自主的原则,坚定地维护中国的独立和主权。对于苏共领导人提出的有损中国主权的要求,如建立长波电台、联合舰队等等,毛泽东都毫不含糊地予以拒绝,"要讲政治条件,连半个指头都不行"。"在这个问题上,我们可以一万年不要援助"[①];对苏联为迫使中国屈服而施加的种种压力,如单方面撕毁合同,撤走援华专家,逼迫中国还债,增兵中苏边境等等,毛泽东领导中国人民以大无畏的气概坚决顶住;当苏共领导集团把中苏两党的分歧公开化,对中国共产党发动全面进攻时,毛泽东领导中国共产党同苏共领导集团进行了针锋相对的公开大论战,开展了对于苏联现代修正主义的全面批判。总之,面对苏联大国沙文主义和霸权主义的丑恶行径,毛泽东以不怕鬼、不信邪的精神进行了坚决的斗争,有力地捍卫了国家的主权和尊严。

毛泽东这种独立自主地捍卫中国主权的立场,有效地保持了新中国的独立和尊严,对社会主义的巩固和发展产生了积极的影响。苏东剧变后,社会主义中国之所以能够"任凭风浪起,稳坐钓鱼台",靠的就是中国长期坚持独立自主、自力更生的原则。无论是新民主主义革命还是社会主义建设,我们始终坚持这种独立自主的国际战略,从而奠定了社会主义大厦坚实的政治、思想和组织的基础。邓小平说,社会主义中国是永远不会垮的,因为我们是靠自己打下的江山。我们不要去得罪谁,但我们谁也不怕。正如江泽民在纪念毛泽东诞辰100周年大会上指出的,从近几年来国际风云变幻中

---

① 毛泽东文集(第7卷).北京:人民出版社,1999,第391—392页

可以更加清楚、更加深刻地看到,以毛泽东为代表的中国共产党领导集体在社会主义建设事业中坚持独立自主方针以及由此培养起来的自强自立、不依附于人、不怕鬼、不信邪的精神,对于维护国家的主权和民族尊严,巩固和发展社会主义制度,发挥着多么重大的作用![1]

六、毛泽东文化思想

以毛泽东为主要代表的中国共产党人,运用马克思列宁主义的立场、观点、方法及其文化理论,来解决中国革命和建设在文化方面的实际问题,而提出的一套理论和政策。包括党的文化工作方针、文艺思想、教育思想以及有关知识分子的理论和政策。所有这些方面的理论创新,都是对马列主义的重大发展和突出贡献。

马克思、恩格斯和列宁对于文化问题,都有过许多重要的指示。他们除了一般地阐明文化的性质,文化与政治、经济的辩证关系等基本原理之外,还着重地论述了无产阶级文化的工作方针。其主要思想是:第一,正确对待人类历史的文化遗产,要在吸收和改造这种遗产的基础上来建设革命内容与民族形式相结合的无产阶级文化。把马克思、列宁关于这个方面的思想概括起来是八个字:批判、继承、革新、创造。第二,无产阶级在实现政治变革和社会变革以后,必须把工作重心转向文化建设,满足工农劳动人民对于文化的迫切要求。第三,文化任务的解决不能像政治任务和军事任务的解决那样迅速,必须经过一个较长的时期。毛泽东就是运用这些原理来解决党的文化工作方针问题的。在这方面,他对马克思列宁主义的发展与超越,主要就是表现在他依据中国的现实状况和历史经验,独具匠心地提出了发展中国新文化的"三化"方向、正确对待中外文化遗产的"两用"原则以及发展社会主义艺术和科学的"双百"方针。这些都是崭新的带有鲜明的中国特色的理论、方针和政策。

(一)发展中国新文化的"三化"方向

这首先是毛泽东把它作为中国新民主主义革命的文化纲领而提出来的。在《新民主主义论》中,他说"中国的新文化",就是在共产主义思想指导之下的"民族的科学的大众的文化"。在《反对党八股》中,他又再次提出"民族化、科学化、大众化"的问题。"三化",就是发展中国新文化的基本方向。"三化"作为一个完整的文化方针,是马列主义的著作中所没有的,是毛泽东作为具有特殊性质的中国新民主主义革命的文化纲领而明确提出的。这个

---

[1] 十四大以来重要文献选编(上).北京:人民出版社,1996,第608页

方针在今天仍然是我们创造和发展社会主义文化的一个具有长远意义的指导方针。

（二）对待中外文化遗产的"两用"原则

对待中外文化遗产的"两用"原则即为"古为今用，洋为中用"的原则。这个原则反映了文化艺术发展的规律。文艺发展有一般的规律或外部的规律，如文艺与政治、经济的关系；也有特殊的规律或内部的规律，如继承与革新的关系。"两用"，就是根据文化艺术内部两个特殊的规律而提出来的。

一是文化艺术在民族范围内的继承性。马列主义认为，新事物是对旧事物的否定，但是否定不是抛弃一切，而是既有所克服，又有所保留。所谓有所克服，就是从性质上来说，新事物不同于旧事物，两者有质的区别，新事物对旧事物来说，有发展、有变化。所谓有所保留，就是新事物中包含着旧事物中的某些因素，新旧事物之间，有一定的继承关系。任何事物都是这样，文化艺术也是这样。这种继承性，一般有思想内容和文艺形式两个方面。单从文艺的创作来说，就有艺术形象、创作方法和表现形式等方面的继承性。但是不是照抄，不是复古，而是有革新、有创造，这才是正确的继承。"古为今用"就是反映这一规律的发展无产阶级和社会主义文化艺术的一个马克思列宁主义的方针和原则。

二是文化艺术在各民族之间的相互影响。这种影响一般也包括思想和形式两个方面，而且有积极和消极之分。因此，对待外国文化，既不能盲目排外，也不能全盘吸收。既要学习外国文化中的那些先进的优秀的东西，也要抵制外国文化中的那些落后的腐朽的东西。"洋为中用"就是反映这个客观规律和这种正确态度的又一个马克思列宁主义的方针和原则。

"两用"作为一个完整的方针，是对马列主义关于继承人类文化遗产、发展无产阶级文化的理论的创造性运用和进一步发展，是毛泽东的独特的中西文化思想的集中体现。

（三）发展社会主义艺术和科学的"双百"方针

毛泽东于1957年2月在《关于正确处理人民内部矛盾的问题》的讲话中，明确提出以"百花齐放、百家争鸣"为社会主义文化建设的基本方针。

毛泽东认为，"百花齐放、百家争鸣"的核心是"放"和"争"的问题，"放"就是允许大家讲真话，敢于讲真话，不怕错误言论；"争"就是允许大家相互论争、相互批评，对于错误的意见，要以理服人。百花齐放是一种发展艺术的方法，百家争鸣是一种发展科学的方法。"百花齐放、百家争鸣"，有利于团结全国各族人民，推进社会主义改造和建设；有利于巩固人民民主专政。

七、毛泽东教育思想

(一)德智体全面发展

毛泽东早在湖南第一师范学校读书时,就提出"三育并重,身心并完"的主张。毛泽东强调,身体健康是学习工作的前提和基础。不论青年学生,不论知识分子,除了专业学习外,思想上要有所进步,政治上也要有所进步。青少年一定要"好好学习,天天向上"。

(二)精简课时和课程内容

毛泽东强调"学制要缩短,教育要革命",要按照"少而精"的原则改革课程设置,精简课程内容,要减少课时,让学生轻松学习,让学生有更多时间接触社会。这与我们所提倡的素质教育相契合。

(三)改进教学方法和学习方法

毛泽东认为:"教改的问题,主要是教员问题。"他指出,教学方法上存在的问题主要就是"满堂灌"。他反对"满堂灌"和死记硬背,主张变注入式为启发式、讨论式教学,主张教师把讲义发给学生,与学生一起讨论,一起研究,教学相长。学习的关键是"要自学,靠自己学"。他对毛远新说,现在的教育制度就是重分数轻能力,因此你们"不要把分数看重了,要把精力集中在培养分析问题和解决问题的能力上,不要只是跟在教员的后面跑,自己没有主动性"。要充分调动学生学习的积极性和主动性,要注意培养学生的创造性和求异性思维,提高学生观察、分析和解决问题的能力,教会学生怎么学习。

(四)改革考试方法,变应试教育为素质教育

毛泽东主张把考试题目公开,由学生研究、看书去做。他强调,学是为了用,关键是学生要学懂,不要死记硬背,要学会用所学的知识去分析解决问题,而不是单纯追求考试的分数,避免高分低能的误导。"有些课程不一定考,如中学学一点逻辑、语法;不要考,知道什么是语法,什么是逻辑就可以了,真正理解,要到工作中去慢慢体会。"毛泽东指出,实践也表明,在学校考试分数全优的学生,今后在工作上不一定就是全优,高分低能的现象其实就是学校应试教育的恶果,这种状况"是不利于青年们在德、智、体诸方面生动活泼地得到发展的"。毛泽东明确指出,考试只是检测学生学习情况和效果的一种手段,并不是目的。因此,考试的方式和内容都应当围绕培养学生能力和综合素质的目标进行改革。

(五)理论要与实际联系起来,学生要多参加社会实践活动

毛泽东认为,德育和体育"二者都同从事劳动有关,所以教育与劳动相结合的原则是不可移的"。如果我们的教学模式只是封闭办学,学生不接触社会、不了解社会,以后学生步入社会也难以适应社会。所以,毛泽东强调,教育要增强开放性,教育必须面向社会,必须与生产劳动相结合。学校要打开门来办学,学校要多与社会联系,学生要走出课堂、走出校门,要到社会这个大课堂中去经风雨,见世面,长才干。

第三节 毛泽东哲学思想对马克思主义哲学中国化的贡献

党的第一代领导集体的核心毛泽东同志是马克思主义中国化的伟大旗手与奠基人,对马克思主义中国化作出了卓越的贡献。"他是天才的创造的马克思主义者,他将人类这一最高思想——马克思主义的普遍真理与中国革命的具体实践相结合,而把我国民族的思想水平提到了从来未有的合理的高度,并为灾难深重的中国民族与中国人民指出了达到彻底解放的唯一正确的道路——毛泽东道路。"[①]

一、毛泽东哲学思想的历史地位

怎样来评价毛泽东思想的历史地位,这是毛泽东逝世后中国共产党遇到的一个全局性的、十分严肃的重大政治问题。在主持起草"历史决议"的过程中,邓小平曾多次谈到对决议稿的起草和修改意见。他提出:决议要确立毛泽东同志的历史地位,坚持和发展毛泽东思想。这是最核心的一条。邓小平对毛泽东和毛泽东思想的评价是"最核心的一条",实际上就涉及了毛泽东思想的历史地位和实践意义。

(一)毛泽东哲学思想是中国共产党人的根本指导思想,是指导中国革命和社会主义建设的科学指南

毛泽东哲学思想是指导中国革命胜利的科学指南,大革命时期,党的事业就因为缺乏经验而遭受失败。大革命失败后,正是靠着毛泽东哲学思想开辟的农村包围城市道路,创建了井冈山革命根据地,点燃了革命的星星之火,并在毛泽东哲学思想的正确领导下形成燎原之势,第五次"反围剿"的失败把革命推向生死存亡之境,又是在毛泽东哲学思想的指导下使中国革命

[①] 刘少奇选集(上).北京:人民出版社,1985,第319页

转危为安。抗日战争以及解放战争的胜利也是如此。毛泽东哲学思想是社会主义革命和建设的科学指南,对旧中国进行社会主义改造,是一项开天辟地的事业。毛泽东提出了许多具有重要理论价值和实践意义的理论观点,制定了一系列正确的方针、政策,为社会主义现代化建设奠定了重要的物质基础,而且在思想文化等方面都取得了伟大的成就。它是中华民族宝贵的精神财富,毛泽东哲学思想不仅揭示了中国革命和社会主义建设的规律,也揭示了社会发展的一般规律。其中的一些基本理论、基本观点并不会随着历史的发展而过时,它们是对我们社会主义建设事业的永恒指导。可以说,毛泽东哲学思想已经渗透到社会生活的各个方面,成为维系中华民族的精神支柱和推动中国社会前进的强大精神动力。

(二)毛泽东哲学思想推动了中国思想文化的发展,为中国思想文化提供了理论导向

毛泽东哲学思想是马克思主义与中国优秀文化传统相撞击融合而形成的。毛泽东等早期的共产党人深受中国传统文化的熏陶,他们往往是立足于中国文化传统来解释和接受马克思主义的。因此,从思想文化的角度讲,马克思主义中国化实际上是中西文化相融合的一种特殊形态,是20世纪中国思想文化史划阶段的重大标志。

毛泽东哲学思想本身就是运用马克思主义对从孔夫子到孙中山的中国传统文化进行批判和继承的优秀范例。从鸦片战争前后的龚自珍、魏源等到戊戌变法时期的康有为、梁启超等;从太平天国时期的洪秀全、洪仁玕等到辛亥革命时期的孙中山和新文化运动时期的陈独秀、鲁迅、胡适等;为了振兴中华,无一不对以孔孟儒家思想为核心的封建主义进行了不同程度的改良、改造或革命,并经历了向世界,特别是向西方寻求真理的艰苦历程。那个时期,各种主张充斥其中,莫衷一是,或曰"君主立宪",或曰"师夷之长技以制夷",或曰"打倒孔家店",或曰"中学为体,西学为用",或曰"全盘西化"。一言以蔽之,其中心都是围绕如何解决中国与西方、传统与现代这两对矛盾而展开的。也即谁解决了这个问题,谁的思想就会成为中国思想文化和中国社会发展的精神旗帜。毛泽东继承马克思列宁主义关于无产阶级要批判地继承人类文化遗产的思想,提出了要批判地吸收古今中外的一切优秀文化成果,为中国社会主义建设服务的思想。1964年9月,毛泽东将这一思想明确概括为"古为今用,洋为中用"的方针,从纵、横两个方面阐明了如何对待古今中外人类文化遗产的态度。毛泽东哲学思想提出的这些创造性观念,使中国思想文化发展到一个新的阶段。中华民族历经数千年形成的爱国主义传统和自强不息的民族精神,"民贵君轻"的民本思想,富有辩证法的军事思想,实事求是的学风和朴素的唯物论辩证法思想,"公而忘私"

的献身精神和注重道德修养的传统等,都在毛泽东哲学思想中得到继承和发扬。毛泽东哲学思想把中华民族的思想文化提升到了前所未有的历史高度,代表了中国先进文化发展的方向。

新中国成立后,"全心全意为人民服务""实事求是""一分为二""独立自主""群众路线""自力更生"等思想和语言已为广大人民群众所熟知。毛泽东哲学思想浸透到了人们社会生活和精神生活的方方面面,成为维系中华民族精神支柱和推动中国社会前进的强大精神动力,在很大程度上重塑着新中国的社会精神风貌。

(三)毛泽东哲学思想是当代中国发展的理论先导

在毛泽东逝世后,关于如何对待毛泽东哲学思想的问题,出现过把毛泽东哲学思想教条化,搞"两个凡是",这方面的错误得到了比较好的解决。但是借毛泽东晚年的错误来否认毛泽东哲学思想的科学价值,否认毛泽东哲学思想对中国革命和建设的指导作用也是一直存在着的。例如:有人认为,毛泽东哲学思想是过去历史实践和经验的总结,今天指导新的建设实践用处已经不大了。还有极少数人主张完全否定毛泽东哲学思想,提出"中国需要的是一个全面的非毛化"。这就提出了一个问题,即毛泽东哲学思想与当代中国的发展到底是怎样的关系? 如何理解党的指导思想? 这成了必须要回答,而且必须要回答清楚的问题。回答这个问题,就必须从以下两个方面着手。

第一,必须首先明确毛泽东哲学思想在当代中国发展中的地位。鸦片战争后,实现国家繁荣富强和人民共同富裕两大任务。前一任务是为后一任务的必要条件。两大历史任务的完成是一个统一的历史过程。如果没有新民主主义革命的胜利,没有新中国的建立,没有社会主义制度的建立,当代中国的发展就无从谈起。实际上,我们今天做的事情也是毛泽东先做的,开了一个好头,但后面的题没有做好。我们现在所做的也不过是在纠正过去错误的基础上,把这个问题继续思考下去。这也是一个统一的历史过程。不能因为毛泽东犯了错误,就把他过去的一切都否定了。实践证明:毛泽东哲学思想不仅开辟了马克思主义中国化的道路,而且其自身又为继续中国化进程积累了丰富经验和理论资料,为后继者准备了发展的前提。因此,从这样的意义上来讲,毛泽东哲学思想是与当代中国的发展联系在一起的。

第二,毛泽东哲学思想在长期实践中形成的立场、观点和方法,创造的共同语言,对当代中国的发展仍有指导作用。毛泽东哲学思想既是中国共产党人的理论宝库和中华民族的精神支柱,也是我们建设社会主义现代化国家的行动指南。

毛泽东哲学思想作为诞生于中国这样的一个具有悠久文化传统的东方

大国的马克思主义,是中华民族乃至全人类的一笔珍贵的财富,是中国人民心中永远的丰碑。继续坚持和发展毛泽东哲学思想是当代中国共产党人的职责,也是国家与民族的利益所在。

二、毛泽东哲学思想推进了马克思主义哲学中国化的实践步伐

众所周知,马克思主义是产生于19世纪40年代西方资本主义社会中的一种先进、科学的社会理论,它为全人类指明了共产主义的发展方向,并提供了辩证唯物主义和历史唯物主义的世界观、历史观、认识论和方法论。就这一点而言,马克思主义对包括中国在内的整个人类社会都是普遍适用的。但是就马克思的具体观点、原理而言,由于受历史、文化条件的限制却不一定在任何时候都绝对适用于任何民族的发展。因此具体到中国的特殊国情,直接把俄国的马克思主义直接移植的中国的社会环境下来运用是行不通的。在这种情况下,毛泽东哲学思想的诞生就使得马克思主义在向东方社会发展的过程中具有了特殊的意义。以毛泽东为代表的中国共产党人经过长时间的反复碰撞和磨合,不仅推动了马克思主义在东方社会的发展,还极大地丰富了马克思主义的理论宝库,并且在世界上产生了极大的影响。可以说,自诞生之日起,毛泽东哲学思想就备受世界关注。在世界上的许多国家,无论是东方的,还是西方的,无论是社会主义的,还是资本主义的;从政治家到外交家、军事家,从国际友人到作家、记者,从专家学者到一般工作者,等等。无论他们出于怎样的目的,都不同程度地受到了毛泽东及其思想的影响。同时,毛泽东哲学思想对许多落后的、为争取民族解放而斗争的亚非拉国家和人民也有着广泛而深刻的影响,不仅鼓舞了他们的斗争,而且还为他们提供了可以借鉴和运用的理论原则与丰富经验。

第三章　中国特色社会主义理论体系的哲学意蕴

中国共产党十一届三中全会以来的改革开放时期,产生了由邓小平理论、"三个代表"重要思想、科学发展观构成的中国特色社会主义理论体系。以邓小平、江泽民、胡锦涛为首的三代党的领导集体为这套理论的创建作出了重大贡献。

第一节　邓小平理论对马克思主义哲学中国化的重要贡献

党的十一届三中全会从根本上冲破了长期"左"倾错误的严重束缚,端正了党的指导思想,重新确立了马克思主义的思想路线、政治路线和组织路线,开启了马克思主义中国化的新航程。邓小平对此作出了杰出的历史性贡献,也为实现马克思主义哲学中国化留下了宝贵的历史经验。

一、邓小平理论产生的国际背景和历史基础

邓小平理论作为中国特色的社会主义理论,是在特定的社会背景和历史条件下,为适应中国社会主义现代化建设实践的需要而产生的。它经历了一个逐步形成与发展的历史过程。

(一)国际背景

第二次世界大战以后,国际局势持续了30多年的紧张和对抗,20世纪70年代开始,国际形势和世界格局有了很明显的变化。美苏两个超级大国开始认识到,虽然两国手中都握有大量的核武器,但一旦发动战争,必将导致同归于尽的后果。与此同时,全球范围内各国人民都已经逐步意识到和平的重要性,要求世界和平的愿望越来越强烈。因此,美国和苏联两个超级大国开始调整政策,由政治、经济、文化等领域的全面对抗转变为对话,国际局势开始缓和,世界历史呈现出要求和平、维护和平、反对战争的特点。世界的和平潮流,浩浩荡荡,不可阻挡。

中国在这种国际背景下,党的理论、路线和方针政策也发生了改变创新。但在较长的一段时间内,由于种种原因,由于我们面临的外部压力和"左"的指导方针的影响,指导新时期社会主义建设的科学理论没有随之发

展和创新。邓小平同志以他的长远的目光和创新的精神进行了社会主义的理论创新。

邓小平同志深刻分析20世纪70年代末以来国际背景和时代主题的发展变化,认为世界大战是可以避免的,和平是可以实现的,世界的主题已不再是革命和战争而是和平与发展。基于对国际形势和时代主题的正确判断,以及对中国所处发展阶段的准确定位和中国基本国情的正确把握,在邓小平同志主持下,党的十一届三中全会果断地抛弃了"以阶级斗争为纲"的错误方针,宣布结束"文化大革命",实现了党和国家工作重心的转移,开创了我国改革开放和现代化建设的新局面。邓小平同志作为改革开放的总设计师,在领导我国改革开放和现代化建设的实践中,大胆进行理论思考和创新,经过不断补充、完善、升华,初步形成了指导中国特色社会主义建设的科学理论体系——邓小平理论。改革开放之前,中国把精力主要放在了阶级斗争方面,忽略了经济建设,我们国家积极支持亚非拉人民反对帝国主义和殖民主义的斗争,对外援助超越了我国国力所能容许的程度。在对外关系中忽视同一些大国的关系,使得我国的外交陷入了被动的境地。邓小平同志审时度势,强调我们国家要重视经济的发展。对于社会主义国家来说,长期面临资本主义发达国家经济科技占优势的压力,发展不仅是一个经济问题,更重要的是一个政治问题,关系到社会主义的前途和命运。我们的内政外交政策也必须顺应发展这一时代主题。在内政方面,我们党确立了以经济建设为中心,实行改革开放的政策,把经济建设作为最大的政治。在外交方面,我们积极倡导和平共处五项原则,为我国的改革开放和现代化建设创造有利的外部环境。

人类进入20世纪50年代以来,科学技术的迅猛发展及其在产业领域的广泛应用成为世界历史进程最显著的特点。一方面,它为资本主义体系注入了一支强心剂,使其以发展生产力为契机,摆脱种种制度危机;另一方面,新生的社会主义往往经济上不够发达,能否抓住这次机遇,重新审视这个世界,客观地认识自己和资本主义制度,最终实现自己的历史使命,事关重大。邓小平及时抓住了这个机遇,他提出:"经济发展得快一点,必须依靠科技和教育。我说科学技术是第一生产力。近一二十年来,世界科学技术发展得多快啊!高科技领域的一个突破,带动一批产业的发展。我们自己这几年,离开科学技术能增长得这么快吗?要提倡科学,靠科学才有希望。近十几年来我国科技进步不小,希望在90年代,进步得更快。"

新的国际环境和新的实践,必然要求马克思主义理论要有新发展,要有新飞跃。邓小平理论体系中的主要观点,正是顺应和平与发展的时代需要而创立的。邓小平理论是对我国社会主义现代化建设面临的国际环境和时代主题进行科学分析而产生的划时代成果,是和平与发展时代的中国的马克思主义。

(二) 历史基础

1. 总结和概括了我国社会主义建设实践经验

伟大的实践孕育着伟大的理论,伟大的理论指导着伟大的实践。1956年,我国社会主义改造基本完成,社会主义制度基本确立。在当时特定的历史条件下,在没有现成经验可资借鉴的情况下,我国社会主义的建设基本照搬了苏联模式。我们对"什么是社会主义,怎样建设社会主义"这个首要的基本的理论问题没有完全搞清楚;对社会主义建设的长期性、艰巨性、复杂性认识不足,故而在社会主义建设过程中,走了一些弯路,发生过"大跃进"、人民公社化运动、"文化大革命"等重大失误。邓小平理论的主要观点是对改革开放和现代化建设实践经验的科学总结。邓小平创设了家庭联产承包责任制的新型模式,兴办乡镇企业,设立经济特区,倡导社会主义市场经济,从国内改革到对外开放,都体现了邓小平尊重实践、尊重群众的创造精神。在我国社会主义改革开放和现代化建设实践取得重大成功的基础上,孕育和诞生了中国特色社会主义的理论——邓小平理论。

2. 总结和借鉴了苏联等社会主义国家兴衰成败历史经验

苏联是世界上第一个社会主义国家,第二次世界大战后,在苏联的影响和帮助下,先后建立了15个社会主义国家,占当时世界人口的1/3,国土面积的1/10,组成华沙条约组织,成为左右世界格局的重要力量。苏联和东欧社会主义国家的建设都采取了苏联的社会主义建设模式。借鉴和总结苏联和东欧在社会主义发展问题上所提供的丰富经验和严重教训,是邓小平理论形成的重要历史依据。

苏联模式的主要特点是:以高速度地增长国民经济为首要目标,以重工业为固定的发展重点,以粗放型发展为经济增长的主要手段。与此相对应,形成了所有制过分单一、忽视市场机制、高度集中的经济体制,形成了党政不分、政企不分和高度集中的政治体制。这种模式在历史上曾发挥过重要作用,推动了苏联经济迅速发展,使苏联由一个欧洲最落后的国家变成世界上的经济和政治强国,从而为反法西斯战争的胜利奠定了坚实的物质基础。但是,在时代主题由战争与革命转变为和平与发展之后,苏联模式的弊端就明显地暴露出来,而苏联的党政领导人也未能及时地、成功地对这种过时的模式实行根本性改变,这是导致苏联解体、社会主义在苏联和东欧失败的深层原因。邓小平理论总结和借鉴了苏联等社会主义国家兴衰成败的历史经验。

3. 坚持马克思列宁主义和毛泽东思想

从根本上来说邓小平理论坚持了马克思主义的立场、观点和方法，它开拓了马克思主义的新境界，我们对社会主义的认识提高到了一个新的水平。在当代中国，马列主义、毛泽东思想、邓小平理论，是一脉相承的统一的思想体系。"一脉相承"的"脉"，指的是马克思主义的立场、观点和方法。马列主义为邓小平理论提供了科学的世界观和方法论，也就是辩证唯物主义和历史唯物主义。解放思想，实事求是，是马克思列宁主义、毛泽东思想的精髓，也是邓小平理论的精髓。

毛泽东同志在对中国社会主义建设道路的探索中，提出的许多理论成果，如以苏为戒、少走弯路，正确区分和处理两类不同性质的矛盾，把党和国家的工作重点转到技术革命和社会主义建设上来，不能剥夺农民，不能超越阶段，反对平均主义，强调发展商品生产、遵守价值规律和做好综合平衡，主张以农轻重为序安排国民经济计划，不能照搬国外模式，实行"消灭了资本主义，又搞资本主义"的政策，三个世界划分的理论和我国永远不称霸的思想等等，都为邓小平理论提供了宝贵的理论素材。此外，在现代化和改革开放的基本过程中，邓小平与毛泽东一样强调，必须大力发扬社会主义民主和健全社会主义法制，必须坚持社会主义物质文明和精神文明一起抓，坚持和改善党的领导，加强党的建设。他认为只有这样，才能促进经济的发展和社会的全面进步。可以说，毛泽东和邓小平关于有中国特色社会主义的理论和策略不是完全脱节自成一个体系的，而是一个认识的全过程，是一脉相承的。

4. 邓小平独特的个人经历

历史环境、社会需要和时代特征只是为某种理论的产生创造了客观条件和可能。理论的产生还需要这种理论的创造者具备一定的主观条件。邓小平富有传奇色彩、大起大落的独特经历，造就了他坚强的性格和意志，形成了他透过历史看未来的彻底的唯物主义精神，塑造了他在复杂的社会运动中艺术地领导社会前进的特殊能力，并使他对马克思列宁主义、毛泽东思想产生了一种深刻而特殊的理解。这样由于他在党内的地位加上他丰富的革命和建设经验，使他形成了一种宏观的、战略的辩证思维能力；能够为党的建设、国家的富强、人民的幸福殚精竭虑；能够接受和掌握马克思主义的环境和经历，使他敢于破除迷信和教条，善于运用和发展马克思主义，根据新情况、解决新问题，从而创立了有中国特色社会主义理论的新体系。

二、邓小平理论的科学内涵

（一）邓小平理论的科学体系

1. 社会主义的本质

邓小平强调，要从社会主义的根本任务、首要任务、中心任务的角度来理解社会主义的本质。在社会主义本质论断问题上，实践标准就是具体化为生产力标准和人民利益标准。社会主义本质论断是尊重实践、尊重生产力、尊重人民利益的产物。

邓小平对社会主义本质的概括的最显著的特点就是突出生产力、解放生产力和发展生产力。社会主义的优越性归根到底体现在它的生产力比资本主义发展得更快一些。

社会主义的价值目标就是共同富裕。消灭剥削，消除两极分化，最终达到共同富裕，只有社会主义才能做到。

邓小平是在动态中把握社会主义的。"解放"、"发展"、"消灭"、"消除"、"达到"，这是五个动词，邓小平在这五个动词中生动地描述了社会主义的本质。

2. 社会主义建设的外部条件

社会主义国家外交战略是反对霸权主义，维护世界和平。以维护中国独立主权、促进世界和平发展作为中国外交政策的基本目标。和平与发展是当代世界的两大主题。主张在和平共处五项原则的基础上，建立和平、稳定、公正、合理的新秩序。以独立自主、完全平等、互相尊重、互不干涉内部事务四项原则处理和各国共产党及其他政党的关系。面对国际局势的风云变幻、世界社会主义事业遭受的严重挫折，要冷静观察、稳住阵脚、沉着应付；不当头，不称霸。另一方面，中国的发展离不开世界，社会主义国家对外开放是一项长期持久的基本国策。要对世界所有国家开放。必须大胆借鉴，吸收人类社会包括资本主义社会的全部文明成果，结合新的实践进行新的创造。

3. 社会主义建设的战略

以农业为国民经济发展基础，实行"废除人民公社，实行家庭联产承包为主的责任制"长期不变及"适应科学种田和生产社会化的需要，发展适度规模经营，发展集体经济"两个飞跃。以能源和交通为薄弱环节，建设一批重点骨干工程，"高度重视节约能源和原材料，提高资源利用效率"。以教育和科学为社会主义现代化建设的关键，教育要面向现代化、面向世界、面向未来，创造有利于培养人才、发现人才、使用人才的环境和机制，提高国民的整体素质。实现"台阶式"发展，允许和鼓励一部分地区、一部分人先富起来,逐步达到共同富裕。

4. 社会主义发展动力

社会需要不断的发展,而发展的动力就是需要不断的改革,改革是一个社会不断进步的表现。从目前中国的现状来看,要实现人民共同富裕,就需要不断的改革。邓小平同志在不断的总结历史发展的经验中得出的结论就是社会要进步,就需要进行改革开放。改革开放是我国能够解决社会主义初级阶段矛盾的重要方法。邓小平同志提出改革开放的重点就是从本质上进行改革,对影响生产力发展的经济体制和政治体制进行改革。在经济体制上,需要打破以前的计划经济,从计划经济转型为市场经济,不断的建立适应社会发展的市场经济。在政治体制上,要不断地完善我国的政治制度,不断地实现民主政治,从以前的一党执政到多党执政,在党中央的领导中不仅包括中国共产党,而且也包括其他党派,他们共同领导把中国建设的更加美好。

5. 社会主义建设政治保证

社会主义建设的最基本保证就是需要服从党的领导和坚决拥护党的领导地位。对于中国共产党制定的一些政策方针和指导思想,要坚决的服从,要坚决服从中国共产党对军队的监管,要坚决服从中国共产党实行的多党合作的制度,对于党做出的决议要坚决服从。要坚持党对社会意识的影响和管理。

6. 关于社会主义建设的战略步骤

社会主义建设发展战略是"分'三步走',基本实现现代化"。第一步的目标就是从1981年到1990年期间,中国的国民生产总值能够翻一番,全国人民能够实现温饱问题;第二步的目标是从1991年到21世纪初,中国的国民生产总值再翻一番,全国人民能够达到小康生活水平。第三步的目标就是到21世纪中期,中国的国民生产总值能够翻两番,达到了中等发达国家的经济水平。从这"三步走"的发展规划中,可以看出已经把中国社会主义的目标具体化,通过目标的确定,也可以看到以后美好的生活,全党和全国人民为了美好的目标共同努力。

7. 祖国统一的问题

邓小平提出"一个国家、两种制度"的创造性构想,为现代化进程中的国家统一提供了一种可供选择的模式,这一思想的发展经历了一个长期探索的过程。1979年元旦,全国人大常委会发表《告台湾同胞书》,正式表达了和平统一的意愿和建议。一个月后,邓小平访美期间公开表示,我们不再使用"解放台湾"这个提法了。1981年国庆前夕,叶剑英向海内外详细阐述了关于实现海峡两岸和平统一的几条方针。1982年1月,邓小平指出:"九条方针"实际上就是"一个国家,两种制度",不只是台湾问题,还有香港问题,大体上也是这九条。1982年邓小平会见英国首相撒切尔夫人时,第一次使用了"一国两制"的说法。1983年6月,邓小平将"一国两制"构想进一步系统化,提出了著名的推进祖国统一的"六条设想",指出解决台湾问题的核心是祖国统一,"不是我吃掉你,也不是你吃掉我"。从1983年到1984年10月,邓小平多次阐述了"一国两制"的主张。后来的一系列谈话,对"一国两制"的含义、依据、意义和可行性都作了进一步的说明,形成比较完整、明确的战略构想。"一国两制"是伟大创举,并且经过实践证明,"一个国家,两种制度"的构想是可行的。

(二)邓小平理论体系的特征

1. 求实性

求实性主要表现为邓小平理论的现实性。邓小平以实践为基础,在坚持马克思主义指导思想的基础上,用马克思主义的基本原理和毛泽东思想来解决中国社会发展过程中的问题,面对新形势,提出新对策,总结新经验,从而经过思考提炼,进而上升为新的思想观点和理论。例如,邓小平理论中的哲学思想强调解放思想的直接现实性的品格是实事求是,是有强烈的求真务实性。

2. 群众性

群众性主要指邓小平理论所指向的建设有中国特色的社会主义事业的主体是人民群众。理论要转化为实践,首先必须为群众所掌握,接着再化为"物质力量",使客体发生适合主体需要的变化。邓小平理论最终是为了群众,群众也是我们事业得以成功的依靠力量。只有符合群众利益,改革开放才能成功。改革开放的主体动因是广大群众的迫切要求,它符合群众利益的要求,因而也得到群众的拥护和支持。

群众的发明创造是邓小平理论的重要来源之一。邓小平理论的许多内容直接来自群众的创造。群众自发的创造只要是正确的,符合方向的东西,要不断总结概括并上升到政策和理论的高度,在全国范围内加以推广。邓小平说:"我个人做了一点事,但不能说都是我发明的。其实很多事是别人发明的,群众发明的,我只不过把他们概括起来,提出了方针政策。"农村联产承包责任制,就是群众的发明创造。中共十一届三中全会前后,安徽农民开始用"大包干"的生产组织方式,邓小平十分支持,并对此进行概括提炼,把联产承包责任制作为党的方针政策,贯彻、推广到全国。

3. 辩证性

邓小平哲学强调解放思想要抓住对立统一规律这个核心,强调用辩证思维去分析认识问题和解决问题,注意抓住时机,讲究方式方法,在开拓创新中去解决问题。邓小平解决矛盾的主要方法是注重结构改革,注重协调关系,着重在处理主要矛盾与次要矛盾、主要矛盾方面与次要矛盾方面的相互关系上进行改革;注重对事物结构元素排列组合方式变化的方面进行改革。因此,邓小平领导全党和全国人民成功地走出了一条通过协调关系、结构改革,建设中国特色社会主义的新道路。

4. 历史性

历史性在这里主要是指以人民为本的历史性。邓小平认为人民群众是社会历史的主体,历史是人民群众创造的。因此,邓小平理论强调解放思想的人民性,他把人民的地位放在最高位置,人民利益高于一切。邓小平把"人民拥护不拥护,人民赞成不赞成,人民高兴不高兴,人民答应不答应"和"三个是否有利于"作为判断改革开放是否成败的标准就源于这里。

5. 创造性

创造性主要体现为邓小平理论的创新性。邓小平在实践中坚持和运用马克思列宁主义、毛泽东思想,是根据中国社会发展的需要进行理论创新。邓小平的务实精神是针对"两个凡是"这个错误观点,以"人民为本"是针对"个人崇拜"这个错误观点,解放和发展生产力是针对"唯生产力论"有力批判,社会主义本质论是针对思想僵化和片面化、单一性,改革开放则是解决实践中前人没有碰到的新问题。邓小平在一些事关改革开放重要问题上实现了理论的突破,邓小平理论形成了创新发展这一内在特质。

6. 时代性

邓小平理论结合了马克思主义和中国国情与时代特征,强烈的时代性是它的突出特征。邓小平同志站在时代的高度,以马克思主义为基点,对当今时代特征和总体国际形势,作出了"和平与发展是当代世界的两大战略问题"的科学判断。当今时代是科学技术飞速发展的时代。日新月异的科学技术进步深刻地改变了并将继续改变着当代世界经济社会生活。邓小平同志十分重视科学技术的作用。邓小平提出了"科学技术是第一生产力"的著名论断。邓小平在《为景山学校题词》中提出"教育要面向现代化,面向世界,面向未来"。"三个面向"的关键是面向世界,"三个面向"充分体现了时代性的特点。

三、邓小平理论是马克思主义哲学中国化的新发展

十一届三中全会以后,邓小平作为第二代中央领导集体的核心,对马克思主义中国化作出了杰出的历史性贡献:一方面毫不动摇地坚持马克思主义,将马克思主义与中国的具体实际密切地结合起来,并创造性地加以运用,使马克思主义在中国实践化、现实化;另一方面在用马克思主义指导中

国改革开放和现代化建设的实践过程中,不断将改革开放的实践经验加以提炼,上升为普遍性的理论,使其精华部分融化到马克思主义体系中去,为马克思主义增添新的内容,从而丰富和发展了马克思主义。

(一)邓小平理论继承和发展了马克思主义

邓小平带领中国共产党实现了历史上的承前启后,推动了当代中国在社会主义道路上不断前进,它与马克思主义是一脉相承、密不可分的。

实事求是,理论联系实际,这是马克思、恩格斯、列宁、毛泽东一贯坚持的唯物主义原则。邓小平揭示并发展了毛泽东思想的精髓——实事求是,进而通过提出解放思想并阐明解放思想与实事求是的关系,在新时期发展了毛泽东思想。中国共产党十一届三中全会贯彻邓小平的这一思想,确立"解放思想,实事求是"为党的思想路线,使中国社会主义现代化建设有了坚实的思想保障。

在走向新世纪的形势下,面对许多新情况新问题,邓小平理论要求我们增强和提高解放思想、实事求是的坚定性和自觉性。邓小平从新时期中国社会的实际出发,研究新情况、新问题,提出了一系列独创性的新思想。例如,关于社会主义的本质和根本任务;关于"三个有利于"的判断标准;关于"三步走"的发展战略;关于科学技术是第一生产力;关于"一国两制"的构想等等,都是创新思维结出的丰硕成果。

(二)邓小平理论坚持用马克思主义的视角来观察世界

当今世界,和平与发展成为时代主题,科学技术革命不断涌起,整个世界正经历着划时代的变革。在这种情况下,邓小平理论主张,马克思主义中国化不仅仅是要将马克思主义与中华民族传统的优秀思想和思维方式相结合,也不仅仅是要与当下的中国范围内的具体实际相结合,而是要将中国的社会主义建设事业置于整个时代、整个世界的背景下进行研究,应对新形势、新技术和新思想给马克思主义和社会主义带来的新挑战。邓小平理论正是根据这种形势,确定我们党的路线和国际战略。

(三)邓小平理论重新保证了马克思主义中国化的正确方向

马克思主义中国化的问题最早是由毛泽东这一代革命的先驱者提出来的,他们为马克思主义在中国的生存和发展找到了方向,即与中国革命和建设的具体实际相结合,创造性地继承和发展马克思主义。但从 20 世纪 50 年代末到 70 年代后期,这一方向逐渐偏离,导致中国的马克思主义逐渐步入歧途。从 20 世纪 70 年代末开始,邓小平开始重新研究并找到了马克思主义中国化的发展方向。

正是在中国这样一个相对落后的国家建设社会主义的具体实践中,邓小平为马克思主义的中国化进程重新找到了正确的发展方向,而邓小平理论本身就是马克思主义中国化新的理论成果。

第二节 "三个代表"重要思想的哲学内涵

2002年11月,中国共产党隆重召开了第十六次全国代表大会,大会报告郑重指出:"我们党必须始终代表中国先进生产力的发展要求,代表中国先进文化的前进方向,代表中国最广大人民的根本利益。"[1]这个有关"三个代表"重要思想的著名论述,是江泽民同志于2000年2月在广东省考察工作时首先提出的。他在接下来的一系列讲话和文件中,包括2001年7月《在庆祝中国共产党成立八十周年大会上的讲话》和在中国共产党第十六次全国代表大会上的报告《全面建设小康社会,开创中国特色社会主义事业新局面》中,又对这一重要思想展开了进一步的论述。之后,在2003年7月胡锦涛同志又在《在"三个代表"重要思想理论研讨会上的讲话》等文件中重点阐发了这一思想。

一、"三个代表"重要思想形成的历史必然性

(一)"三个代表"重要思想是准确把握时代特征,紧跟世界发展潮流的必然要求

坚持解放思想、实事求是、与时俱进的思想路线,是我们党在长期执政条件下保持先进性和创造力的决定性因素。贯彻执行新时期的思想路线,最根本的前提就在于正确认识时代特征,科学把握社会前进脉搏,深刻洞察历史发展大势。在新的历史阶段,我们要始终保持党在思想上理论上的先进性,就必须准确把握时代特征,紧跟世界发展的潮流。"三个代表"重要思想正是在这样的基础上产生的伟大理论创新。以江泽民为代表的中国共产党第三代领导人,以长远的广泛的眼光观察世界经济、政治、文化、科技的发展变化特征,并以此为基础对国际局势作出了正确判断,指出中国发展的力量在于中国人民。江泽民同志站在世界形势由两极化向多极化迅速发展变化的历史高度,面对经济全球化进程加快、现代科学技术迅猛发展的历史趋势,着眼中国特色社会主义建设的历史全局,与时俱进、开拓创新,对中国共产党的历史使命做出了极其深刻而精辟的论断。

1.和平与发展是当今社会的时代主题

当今时代的主题依然是和平与发展。各国人民都渴望世界持久和平,

---

[1] 十六大以来重要文献选编(上).北京:中央文献出版社,2005,第8页

渴望促进共同发展,渴望过上稳定安宁的生活,共创人类美好未来,但是和平与发展这两大课题至今一个都没有解决,其中,威胁世界和平与稳定的主要根源就是霸权主义和强权政治的存在。另外就是各种局部争端和冲突以及恐怖主义、贫困、环境恶化、毒品等非传统安全问题更趋突出,也在很大程度上影响着世界的和平与发展。总体和平、局部战争,总体缓和、局部紧张,总体稳定、局部动荡,是当前和今后一个时期国际局势发展的基本态势。

世界上发达国家与发展中国家贫富差距日益扩大,各国的普遍发展与两极分化的矛盾异常突出,部分发展中国家的经济发展停滞,贫困化现象加剧。南北问题是影响世界和平与发展的核心问题。而世界要和平与发展是时代的潮流。如何适应这个时代潮流,把中国的事情做好,促进世界的和平与发展,是我们制定政策、开展工作的出发点。

2. 科学技术的飞速发展

20世纪90年代以来,科学技术的发展日新月异。科学技术的迅速发展促使世界历史转向信息时代。信息一方面促使生产方式发生了根本变化,另一方面促使人们的生活方式、交往方式甚至思维方式都发生了根本变革。科学技术作为第一生产力,出现的这种新发展,必然会引起各相关产业乃至人类生产关系作出新的变革。然而与此同时,科学技术高速发展对于我国来说同样是一柄双刃剑,一方面信息的广泛传播给我国的发展带来了新的动力,另一方面我国的传统经济体系必须产生新的变革。在信息化背景下,实现各个产业的信息化变革,提高生产效率是我们当前的主要任务。因此,我们必须"走新型工业化道路",优先发展信息产业,以信息化带动工业化。另外,在信息时代,知识或智力资源已经成为工业产业发展的重要动力。因此不断地革新,不断地在传统工业中运用最新的科技成果,是关系我国存在和发展的关键。

3. 经济全球化的不断深入

全球经济联系不断紧密是当今世界经济发展的基本特征。在科技迅速发展的今天,各项资源依然能够完成在全球范围内的分配,各国、各地区经济的生产、贸易、金融、投资这四个方面已经实现相互依赖、相互渗透。投资者的眼光已经逐渐破除地区的限制,封建思想对于当今经济发展的影响越来越小。经济全球化给我国的发展带来了新的机遇。在经济全球化的时代里,整个世界都是我们国家发展的舞台。自然地,在西方国家主导的经济全球化规则下,经济全球化还给我国的发展带来了其负面影响。当然对于任何一个发展中国家来说,经济全球化都是一把"双刃剑"。因此,在参与经济全球化的过程中,我国应以更加积极的姿态,更加广阔的意识参与全球经济竞争。通过有效的竞争,一方面实现中国特色社会主义建设稳步前进,另一方面切实维护国家安全、经济安全和文化安全。因此,我们应当全面地、清醒地全球经济发展的形势,沉着冷静应对,积极稳步参与,不断增强自身竞争力,提高自己在经济全球化进程中的话语权,维护本国的经济安全,促进社会主义现代化高速健康发展。

4. 多极化的政治格局

自苏联解体、东欧剧变,主导世界政治格局的"两极"被彻底打破,世界进入了"一超多强"的时代。在这个时代发展中,世界的发展正在经历一个新的矛盾,被美苏斗争所掩盖的地区、民族、宗教等问题逐渐开始凸显。国际恐怖主义、宗教极端主义、民族分裂主义成为见诸报端的三个新名词。

虽然世界许多地区仍旧处于战乱和不安之中,然而和平与发展仍旧是整个世界的主要趋势。人们追求平等和自由的脚步将不会停滞。在这种趋势的影响下,人们将不断突破固有的政治和经济规则的束缚,进入到一个更加民主和自由的环境之中。因此这种趋势有利于推动建立公正合理的国际政治经济新秩序,又有利于世界和平与安全,符合各国人民的利益。

政治格局多极化、经济全球化极大地影响着世界各民族的生活和生产方式。在看待这些问题之时,我们一定要用冷静的意识、客观的态度、宽广的视野,运用马克思主义的方法清醒地认识当今世界的发展给我国带来的机遇和挑战。

世界经济政治的这种复杂变化必将是一个漫长、曲折而又复杂的过程。这必然对我们党的工作提出了新的要求。新的要求必然呼唤着新的理论。而"三个代表"重要思想正是在这样一种时代背景下产生的新理论。"三个代表"重要思想回答了在世界经济政治深刻复杂发展的过程中,党应该站在什么样的历史角度,朝向什么样的方向发展的问题。

(二)"三个代表"重要思想是面对中国基本国情发展的新变化对党的发展做出的正确判断

"三个代表"重要思想是江泽民同志运用马克思主义立场、观点、方法,在分析研究中国基本国情发展的新变化以及中国特色社会主义发展需要的基本问题前提下,对党的发展做出的正确判断。中国的基本国情发生的新变化,总结起来共有以下方面。

1. 改革进入攻坚阶段

在经济层面上,改革的主攻方向已是社会主义公有制。创立社会主义市场经济体制和理论,是中国共产党对人类文明的一大贡献。苏联俄国的市场经济一定程度上还存在着不完善的地方。我国将社会主义公有制和市场经济结合在一起,是邓小平为代表的中国共产党人的一大新创举。从1978年改革开放开始,我们一开始是"摸着石头过河",在实践的过程中逐渐探索:即先把市场调节作为补充,再把社会主义市场经济确立为经济体制改革的目标模式;先从农村和特区开始改革,再渐渐推向城市和各个方面;先让个体经济、私营企业以及"三资企业"直接进入市场,再将国有企业等公有制经济推向市场。公有制经济是社会主义经济的核心,我们一定要建设好。1992年党的十四大,我党确立了社会主义市场经济的目标模式。1993年召开的十四届三中全会,明确了社会主义市场经济的基本框架,并提出建立现代企业制度的要求。作为社会主义市场经济主体部分的公有制经济本身的改革,成为经济体制改革的重心。

我们在经济平稳较快发展的基础上,要处理好经济发展和政治发展的关系,要做好政府职能转变的工作,政府的运作要更加规范、透明、高效和廉洁,要更好地服务于社会。在政治层面上说,依法改革已步入正轨,党的领导与依法治国相互协调发展。把依法治国与党的领导相结合,这是中国共产党人的创造。我们要进一步扩大社会主义民主,健全社会主义法制,推进决策的科学化和民主化,扩大公民有序的政治参与,等等。

经济体制改革和政治体制改革都涉及社会主义基本制度的核心部分。我国的改革进入了真正的攻坚阶段。

2. 发展处于关键时期

到20世纪末,尽管我国以人均GDP来衡量在总体上达到了小康水平,但仍有3 000多万人口不仅没有达到小康水平,甚至有一些还没有解决温饱问题,按国际标准看,他们的人均年收入,还处于赤贫状态。贫富分化的差距在加大,这是我们在发展过程中所要解决好的重大课题。

从完成信息化和工业化的双重任务的要求看:我国既面临着加快发展工业化的步伐,又面临着实现信息化的双重任务。由于中国发展的不平衡,许多地区还处在未开发状态,因此,就全国范围而言,要实现信息化,是一个十分艰巨的任务。

从可持续发展的要求看:我们面临的资源与环境的压力越来越大。我们要改变"粗放型"经济增长战略,实现经济社会与环境的协调发展。

3. 稳定面临新的矛盾

(1)社会结构的变化与巩固党的执政基础之间的矛盾

随着经济体制改革的不断深入,外资、民营和私营经济发展迅猛;与此相联系,个体户、民营企业创业人员、私营企业主等大量出现。社会的利益主体多元化,利益关系复杂化,利益需求多样化,它导致人们价值取向多样化,导致人们思想选择的自主性增强。一些人的道德素质正在下降,党的群众基础面临着挑战。

(2)社会生活的多样化同党的传统工作方式之间的矛盾

随着改革的深化和社会主义市场经济体制的建立,我国社会生活发生了广泛而深刻的变化,社会经济成分、组织形式、就业方式、利益关系和分配方式日益多样化。

其一,社会主义经济成分发生变化。改革开放以后,中国特色的社会主义经济成分发生了新变化。各种所有制经济在改革开放的大潮下竞相角逐,同过去公有制占据中国经济的全部来说,发生了很大变化。在市场经济条件下,无论经济成分、社会阶层、利益分配主体、就业方式,还是人们的价值观念、意识形态等都要发生新的变化。因为这一形势对我国的基本环境产生了根本性影响,所以党在各个方面都要不断改革过去的领导方式,实现符合时代要求的方式变革。

其二,社会阶层构成发生变化。随着我国经济、政治、科技、文化的不断发展,我国社会阶层也发生了巨大变革。一方面,传统的农民肩负了国家发展中农民和工人的两个角色,担当了国家发展的根本动力。另一方面,知识分子逐渐从象牙塔中走出,融入工人队伍之中,融入我国经济其他阶层之中。

民营企业和外资企业的工人、受聘于外资企业的管理技术人员、个体户、私营企业主、第三产业中诞生的新社会阶层逐渐获得我国社会的认可,在有中国特色社会主义的实践和全面建设小康社会的过程中发挥了不可磨灭的作用。

其三,社会组织结构发生变化。流动的农民工大军是这个时代最显著的特征,也是我国当代难以承受的痛。农村城镇化的过程中,我国社会把农民逐渐由单一的角色个体变成多重角色个体。过去的社会组织结构逐渐显示出被打破的迹象。

其四,就业方式和人们的利益关系发生变化。由于劳动性质、就业方式、分配方式的不同,人们的利益关系发生了重大的变化,不同地区、不同行业、不同部门、不同岗位的收入必然会出现差别,有的差别悬殊。在这种情况下,即要求我们党能够更好地代表全体人民的根本利益和不同社会群体的具体利益。

其五,人们的交往领域和交往方式发生变化。随着经济全球化和信息科技对我国产生的新影响,我国居民的交往领域逐渐由地区拓展到全国,由国内拓展到国外。外国人来华投资办厂、经商、搞金融、发展文化和各种社会事业已成为潮流。中国到外国投资办企业、搞经济文化交流活动也是方兴未艾。中外交流活动频繁是我国不断开放的必然结果。

其六,收入分配差距拉大同社会公平之间的矛盾。在改革开放深入发展的过程中,地区和地区之间、不同行业之间、不同个人之间的收入分配差距显著拉大了,但是社会的收入分配关系尚未完全理顺,特别是农民、城镇弱势群体的收入增长较慢,城乡部分地区群众生活比较困难,成为社会不稳定的重要因素。

其七,改革攻坚与部分国有企业工人下岗之间的矛盾。我国经济在快速发展的同时,国民经济整体素质和效益不高之间的矛盾开始凸现出来。其原因在于经济结构不合理和部分国有企业活力不强。解决这些矛盾,需要以改革为动力,以结构调整为主线。国有企业的改组使得一些人下岗,这些企业的职工,是新中国成立后共产党执政的最基本的群众基础,而现在由于改革的攻坚和产业结构的调整,恰恰是他们面临着下岗的问题。从传统的政治学观点看,他们原来都是社会的中坚力量,然而从社会学的观点看,现在下岗的工人成了社会的边缘群体和弱势群体。原有的"中"和现在的"边",原有的"坚"和现在的"弱"之间的矛盾,恰恰是一些国有企业工人下岗同社会稳定之间产生矛盾的实质。

人们的思想认识、价值观念、思维方式、人际关系都在"多样化"的社会现实中发生碰撞、冲突和调整。一些人的价值观念扭曲、理想信念低俗、道德素质下降等,这对我国社会意识领域有着极大的负面影响。党的传统工作同社会生活多样化的矛盾,是稳定所面临的所有新的复杂矛盾的焦点。

4. 党情的一些新变化

(1)党的地位和环境的新变化。我们这里着重讲一下我党地位发生的两次大变化。在中国共产党建党之后到中华人民共和国成立,也就是1921年到1949年的28年间,这一时期,我党是领导人民为夺取全国政权而奋斗的党,我党的奋斗目标是摧毁旧政权,建立人民当家做主的新政权,为人民打江山。1949年新中国成立之后,我党已经成为领导人民掌握着全国政权并长期执政的党,我党的奋斗目标是要巩固一个新政权,是为人民坐江山。从1949年新中国成立到1978年改革开放的这段时期,我党是在封闭条件下领导国家建设,而1978年改革开放之后,我们是在开放的市场经济条件下进行现代化建设,我们的现代化建设事业取得了重大成功。

上述这些变化,带来了党同其领导对象相互关系的变化。在民主革命时期,党同党的领导对象之间的关系,是奠定在一个共同的革命目标的基础上的,这一革命目标就是民族和人民的解放,而党的领导对象是为了这样的目标奔向共产党的,正如毛泽东在延安时期所说的:"我们的共产党和共产党所领导的八路军、新四军,是革命的队伍。""我们都是来自五湖四海,为了一个共同的革命目标,走到一起来了。"这表明,当年中国共产党的领导对象,是"走到一起"来的,而之所以会"走到一起",是"为了一个共同的革命目标",这奠定了党同其领导对象关系的共同目标的基础。然而,当中国共产党掌握政权以后,其领导覆盖了全国,其所领导的对象就不是"为了一个共同的革命目标走到一起"来的,而是"生到一起"来的。这时的问题就是党如何领导人民。相对集中的管理模式保证了党对全体人民领导的畅通无阻。

改革开放之后,当中国共产党的领导环境由封闭转变为开放后,市场经济和对外开放使社会生活多样化了,其领导的对象,开始有了更多的选择自由,市场经济环境带来的社会思潮多元化,人们的"言""行"获得的较大的选择自由权,加强党的领导是党的建设所遇到的新的挑战。

(2)党的队伍状况的新变化。步入新世纪,中国共产党的新党员的数量大幅度增加,已从建党初的53位党员发展到9300多万的庞大队伍。同时,从组织成分看,除了传统的产业工人和农民外,党员中知识分子和其他阶层人员的比例逐渐增加,这不仅反映了党的兴旺发达,反映了党在人民群众中的深刻影响力,同时,也给党的建设提出了新的挑战。

中国共产党党员中,90%以上都是在共产党执政的条件下入党的,其中又有一半以上是在改革开放和发展社会主义市场经济条件下入党的。对于老党员和新党员的教育工作,党要极其重视。如何培养这些年轻党员干部坚定党性,始终团结在党中央周围,为我国人民办实事、做好事是我们党要严肃面对的历史课题。党风廉政建设是党的建设的一个重大问题,必须引起我们高度重视。

进入21世纪,是我们党进入整体性新老交替的重要时刻,一大批年轻干部将要走上中高级领导岗位,在这种情况下,进一步提高全党特别是党的干部队伍的素质尤其是思想理论素质,使党本身在思想上、政治上、组织上进一步巩固起来,经得起任何风险的考验,已成为十分紧迫的任务。

(3)党所肩负任务的新变化。我国已进入了全面建成小康社会、加快推进社会主义现代化的新的发展阶段。到2010年,要建立比较成熟和完善的社会主义市场经济体系,同时实现国民生产总值翻一番,为实现邓小平设计的第三步战略目标奠定坚实的基础;到2021年建党100周年的时候,在经济、政治、文化各方面形成一整套更加成熟更加定型的制度;再到21世纪中叶基本实现现代化,实现中华民族的伟大复兴。而要实现中华民族的伟大复兴,又必须争取以一国两制的方式和平解决台湾问题,实现祖国的统一,同时,还必须争取有利于中国现代化建设的和平的环境。因此,实现现代化、祖国统一,以及积极推进世界的和平与发展,是我们党进入新世纪所肩负的三大历史任务。

这三大历史任务,与党在历史上所承担的领导新民主主义革命的任务相比,既有历史的继承性,即实现振兴中华的伟大使命,又在新的历史条件下具有新的内容和要求。这些新的内容和要求,对党的领导和建设带来了新的考验。

综上，党的历史方位、队伍状况和肩负任务所发生的新变化，对于进入新世纪后的中国共产党来说带来了新的考验，正如江泽民所说："历史和现实都表明，执政党的建设和管理，比没有执政的政党要艰难得多。""成为执政党特别是长期执政以后，我们遇到的一个突出问题，就是如何使广大党员、干部始终树立正确的利益观。"中国共产党必须从严治党，以在新的历史条件下保持自己同最广大人民群众的血肉联系。由此，"三个代表"重要思想的形成，就是为了反映党情的这一变化对党和国家工作的新要求。党的建设面临的新形势新任务，是"三个代表"重要思想形成的现实依据。

二、"三个代表"重要思想形成和发展的历史过程

"三个代表"重要思想的酝酿、提出、理论体系的形成，及其作为党的指导思想地位的确立经历一个相对比较长的历史过程。

（一）酝酿时期——从1989年到2000年2月

从1989年的十三届四中全会到2000年2月江泽民同志赴广东视察之前，是"三个代表"重要思想的酝酿与轮廓形成时期。这一时期，中国改革开放和现代化建设在经受了严峻考验之后又进入一个新的发展阶段。江泽民同志在1989年6月举行的中国共产党第十三届四中全会上，被任命为中国共产党的总书记，从那次会议之后，就形成了以江泽民为代表的新一届的中央领导，继承了毛泽东、邓小平两代中央领导集体开创的宏伟事业，领导中国继续向前发展。因此我们说，在这个时期以江泽民为主要代表的中国共产党人，特别关注并且严肃对待党的建设问题并不是偶然的，而是势在必行。

党的中央领导亲自看到了国际上苏东那些国家的共产党由于无法解决国家的问题而丧失国家的执政能力，甚至有些已经没有了共产党和国家。党的中央领导很多也经历了中国国内的政治斗争而带来的伤害和损失，也明白了这些政治斗争给国家带来的危害，所以江泽民等人便认真思考，思考在中国如何避免苏东剧变的重演、如何加强中国共产党的凝聚力和战斗力以防止中国社会的动荡、如何在党的领导下把中国特色社会主义建设推向前进。确切地说，以江泽民为代表的中国共产党人就是如何坚持和改善党的领导、如何提高和改进党的执政水平和执政能力的问题，更准确地说，就是在中国"建设什么样的党、怎样建设党"等一系列重大的理论和现实问题进行了认真的思考。这是一个关系党和国家命运和前途的头等重要的问题。因此，在新一代领导集体刚刚诞生之时，就已经强调大力加强党的建设问题。从那个时候开始，第三代领导集体对这一问题的探索从未间断。

第三章　中国特色社会主义理论体系的哲学意蕴

　　这时期在党建方面,中共中央提出了一系列重大部署和举措。如仅在1989年,新班子出任后的短短几个月内就连续发出了如7月份的《关于近期做几件群众关心的事的决定》、8月份的《关于加强党的建设的通知》、11月份转发中纪委的《关于加强党风廉政建设的意见》和12月份通过的《关于坚持和完善中国共产党领导的多党合作和政治协商制度的意见》以及同月的《为把党建设成为更加坚强的工人阶级先锋队而斗争》的讲话等一系列重要指示。此后,在党的十三届六中全会、十四届四中全会、十四届六中全会等一系列重要会议中或者中共十四大、十五大上等代表大会上,都对党建问题进行了专门的论述或决议。此外,党的领导人也在各种场合反复强调党建问题,并在全党开展了以"三讲"为主要内容的党性党风教育活动。

　　1994年,中共十四届四中全会通过了《中共中央关于加强党的建设几个重大问题的决定》。该《决定》对党建面临的新形势新矛盾新问题进行了分析,提出把党的建设确立为党的"新的伟大工程",以及党的建设的目标。

　　早在1995年9月27日,江泽民在中共十四届五中全会召集人会议上指出:"我们的高级干部,首先是省委书记、省长和部长,中央委员和中央政治局委员,一定要讲政治。我这里所说的政治,包括政治方向、政治立场、政治观点、政治纪律、政治鉴别力、政治敏锐性。在政治问题上,一定要头脑清醒。"

　　在1997年中国共产党召开的第十五次会议上,提出了"面向新世纪的中国共产党"的主要命题,对中国共产党有了更高的要求,在会议中也更加明确了对于党的建设新方向和新思路,对于全党人员的思想政治教育、全党人员的工作作风等需要加强管理。在十五大之后,以江泽民为主要代表的中国共产党人继续探索面向新世纪的党的建设问题。

　　为了更好地贯彻执行党的路线、方针和政策,确保社会主义现代化建设的胜利进行,1998年11月21日,中共中央作出在县级以上党政领导班子、领导干部中深入开展以"讲学习、讲政治、讲正气"为内容的党性党风教育意见。12月25日,中共中央召开电视电话会议,对在县级以上党政领导班子、领导干部中深入开展以"讲学习、讲政治、讲正气"为内容的党性党风教育进行动员部署。

　　1999年初,中央正式开展在全党党员干部中进行以"讲学习、讲政治、讲正气"为内容的"三讲"教育。这一年"三讲"教育全面展开。至同年底、次年初,省部和中央国家机关司处以及绝大多数地厅局领导干部的"三讲"教育,取得了明显成果,并告一段落。总的看来,这一时期有关党建最重要的会议及其成果,即江泽民所说的"党的十四届四中全会和十五大提出的党的建设新的伟大工程"。

· 69 ·

(二)形成时期——从2000年2月到2001年

从2000年2月江泽民同志赴广东视察到2001年中国共产党成立80周年大会召开之前是"三个代表"重要思想正式提出、形成时期。

21世纪之交,江泽民同志就如何加强新时期党的建设问题进行了大范围的调研,多次主持召开了党建工作座谈会,发表重要讲话,并赴广东、江苏、浙江、上海等地考察。在这个过程中,江泽民明确提出了"三个代表"重要思想。

2000年1月14日,他在中央纪委第四次会议上提出的"四个始终",为"三个代表"思想的提出奠定了基础。2000年2月24日,江泽民在广州巡视中召开了一次有关党的建设工作的座谈会,在这次会议中,江泽民同志也是第一次明确了"三个代表"重要思想的内涵和思想。他还指出,"办好中国的事情取决于党的思想、作风、组织、纪律状况和战斗力、领导水平。只要我党坚持'三个代表'重要思想,就能永远立于不败之地,得到全国各族人民的衷心拥护并带领人民不断前进"。随后,5月8日至15日,江泽民在赴江苏、浙江和上海等地考察期间召开的党建工作座谈会上作了重要讲话,重申这一思想,并号召全党深入基层,总结实践,积极探索,开拓前进,按照"三个代表"的要求,加强党的建设。同年10月,在中国共产党召开的十五届五中全会上,江泽民同志在会议中发表了重要讲话,在讲话中提到了对全党人员的具体要求,也总结和分析了国际上那些共产党执政的失败原因和经验教训,再一次提出了需要全党人员深刻体会"三个代表"重要思想的内涵和意义,对全党人员在以后的工作中起到规范的作用。2001年1月,江泽民在召开的全国宣传部长会议上,再次阐发了"三个代表"重要思想,并要求全党把对"三个代表"重要思想的研究、阐述和宣传引向深入。在此背景下,党的理论工作者深入总结研究,形成了关于"三个代表"重要思想的严谨表述,即我们党要始终代表着中国先进生产力的发展要求,代表着中国先进文化的前进方向,代表着中国最广大人民的根本利益。由此,"三个代表"重要思想成为新时期一切工作的行动指南。

(三)发展时期——从2001年7月到2002年

2001年7月1日,江泽民在纪念建党80周年大会上的讲话,全面阐述了"三个代表"的科学内涵和基本内容。《在庆祝中国共产党成立80周年大会上的讲话》则是"三个代表"重要思想形成的标志性成果。此后,在2002年的"5·31"重要讲话中,江泽民更加明确地指出了高举邓小平理论的伟大旗帜,全面贯彻"三个代表"重要思想,开创建设有中国特色社会主义事业新局面。特别是当他谈到社会主义文化建设时,首次提出要"用'三个代表'要求统领社会主义文化建设"。这为即将召开的中共十六大确立"三个代表"重要思想的指导地位,奠定了直接的思想准备。

2002年11月14日,中共十六大通过的《中国共产党章程》,将"三个代表"重要思想连同马克思列宁主义、毛泽东思想、邓小平理论一起作为党的行动指南。2007年10月21日,中共十七大通过的《中国共产党章程》,仍然坚持了这一点。这表明,"三个代表"重要思想已经得到全党乃至全国人民的认同,并且经得起时代的考验。

三、"三个代表"重要思想的内容体系

(一)代表中国先进生产力的发展要求

江泽民在2001年"七一"讲话中,对何谓"始终代表中国先进生产力的发展要求"的内涵,作了系统阐述,其要旨是:"党的理论、路线、纲领、方针、政策和各项工作,必须努力符合生产力发展的规律,体现不断推动社会生产力的解放和发展的要求,尤其要体现推动先进生产力发展的要求,通过发展生产力不断提高人民群众的生活水平。"[①]这一理论观点,坚持了马克思主义基本原理,继承、丰富和发展了毛泽东和邓小平关于解放和发展生产力的思想。

1. 发展生产力的地位:发展是党执政兴国的第一要务

"第一要务",是指相对于党的各种繁重的任务而言,发展始终是第一位的任务、根本的任务、中心的任务,党和国家的其他事务都要围绕这个"第一要务"来进行。

江泽民在立足于我国基本国情的基础上,认为发展依然必须坚持以经济建设为中心,不断开拓促进先进生产力发展的新途径,为不断提高人民群众的生活水平、解决社会发展过程中的矛盾、完成祖国和平统一大业、推进世界和平和发展提供强大的物质基础,从而充分体现社会主义制度的优越性。

"发展先进生产力"的"发展",主要是指生产力的发展,还包括政治发展和文化发展;既是指社会的全面进步,又包括人的全面发展。

2. 发展生产力的依靠力量:充分发挥全体人民的积极性主动性创造性

江泽民强调:"要集中全国人民的智慧和力量,聚精会神搞建设,一心一意谋发展。"[②]人民是发展的主体,改革的主体,也是实现自身利益的主体。

---

① 江泽民文选(第3卷).北京:人民出版社,2006,第272—273页
② 江泽民文选(第3卷).北京:人民出版社,2006,第539页

因此,把发展作为执政兴国的第一要务,就必须尊重人民群众的利益和要求,集中人民群众的智慧和在实践中所创造的经验,从而更好地调动人民群众为实现自己利益而开拓创新和勤奋工作的主动性和积极性,使发展获得深厚的群众基础和持续不断的动力。在社会思潮多元化的今天,人民群众利益多样化,社会阶层分化也呈现出新的局面,我们要把人民群众的积极性引导好、保护好、发挥好。

我们要调动有利于社会主义现代化建设事业的一切积极因素,江泽民提出"必须尊重劳动、尊重知识、尊重人才、尊重创造"这"四个尊重"。改革开放以来,邓小平和江泽民分别提出过"尊重知识、尊重人才","尊重劳动、尊重人才","尊重创造、尊重创新"等思想概念。江泽民把这些思想观点集中起来,以"四个尊重"的形态确定为党的重大方针,体现了对马克思主义劳动和劳动价值理论的继承和发展,体现了在社会主义市场经济条件下对人才和人力资源的高度重视。在"四个尊重"中,核心是尊重劳动。劳动是整个马克思主义学说的逻辑起点。长期以来,我们党高度重视马克思主义劳动观的教育,使"劳动创造了人类""劳动创造了世界"的观念深入人心。江泽民在十六大报告中提出:"要尊重和保护一切有益于人民和社会的劳动。不论是体力劳动还是脑力劳动,不论是简单劳动还是复杂劳动,一切为我国社会主义现代化建设作出贡献的劳动,都是光荣的,都应该得到承认和尊重。"①在劳动形态多样化的情况下,尊重劳动必然要尊重知识、尊重人才、尊重创造。

3. 发展生产力的现实途径:大力推动科技进步和制度创新

江泽民指出,在当代,科学技术已成为先进生产力的集中体现和主要标志。因此,要大力推进科技进步和创新,大力实施人才强国战略,不断用先进科技改造和提高国民经济,努力实现我国生产力发展的跨越;要推进产业结构优化升级,以信息化带动工业化,以工业化促进信息化,走出一条科技含量高、经济效益好、资源消耗低、环境污染少、人力资源优势得到充分发挥的新型工业化路子。

江泽民还提出,发展要靠制度创新。为此,必须坚持和深化改革,"对于仍然存在的不适应先进生产力和时代发展要求的一些落后的生产方式,既不能脱离实际地简单化地加以排斥,也不能采取安于现状、保护落后的态度,而要立足实际,创造条件加以改造、改进和提高,通过长期努力,逐步使它们向先进适用的生产方式转变。"②要深化国有资产管理体制改革和国有

---

① 江泽民文选(第3卷).北京:人民出版社,2006,第540页
② 江泽民文选(第3卷).北京:人民出版社,2006,第275页

企业改革,进一步探索公有制特别是国有制的多种有效实现形式;在更大程度上发挥市场在资源配置中的基础性作用,健全统一、开放、竞争、有序的现代市场体系。

(二)代表中国先进文化的前进方向

江泽民在2001年的"七一"讲话中,对何谓"始终代表中国先进文化的前进方向"的内涵,作了系统阐述,其要旨是:"党的理论、路线、纲领、方针、政策和各项工作,必须努力体现发展面向现代化、面向世界、面向未来的,民族的科学的大众的社会主义文化的要求,促进全民族思想道德素质和科学文化素质的不断提高,为我国经济发展和社会进步提高精神动力和智力支持。"①这一要旨坚持了马克思主义基本原理,继承、丰富和发展了毛泽东新民主主义文化和邓小平社会主义精神文明建设的思想。

1. 文化在社会主义发展和人类社会进步中的地位

文化不仅是一个政党在思想上精神上的旗帜。江泽民在1997年党的十五大报告中第一次提出:"有中国特色社会主义的文化,是凝聚和激励全国各族人民的重要力量,是综合国力的重要标志。"②

江泽民以历史唯物主义关于生产力和生产关系、经济基础和上层建筑的基本矛盾学说为依据,站在不断体现社会主义优于资本主义的特点的高度,论证了代表中国先进文化的前进方向,也是我们党始终站在时代前列、保持先进性的根本体现和根本要求。"坚持什么样的文化方向,推动建设什么样的文化,是一个政党在思想上精神上的一面旗帜。"③从现实上看,社会主义现代化事业是物质文明和精神文明相辅相成、协调发展的事业,发展先进生产力必然要求建设先进文化,必然要求有与之相应的先进文化作指引和保证。

江泽民在许多讲话都强调,当今世界的竞争,归根到底是综合国力的竞争,综合国力竞争的实质,是知识总量、人才素质和科技实力的竞争,而文化直接就是综合国力的重要标志。文化不仅仅是为某一阶段政治任务服务的工具,也不仅仅是其转化为物质力量的功能,而它本身就具有基本的社会价值,这就提升了文化的地位,反映了文化的前进方向。

2. 社会主义先进文化建设的内容

对于建设中国特色社会主义文化的内容,江泽民指出,那是以马克思主义为指导、以培育"四有"(有理想、有道德、有文化、有纪律)公民为目标,发

---

① 江泽民文选(第3卷).北京:人民出版社,2006,第276页
② 江泽民文选(第2卷).北京:人民出版社,2006,第33页
③ 江泽民文选(第3卷).北京:人民出版社,2006,第277页

展面向现代化、面向世界、面向未来的、民族的科学的大众的社会主义文化。这一界定是毛泽东提出的新民主主义文化建设的纲领和邓小平提出的"三个面向"的有机统一,其实质在于突出中国社会主义先进文化的建设,无论在内容和形式上,都要将传统和未来、民族和世界、普及和提高结合起来,这就使文化建设有了更丰富的内涵。

为了培养"四有公民",江泽民提出文化建设要帮助人们树立"三观"(正确的世界观、人生观和价值观)、掌握"四科"(科学知识、科学方法、科学思想、科学精神),增强"五大意识"(自立意识、竞争意识、效率意识、民主法制意识、开拓创新意识)。江泽民还提出:"法治属于政治建设、属于政治文明,德治属于思想建设、属于精神文明……我们要把法制建设与道德建设紧密结合起来,把依法治国与以德治国紧密结合起来。"①这一论述,进一步拓展了我们对文明的理解,使我们能更全面地认识社会主义现代化目标和"三个代表"要求的内涵。党所领导的社会主义事业的发展目标,是富强、民主、文明的现代化强国,富强是物质文明,法制化的民主是政治文明,第三个文明是特指精神文明。代表先进生产力的发展要求,是发展物质文明;代表先进文化的前进方向,是发展政治文明和精神文明;"三个文明"最后落脚到代表中国最广大人民的根本利益上。

为了将依法治国和以德治国更好地结合起来,江泽民在2001年的"七一"讲话中,强调加强社会主义思想道德建设是发展社会主义文化的重要内容。他认为,在社会主义市场经济条件下,在人们日益注重物质利益原则,市场竞争愈益激烈的情况下,更需要有正确道德观念的支撑,更需要增强遵守社会道德和法律规范的自律意识,"如果只讲物质利益,只讲金钱,不讲理想,不讲道德,人们就会失去共同的奋斗目标,失去行为的正确规范。"②

3. 发展社会主义先进文化的途径

江泽民指出,要"牢牢把握中国先进文化的发展趋势和要求,坚持以马克思列宁主义、毛泽东思想、邓小平理论为指导,立足于建设有中国特色社会主义的实践,着眼于世界科学文化发展的前沿,不断发展健康向上、丰富多彩的,具有中国风格、中国特色的社会主义文化"。③这里所提出的理论指导、实践基础和面向世界问题,明确了社会主义文化建设的根本途径。

江泽民还提出,文化要"重在建设"。所谓"重在建设",是以我为主,着力繁荣先进文化,使先进文化能"充分体现时代精神和创造精神",且"具有

---

① 江泽民文选(第3卷). 北京:人民出版社,2006,第200页
② 江泽民文选(第3卷). 北京:人民出版社,2006,第278页
③ 江泽民文选(第3卷). 北京:人民出版社,2006,第276—277页

世界眼光",从而具有"感召力"。

江泽民还强调,创新是一个民族进步的灵魂,是国家兴旺发达的不竭动力。他认为,创新既是指科技创新,又包括理论创新、体制创新和其他创新,因此不仅要建立国家的创新体系,还要树立全民族的创新意识。这就突出了文化观念的创新在繁荣文化中的作用。

(三)代表中国最广大人民的根本利益

江泽民在 2001 年的"七一"讲话中,对何谓"始终代表中国最广大人民的根本利益"的内涵,作了系统阐述:"党的理论、路线、纲领、方针、政策和各项工作,必须坚持把人民的根本利益作为出发点和归宿,充分发挥人民群众的积极性、主动性、创造性,在社会不断发展进步的基础上,使人民群众不断获得切实的经济、政治、文化利益。"①这一论述体现了把最广大人民群众的切身利益实现好、维护好、发展好,把他们的积极性引导好、保护好、发挥好的重要思想,坚持了马克思主义基本原理,继承、丰富和发展了毛泽东为人民服务和邓小平"三个有利于"标准的思想。

1. 代表中国最广大人民的根本利益和人民群众的主体地位的统一性

江泽民运用历史唯物主义关于人民是历史主体的原理,论述了尊重社会发展规律与尊重人民历史主体地位的一致性。他强调指出:"最大多数人的利益和全社会全民族的积极性创造性,对党和国家事业的发展始终是最具有决定性的因素。"②马克思认为,人类社会发展的规律,就是人的活动的规律。而人作为历史主体所作的行为选择的依据,就是对经济、政治和文化利益的追求,人类的历史就是人们产生新的需要而又不断实现这种需要的历史。其中,决定历史发展趋势的,是占人口最大多数的人民群众的需要。人民群众对利益的追求所引起的持久的历史变迁,决定了历史的方向;人民群众利益如何实现,决定了历史的进程。历史活动是群众的事业,所谓人类社会发展的规律,即存在于人民群众对利益的追求及其实现的过程中。因此,首先尊重人民群众的利益和愿望,就是尊重历史发展的规律;而尊重社会发展规律,坚持为共产主义崇高理想而奋斗,就必须尊重人民群众的历史主体地位,为广大人民群众谋利益,并实现人民群众的利益。这是中国共产党建党的根本出发点,也是党的力量源泉。

2. 妥善处理好人民群众的长远利益和眼前利益的关系

人民群众的长远利益和实际利益是统一的。人民的利益包括眼前利益

---

① 江泽民文选(第 3 卷).北京:人民出版社,2006,第 279 页
② 江泽民文选(第 3 卷).北京:人民出版社,2006,第 539 页

和长远利益,要将人民群众的实际利益与其长远利益统一起来。我们党所做的一切,从根本上说,是代表了人民的长远利益的。江泽民提出:"在整个改革开放和现代化建设的过程中,都要努力使工人、农民、知识分子和其他群众共同享受到经济社会发展的成果。改革越深化,越要正确认识和处理各种利益关系,把个人利益与集体利益、局部利益与整体利益、当前利益与长远利益正确地统一和结合起来,把最广大人民群众的切身利益实现好、维护好、发展好,把他们的积极性引导好、保护好、发挥好。"[①]

随着改革开放的深化,市场化经济体制深入发展,人民利益出现多样化趋势,在利益关系多样化的今天,党要注意维护人民群众应该得到的和已经得到的利益。党不仅要使人民群众不断获得切实的经济利益,而且要在社会不断发展进步的基础上,使人民群众不断获得切实的政治和文化利益,从而使人民群众朝着共同富裕的目标稳步前进。

3. 妥善处理好人民群众的整体利益和各方面利益的关系

江泽民提出:"人民群众的整体利益总是由各方面的具体利益构成的。我们所有的政策措施和工作,都应该正确反映并有利于妥善处理各种利益关系,都应认真考虑和兼顾不同阶层、不同方面群众的利益。"[②]满足大多数人的利益要求,这始终关系党的执政工作的全局,关系国家经济、政治、文化发展的全局,关系全国各族人民的团结和社会安定的全局。

在建设中国特色社会主义的进程中,建立在共同奋斗目标的基础之上的人民群众的根本利益是一致的,这就是通过建设中国特色的社会主义经济、政治和文化,促进社会主义物质文明、政治文明和精神文明的协调发展,实现中华民族的伟大复兴,以不断提高自身的物质文化生活水平,在政治上享有广泛的民主权利。

在社会深刻变革的条件下,我国社会经济成分、组织形式、就业方式和分配方式日益多样化,决定了人们的利益关系的多样化和分化。此时,中国共产党要真正代表好最广大人民的根本利益,所制定的方针政策,就必须妥善处理各方面的利益关系,正确反映和兼顾不同方面群众的利益,把一切积极因素充分调动和凝聚起来,使全体人民朝着共同富裕的方向稳步前进。

四、"三个代表"重要思想是面向 21 世纪中国化的马克思主义

"三个代表"重要思想科学回答了中国特色社会主义事业的一系列理论问题和实践问题,开辟了马克思主义的新境界。胡锦涛同志指出:"'三个代

---

① 江泽民文选(第 2 卷).北京:人民出版社,2006,第 262 页
② 江泽民文选(第 3 卷).北京:人民出版社,2006,第 279 页

表'重要思想是面向21世纪的中国化的马克思主义,是指引全党全国人民为实现新世纪新阶段的发展目标和宏伟蓝图而奋斗的根本指针。"具有重要的历史地位和指导意义。

(一)"三个代表"重要思想是马克思主义中国化的新成果

"三个代表"重要思想体现了丰富的时代特征,生动而具体地坚持和发展了马克思主义,对于马克思主义政党来说,保持先进性是由党的性质、宗旨和指导思想决定的。"三个代表"的核心是要永葆党的先进性。"三个代表"重要思想的提出,既凝聚着中国共产党人对共产主义运动史上从未有过的大灾难的深刻反思,也包括对世界上一些执政几十年的政党或下台或衰亡等历史教训的高度警觉。

"三个代表"重要思想在一系列根本问题上丰富和发展了马克思列宁主义、毛泽东思想和邓小平理论。"三个代表"重要思想不仅是总结过去、立足现实、面向未来提出来的富有时代气息的新论断,更重要的是,它在理论创新的意义上给人以新的马克思主义教育。

(二)"三个代表"重要思想是实现全面建设小康社会的根本指针

第一,"三个代表"是全党的思想理论基础和指导思想,当然也是全面建设小康社会的指导思想。第二,社会主义建设有其内在的客观规律,"三个代表"重要思想系统地概括了我们党对社会主义建设规律的探索成果,科学预测现代化建设的发展趋势,规划了中国特色社会主义发展的宏伟蓝图和发展战略。第三,发展先进生产力和先进文化,目的是实现人民群众的根本利益,把发展先进生产力和先进文化落到实处。第四,贯彻"三个代表"重要思想,我们始终奉行独立自主的和平外交政策。第五,"三个代表"重要思想为在新形势下建设一个什么样的党和怎样建设党指出了明确方向。

(三)"三个代表"重要思想是我党建设的根本要求

推进党的思想、组织和作风建设我们党所以坚强有力,就是坚持以马克思主义作为自己的世界观和行动指南。党内民主是党的生命,对人民民主具有重要的示范和带动作用。加强领导班子建设,建设一支能够担当重任、经得起风浪考验的高素质的领导干部队伍,是党和国家长治久安的根本大计。加强和改进党的基层组织建设,党的基层组织是党的全部工作和战斗力的基础。基础不牢,地动山摇。深入推进廉政建设和反腐败斗争,坚持党要管党、从严治党的方针。坚决反对和防止腐败是全党一项重大的政治任务,是关系党和国家生死存亡的严重政治斗争。

(四)"三个代表"重要思想是对毛泽东思想、邓小平理论的直接继承

江泽民长期受到毛泽东思想、邓小平理论的熏陶,直接从中吸取了丰富

的精神瑰宝,作为"三个代表"重要思想的理论根基。

始终代表中国先进生产力的发展要求,是对毛泽东和邓小平发展先进生产力思想的直接继承。毛泽东非常重视生产力的发展,强调一切工作都要围绕生产建设这个中心并为这个中心服务,社会主义革命的目的是为了解放生产力。邓小平从历史经验中深刻认识到发展生产力的极端重要性,提出了科学技术是第一生产力的观点,明确社会主义的根本任务是发展生产力。江泽民提出党要始终代表中国先进生产力的发展要求的科学命题,把毛泽东、邓小平关于发展生产力的原理提到了新的高度,深刻揭示了党的先进性的最深刻的本质。

始终代表中国先进文化的前进方向,是对毛泽东和邓小平发展先进文化思想的直接继承。毛泽东认为:一定的文化是一定社会的政治和经济在观念形态上的反映,是为一定的政治和经济服务的。邓小平继承和发展了毛泽东的文化思想,提出了建设高度的社会主义精神文明的任务,从我国社会主义现代化建设总体布局的高度,确定了社会主义精神文明建设的重要战略地位。江泽民关于始终代表中国先进文化前进方向的重要思想,就是对这些理论和实践的继承和发展,树起了党在思想上、精神上保持先进性的旗帜。

始终代表中国最广大人民的根本利益,是对毛泽东和邓小平以中国最广大人民根本利益为出发点的原理的直接继承。毛泽东思想反复强调"共产党人一切言论行动,必须以合乎最广大人民群众的最大利益,为最广大人民群众所拥护为最高标准"。邓小平坚持和发展了毛泽东的这个思想,强调"社会主义现代化建设是我们当前最大的政治,因为它代表着人民的最大利益、最根本的利益"。江泽民关于始终代表中国最广大人民的根本利益的思想,是党的基本经验的升华,立起了党在坚持根本宗旨上保持先进性的标尺。

(五)"三个代表"重要思想是我党执政的理论基础

"始终做到'三个代表',是我们党的立党之本、执政之基、力量之源。"这段话从立党和执政的高度,评价了"三个代表"要求的重要地位和作用,指明了"三个代表"重要思想是加强和改进党的建设、提高执政水平、推进社会主义制度自我完善和发展的强大理论武器。

有很多学者指出,"三个代表"重要思想用世界眼光贯串21世纪党的建设大思路,把党的建设同当今世界生产力发展和人类文明进步、同社会主义初级阶段根本任务、同中华民族伟大复兴相联系;把总结历史经验作为党建理论创新的重要方法,对党的历史上蕴含着"三个代表"意思的思想资源进行了深入的发掘、加工和提炼,对党的历史活动本质进行了科学的概括,对世界社会主义运动经验教训进行了总结；用唯物史观深化党的先进性的传统内涵，体现了党的阶级性、先进性、时代性的统一；用新的系统化思想丰富和发展马克思主义党建理论体系，密切了党建理论体系同唯物史观的联系，拓展了党建理论体系的研究领域，加强了党建理论体系的开放性。"三个代表"重要思想是把马克思主义党建一般原理同当代中国共产党建设实际、同国际国内新情况新特点相结合的新结论。

"三个代表"要求是加强和改进党的建设的理论武器和伟大纲领；"三个代表"重要思想体现了党的性质和宗旨，是党的先进性的集中表现；"三个代表"要求，是党执政的理论武器和政治基础；"三个代表"要求，是推进我国社会主义制度自我完善和发展、实现中华民族伟大复兴的理论武器和力量源泉。"三个代表"重要思想，体现了人类社会发展的客观规律、社会主义建设的发展规律，顺应了时代发展的要求，代表了中华民族的整体利益，反映了人民群众的根本愿望和要求，是我们的事业不断成功和发展的力量源泉。

（六）"三个代表"重要思想是具有中国特色的理论思想

江泽民同志指出：毛泽东思想和邓小平理论"这两大理论成果，是中国化了的马克思主义，既体现了马克思列宁主义的基本原理，又包含了中华民族的优秀思想和中国共产党人的实践经验"。"三个代表"重要思想正是这样的理论成果。

第一，"三个代表"重要思想充分吸收了中华民族的优秀思想。江泽民同志向来高度重视以科学态度对待我们民族的文化传统，强调"我国几千年历史留下了丰富的文化遗产，我们应该取其精华、去其糟粕，结合时代精神加以继承和发展，做到古为今用"。"三个代表"重要思想不仅继承了蕴含在毛泽东思想和邓小平理论中的中国传统文化的思想精华，而且赋予它们以当代的内涵。例如，源出于《诗经》的"小康"一词，作为一种社会模式，最早曾在《礼记·礼运》中得到系统阐述。它相对于"大道之行也，天下为公"的大同社会，是理想社会的初级阶段，也就是孔子心目中的禹汤文武之治。近代康有为鼓吹变法维新，用资产阶级的社会发展观对儒家的"大同"和"小康"社会理想进行了改造。小康这个词语在中国民间影响深远，实际上已成为中国老百姓追求殷实富裕生活的目标。改革开放初期，邓小平在设计中国现代化进程时，用马克思主义观点改造了中国传统文化中的小康概念，将"小康社会"确立为20世纪末中国现代化的总体发展目标。江泽民同志在党的十六大报告中对这一思想进一步作了马克思主义的诠释，将"全面建设小康社会"确立为党领导人民在新时期的奋斗目标，并从不同的方面对如何实现这一目标作了系统的论述，很容易为中国人民理解和接受。

第二,"三个代表"重要思想融汇了中华民族的优秀思想。"三个代表"重要思想蕴含着很多优秀的民族思想,诸如民为邦本的民本思想,天下为公的大同理想,自强不息的奋斗精神,居安思危的忧患意识,天下兴亡、匹夫有责的使命意识,富贵不淫、贫贱不移、威武不屈的人格力量,舍生取义的献身精神,先天下之忧而忧、后天下之乐而乐的济世情怀。这些思想指导着社会主义现代化的伟大事业。这就使我们党的指导思想既充满着马克思主义精神和时代内容,又为中国广大群众所喜闻乐见,具有极大的感召力和极高的认同度。

"三个代表"重要思想在坚持"实事求是""解放思想"的同时,给党的思想路线注入了"与时俱进"这一新内涵,这是有很强的针对性的。与时俱进的原则指导着解放思想、实事求是的目标取向,指明党的全部理论和工作都必须体现时代性,把握规律性,富于创造性。同时,与时俱进又是全党面对新时期艰巨任务时必须具有的精神状态,它激励和鼓舞着全党和全国人民以实践来检验一切,自觉地把思想认识从不合时宜的观念、做法和体制的束缚中解放出来,使解放思想、实事求是能够落到实处,能够跟上时代发展的脉搏。把与时俱进与解放思想、实事求是并提,是对党的思想路线更完整、更全面、更富于时代特征的新表述。这一表述包含着丰富的内容,反映了新时期党的建设的根本要求,是新的条件下解放思想、实事求是的重要保证。解放思想、实事求是、与时俱进,是党坚持先进性、增强创造力的决定性因素,是"三个代表"重要思想的精髓。

第三节 科学发展观的哲学理念

党的十六届三中全会提出了"坚持以人为本,树立全面、协调、可持续的发展观,促进经济社会和人的全面发展"。科学发展观是我党社会发展理念与时俱进的理论结晶,是马克思主义中国化的最新成果,具有重要的世界观和方法论意义。

一、科学发展观形成的现实背景

(一)经济实力增强

改革开放30多年以来,我国的经济实力有了明显的发展和进步,在2013年,我国的国内GDP总值已经达到了56万亿人民币。但是随着经济实力的增长,我国的生产水平以及科技水平还相对处于落后的位置。我国的市场经济发展仍然要面对粗放型生长方式没有改变以及结构性矛盾依然存在的问题。

第三章 中国特色社会主义理论体系的哲学意蕴

(二) 社会主义市场经济体制的确立

我国在现阶段已经建立了社会主义市场经济体制,但是仍然不完善,体制内部还是存在很多结构性的问题,阻碍市场经济更好更快的发展。因此,必须继续改革开放的道路,从根本上解决市场经济体制中的机制障碍,理顺经济生活中各种关系,促进我国经济向市场化、国际化以及社会化发展。

(三) 贫富差距随着收入水平增长而扩大

随着我国经济的发展,我国人民的收入和生活水平有了显著的提高,但是伴随而来的是贫富差距的扩大。因此,在目前以及未来很长一段时间中,进行收入的合理再分配、统筹兼顾各方利益、缩小贫富差距将是政府必须高度重视且加大力度解决的问题。

(四) 区域间差距仍然存在

协调发展已经在我国取得了显著的成绩和效果,但是由于农村经济基础薄弱,农村发展滞后的问题仍然存在,并且导致城乡之间的差距越来越大。因此,在很长一段时间内,缩小城乡、区域间差距,促进社会协调发展将成为政府推动经济发展的重要课题。

(五) 社会主义民主政治不断发展

随着我国社会主义民主政治的不断发展,依法治国的政策方针得到了落实和贯彻,但是民主法制建设的要求同扩大人民民主之间仍然存在不适应的问题,因此,我国的政治体制还需要进行进一步深化改革。

(六) 社会主义文化日益繁荣

随着我国民主政治和民主经济的发展,我国的社会主义文化也更加繁荣,但是随之而来的是人们日益增长的文化需求,这对我国社会主义文化建设提出了更高的要求。

(七) 对外开放的扩张

我国对外开放日益扩大,随着而来的是要面临越来越激烈的国际竞争。而发达国家拥有的经济和科学技术的优势对于我国来说是巨大的威胁和挑战。因此,在未来,随着我国对外开放的扩大,科学技术的发展也应当跟上脚步。

二、科学发展观的理论内涵和本质要求

科学发展观,第一要义是发展,核心是以人为本,基本要求是全面协调可持续,根本方法是统筹兼顾。科学发展观是我们党在新世纪新阶段准确把握世界发展趋势、认真总结我国发展经验、深入分析我国发展阶段性特征

基础上确立的重大战略思想。科学发展观坚持马克思主义哲学基本原理,吸收人类文明进步的新成果,紧密结合中国特色社会主义的伟大实践,是把马克思主义哲学中国化的最新成果。

(一)科学发展观的第一要义是发展

科学发展观的内容丰富,其中首要含义就是发展,自此我们也能看出来发展在科学发展观这一科学体系中的重要性。发展是当代世界的主题,同时也是中国的主题,是我党执政兴国的首要任务,同时对于我国全面建设小康社会,加快推进社会主义现代化发展具有重要意义。对于"发展是科学发展观的第一要义",我们可以从以下四个角度进行解读。

1. 发展是第一位的

科学发展观是关于发展是什么、怎样展开发展、发展的指导思想和具体理念是什么的思想。因此,可以说,科学发展观是为发展服务的,发展是硬道理。我国想要解决一切在社会、政治、经济中出现的问题,方法就是发展。只有发展才能帮助我国从根本上摆脱贫困;也只有发展,才能推动中国特色社会主义更快更好的完善。

在改革开放之前,由于"文化大革命"的冲击,我国的社会生产力受到了严重损害,人民生活水平得不到改善,日用生活品严重匮乏。改革开放以来,中国共产党正是由于推动了我国经济的快速发展,才得到了人民群众的拥护,经受住了来自国内外的各种考验。因为发展,我国的经济水平得到增强,我国的综合国力得到提升。而如果离开发展,社会和经济的进步都不可能发生,也就没有所谓的科学发展观的思想了。因此,在科学发展观中,发展始终是第一要义的,是处于首要位置的。

2. "发展才是硬道理"、"发展是执政兴国第一要务"

"发展才是硬道理""发展是中国共产党执政兴国的第一要务"这两句话分别出自邓小平同志和江泽民同志,也同时和"发展是第一要义"有着密切关系,它们都肯定了发展在党治理国家中的重要地位。

科学发展观是建立在邓小平理论和"三个代表"重要思想的理论基础之上的,继承和发扬了邓小平理论以及"三个代表"重要思想中关于发展的重要思想,它们之间一脉相承。以胡锦涛同志为核心的党中央在这些宝贵的理论基础上,站在新阶段的历史高度,从我国新阶段的具体实际出发,提出适应全面建设小康社会目标的理论——"科学发展观"的概念,这使我党对于发展问题形成了新的认识和理解。

3. 根本着力点要创新发展思路

坚持科学发展观,不是一味地对发展进行否定、批评和阻碍,而是要创新发展思路,用新的理念和方式实现更好更快的发展。要充分认识到坚持发展是"第一要义"同贯彻落实科学发展观之间的关系并积极处理,通过贯彻落实科学发展观来实现科学发展。

在21世纪的前二十年里,我国必须紧紧抓住时机加大力度发展社会经济和民主政治,让这二十年成为我国重要的战略机遇期。

从国际情况来看,和平和发展仍然是当今时代的两大主题,争取较长时间的和平环境和较稳定的周边关系是不难实现的,而世界科技发展日新月异,经济全球化和全球经济一体化的日益推进使得各国在世界经济中的分工更加明确,同时也给我国加快经济发展提供了机会。

从国内局势来看,存在很多推动经济发展的有利条件。因此,必须创新发展思路,在改革开放的进程中寻求发展的新局面和新突破,也只有这样才能紧紧抓住并充分利用战略机遇期,实现既定的战略目标。

"发展是科学发展观第一要义"概括出发展在科学发展观中的首要地位,是认知和贯彻落实科学发展观的重要关节。

4. 发展是指社会的全面进步

发展不单单是指经济的增长,而是指整个社会的全面进步。讲发展,我们首先想到的一定是经济,因为只有经济的发展、社会生产力的进步,才能从根本上改善人民群众的生活水平,给社会发展提供基础条件。但是如果只重视经济的发展,而忽略了社会其他因素的进步,那么就很有可能造成人们的生活需求同社会其他因素不相适应的问题。因此,重视发展,要注重整个社会的全面进步,根据人们生活需求的改变和增长来确定社会的发展方向和具体内容。在经济增长的同时,我们必须要注重社会文化的进步和人民素质的提升,关注人和人之间的和睦关系的维持以及良好社会风气的形成和保持。

(二)科学发展观的本质要求是坚持以人为本

坚持以人为本,是科学发展观的核心内容和本质所在。科学发展观中的"以人为本"是指以人民群众的根本利益为原则和根本,坚持发展为了人民、发展依靠人民、发展成果属于人民的思想路线。具体来说,坚持以人为本为核心,就是要在发展经济的同时努力提高人民群众的生活水平,提高人民群众的人文素养和道德素质;并且给人民群众的自我发展提供平台和环境。我们可以从以下三个角度来理解"科学发展观的核心是以人为本"。

1. 以人为本是科学发展观的核心目标

以人为本体现了马克思主义的基本观点。马克思曾经说过,未来的社会形势将是以每个人的全面发展为基本原则的。我们从事的是建设中国特色的社会主义伟大事业,当然要坚持以人为本的思想。贯彻落实科学发展观,促进国家经济全面增长的核心和最终目标就是要推进人民生活水平的提高、满足人民群众日益增长的物质和文化需求,从而促进人的全面发展。实现人的全面发展要经历漫长的过程,在这个过程中我们要始终坚持贯彻落实科学发展观,不断为实现促进人的全面发展的核心目标创造基础和条件。

2. 以人为本是科学发展观的核心内容

科学发展观的内涵丰富,涵盖领域全面,但是其核心内容还是以人为本,具体来说,就是要将实现、维护、发展最广大人民的根本利益作为科学发展观落实的出发点和最终目的。全面理解"以人为本",要将其同"五个统筹"联系起来;同全面、协调、可持续联系起来,不能将其看做一个孤立于全面、协调、可持续以及"五个统筹"之外存在的独立个体。"以人为本"作为科学发展观的核心内容,在很大程度上影响着科学发展观中的其他内容,其他内容都是围绕"以人为本"来展开的。

3. 以人为本是科学发展观的核心价值

中国共产党的宗旨是全心全意为人民服务,党的一切努力都是为了人民群众的利益受到维护、保障和发展。在这样的指导思想下,坚持以人为本不仅是继承和发扬"三个代表"重要思想的集中体现,同时也是坚持立党为公、执政为民的本质要求。

我党提出贯彻落实科学发展观的根本目的就是为了实现、维护、发展人民群众的根本利益,尊重人民的主体地位,促进人的全面发展,推动共同富裕的实现。以人为本就是坚持各项工作为了人民,做到发展为了人民、发展依靠人民,劳动成果属于人民。也就是要让党全心全意为人民服务的宗旨在发展中得以体现。

在发展的目的上,首先要坚持人民群众的根本利益不动摇,只有实现了最广大人民的根本利益,才能证明发展是以人为本的。离开以人为本的"发展"不是科学的发展,不是我们需要的发展。

(三)科学发展观的基本内涵是全面发展、协调发展和可持续发展

科学发展观的基本内涵是全面、协调、可持续发展。这一重要思想的提出,不仅是对科学发展观科学内涵的解释,同时也给当代中国的发展提出了本质要求。我们可以从三个方面来理解科学发展观的这项基本要求,即全面、协调、可持续。

1. 全面推进政治、经济、文化、社会建设

全面协调可持续发展的第一个要求是全面,所谓全面,就是指一个国家或地区在发展现代化的进程中所实现的政治、经济、文化、社会等方面的进步是统一步伐的,它能促进国家发展目标向整体性、统一性发展。全面发展是贯彻落实我国科学发展观、促进经济社会发展的重要方向,同时也是人类

社会发展规律、社会主义建设规律以及我党执政规律的具体表现。

全面发展是完善中国特色社会主义事业总体布局的时代要求。目前我国的现代化建设决定了我国的发展必须要遵循整体性、协同性的全面发展方针,但同时,不能忽略的是,我国发展的历史阶段性决定了我们不能完全脱离历史和现实国情,凭空想象出推进社会进步的方法,我国的现代化建设必须要以我国的社会生产力水平为基本依据,在社会生产力发展的基础上促进其他项目的整体进步。

可以看出,将全面发展作为科学发展观的基本要求之一,不仅体现了我党立足于现实和时代背景,并且反映了我党在发展这一问题上的探索和实践。

全面发展的科学内涵在于推进全面建设小康社会以及促进人的全面发展的双重进步。

全面建设小康社会,作为我国新阶段经济社会发展的重要环节,不仅要追求实现经济社会内部各因素的协调和全面发展,并且为人的全面发展提供了环境、奠定了基础。同时,促进人的全面发展也是全面建设小康社会的核心目标。因此,全面发展作为一项科学发展观的基本要求,不仅标志着我国已经形成了更加科学合理的发展的实践标准,同时已经成为我国促进人的全面发展的历史性建构过程。

全面推进政治、经济、文化、社会建设的关键在于要政治、经济、文化、社会"四大建设"一把抓。

(1)政治建设

抓好政治建设,在深化政治体制改革的同时,不断促进我国社会主义民主政治的发展,始终是我党的奋斗目标。进入 21 世纪以来,随着我国政治体制改革的不断深入,新的社会阶层的不断分化,导致阶层之间存在的分歧乃至冲突越来越严重,阶层之间开始使用法律方式来进行矛盾的处理和协调。因此,在这样的环境中抓好政治建设,必须注意沿着正确的政治体制改革方向,保障人民的根本利益不受侵害,保证人民在我国的当家做主的地位不受危害,建设社会主义法治国家,健全并完善社会主义法治体制,发展社会主义政治文明,为人民群众创造更多的民主权利。同时,壮大爱国统一战线,团结所有力量,贯彻依法治国的战略方针,加快建设社会主义法治国家。

(2)经济建设

抓好经济建设,促进我国国民经济更好更快发展,尽快实现经济发展目标,关键在于要同时推动社会主义经济后发展方式的转变和社会主义市场经济体制的完善和健全。要实现这两项目标,首先要加大力度对我国经济结构进行战略调整,其次要重视创新在经济发展中的重要作用,提倡环保节能,降低生产成本,在提高经济效率的同时保证环境不受到损害。同时,要更加注重农业在经济发展中的基础地位,大力推进农村社会主义建设,形成城乡发展一体化格局,实现城乡差距的缩小。此外,要优化国土开发格局,深化对社会主义市场经济的认识和了解,促进人们加深对社会主义市场经济客观规律的掌握,从制度和体制两方面更好地发挥市场在资源配置中的作用,形成能促进经济科学、合理发展的宏观调控体系。

(3)文化建设

随着世界经济的不断发展,文化越来越成为衡量一国综合实力的重要指标,在日益激烈的国际竞争中起到越来越重要的作用。抓好文化建设,就是要通过建设精神文明,促进中华民族凝聚力的提升和改造力的增强,使文化成为支撑我国参与国际竞争的重要基础和满足人们日益增长的精神文化需求的具体手段。

做好文化建设,首先要继承和发扬"三个代表"重要思想的内容,坚持社会主义先进文化的前进方向,加大力度推广精神文化的重要性,激发中华民族文化的创造力,以实现国家软实力得到提升的目标。

除此之外,提高人民群众参与文化建设的热情,提高人民群众的文化素质和道德素养,就必须要努力建设社会主义核心价值体系,建设社会主义和谐文化,增强人民的社会责任感和诚信意识,提倡科学精神,帮助更多的群众掌握和学习科学知识。

当然,随着科学技术的发展,网络文化也成为文化建设中不可忽视的力量。针对网络和信息文化,要营造良好、健康的网络环境,在给人民群众带来信息的同时不对社会主义文化建设的环境造成污染。同时,面对新阶段文化建设的新趋势,应当在继承和发扬我国优秀传统文化的同时,努力推动传统文化和现代文化相适应,在继承的基础上注重创新,解放和发展文化生产力,推动我国文化发展向更高的层次迈进。

(4)社会建设

抓好社会建设不仅是建设社会主义和谐社会的重要内容,而且还是实现全面发展目标的基本要求。在科学发展观的思想指导下,我国目前不仅要抓好经济建设,将经济建设作为核心内容,同时也将构建社会主义和谐社会提到了更加重要的位置。这不仅凸显了社会建设在现代化建设中的重要性,而且也要求我们必须在注重经济建设的同时更加注重推动我国社会体制改革的进程,完善社会管理,实现社会公平,实现人民生活水平的提高以及教育质量的增强。

2. 促进现代化建设各环节各方面的协调发展

科学发展观基本要求之一的协调,就是指一国或地区在实现现代化建设的过程中要努力维持各方面、各环节之间的协调发展,促进生产力与生产关系、经济基础与上层建筑之间的结构优化。

一方面,人类社会的发展和自然界的新陈代谢不同,是可以受到人的作用控制的,因此,人们有能力为实现社会协调发展做出努力;另一方面,协调发展也是一个社会进步和完善的必要条件和重要标志,如果一个社会的发展离开了协调,那么这个社会的发展就不是真正的发展,是不科学、不合理的发展,这就要求人类需要在社会发展中为"协调"做出努力。我们可以从三个角度来理解科学发展观的这一基本要求。

(1) 协调发展是优化我国发展结构和社会效益的现实要求

协调发展作为科学发展观的基本要求,强调在现代化建设的同时推动所有环节的协调发展,它不仅是中央领导在现代化建设中长期探索获得的思想指导以及对传统经验的继承和发展;同时也是对发展中国家在现代化建设中的经验的总结和吸取,也是优化我国现代化发展的结构的现实要求。

(2) 协调发展的内涵是促进现代化建设各方面、各环节的协调关系

从内容的角度分析协调发展,其具体要求就是实现现代化建设过程中各方面、各个环节的协调发展,优化现代化建设过程中各环节之间的协调关系,促进各环节的统一发展。

首先,促进现代化建设过程中各环节、各方面的协调发展是从我国建立中国特色社会主义社会、全面布局中国特色社会主义的内在要求。

其次,促进现代化建设过程中各环节、各方面的协调发展是我国经济建设过程中优化经济结构的内在要求。经济建设中,生产力和生产关系之间的矛盾关系构成了社会的经济结构,要促进经济的发展,就必须协调生产力和生产关系之间的关系。

最后,促进现代化建设过程中各环节、各方面的协调发展也是我国社会发展中优化社会结构的内在要求。社会结构主要就是经济基础和上层建筑以及两者之间的矛盾关系,要想优化社会结构,促进社会的全面科学发展,就要协调好社会结构中两者之间的关系。

(3) 协调发展的关键是通过利益协调促进整体协调

将协调发展作为贯彻落实科学发展观的基本要求之一,这在实践中是一项复杂、系统的工程。这就决定了在具体协调过程中,我们不仅要把握好协调发展的总体要求,而且要对重点问题和关键环节进行慎重、准确地处理。从当前我国的发展情况来看,无论是生产力与生产关系之间的矛盾关系的协调处理;还是上层建筑与经济基础之间的矛盾关系的协调处理;抑或是现代化建设过程中各方面各个环节的协调处理,从本质上来看都是利益问题的协调。也就是说,在目前我国,随着经济的全面发展和经济成分的丰

富,社会利益格局也在不断地发生着变化,不同的阶层开始对利益产生了不同的诉求,如何处理好不同阶层之间的矛盾及冲突,是我国宏观经济发展能够实现整体协调的重要环节。

3. 坚持走可持续发展道路

坚持可持续的发展道路是科学发展观基本要求的第三个内容。所谓可持续发展是指一个国家在推动现代化建设的同时实现的劳动成果不仅能满足当代人对生存和生活发展的需求,而且不会对后代的生存发展造成危害。

中国共产党一直高度重视可持续发展在现代化建设中的重要作用和要求,不仅在改革开放以来建立了多项基本国策和战略方针,而且在党的十七大上明确地将可持续发展提升成为我国现代化建设中的基本要求和战略任务。可持续发展这一基本要求也可以从以下几个角度进行解读。

(1)可持续发展是实现我国发展前景拓宽的战略要求

党的十七大明确提出,走可持续发展道路,不仅要从拓宽空间和优化结构等方面解决我国现代化建设的全面性和协调性的问题,还必须从时间上对现代化建设可能造成的后果进行预估和控制,不仅要关注当前利益,而且要重视长远利益,这就使得可持续发展成为我国拓宽发展前景的战略要求。

(2)可持续发展的内涵是实现经济增长、社会发展、资源节约以及环境保护的有机统一

对可持续发展的内涵进行解读,首先要对我国的现代化建设现状进行分析,虽然可持续发展在全世界范围内都受到了一致的肯定,也越来越成为各国发展社会经济过程中的重要要求;但是我们必须看到,尽管我国一直在现代化建设中坚持可持续发展的基本要求,但是由于我国资源和环境问题的频繁出现,将可持续发展作为科学发展观的基本要求之一就不仅要遵循可持续发展的一般规律和共同价值取向,而且要立足我国发展现状对可持续发展进行具体解读。

我国对可持续发展内涵的解读,经历了一个不断发展和提升的过程,并且随着我国社会的不断发展仍然在发生着变化,直到党的十七大将其作为科学发展观的基本要求,我国才对可持续发展形成了独有的"中国内涵"的理解。大体来说,我国对于"可持续发展"的理解,可以总结为以下几个方面。

第一,坚持可持续发展,要坚持生产发展、生产富裕、生态良好的文明发展道路,建设资源节约型社会,实现经济效率与结构质量增长相统一的目标,实现经济发展同人口资源环境的协调发展,推动人民在良好的生态环境下生产、生活,实现人的全面发展。

第二,要想真正实现可持续发展,就要坚持以科学发展观为指导,以实

现国民经济又好又快发展为最终目标,加快转变中国经济发展方式、优化产业结构、提高创新能力、降低能源消耗,真正实现经济效率的提高。

第三,实现可持续发展,必须坚持建设生态文明,以建设资源节约型、环境友好型社会为具体导向,加强同国际间的合作,在保障国家环境和资源安全的前提下形成可持续发展的系统保障体系。

第四,实现可持续发展,必须树立以人为本的观念,树立节约资源、保护环境、促进人和自然和谐相处的观念。要强化经济、环境、生态等效益相统一的意识。

(3)可持续发展的关键是加快建设资源节约型、环境友好型社会

根据数据研究显示,到2020年,我国的经济总量将达到35万亿元,人口数量将达到14.5~14.9亿,依照这样的预估进行计算,我国的环境承受压力将是2000年的5倍以上,因此,如果环境质量保持不变,那么资源消耗和污染将更加严重。因此,建设资源节约型、环境友好型社会已经成为我国现代化建设过程中不可绕道的重要课题。

党的十七大上对于建设资源节约型、环境友好型社会进行了详细的阐述:"坚持节约资源和保护环境的基本国策,关系到人民群众的切身利益以及中华民族的生存和发展。因此必须将建设资源节约型、环境友好型社会放在工业化、现代化发展战略的突出位置。"[1]

三、科学发展观是马克思主义哲学中国化的最新成果

科学发展观是新世纪新阶段,党解决各类社会矛盾的重要理论创新。经过几十年的改革,我国已经进入发展关键期、改革攻坚期和矛盾凸显期。这一新的历史时期所凸显的各种社会问题迫切要求党能够在思想上、实践上、理论上都有新的发展。科学发展观正是党立足现当代基本国情,以我国社会实践为基础,以国外历史经验为借鉴,为适应新发展要求而提出的重要发展理论。科学发展观是中国特色社会主义理论体系的重要组成部分,是针对性回答"实现什么发展,怎样发展"的重要理论。科学发展观是涵盖改革发展稳定、内政外交国防、治党治国治军等各个方面的,是同马克思主义、毛泽东思想、邓小平理论和"三个代表"重要思想既一脉相承又与时俱进的科学理论,是中国共产党集体解放思想、实事求是、与时俱进、求真务实解决中国发展问题的重大理论成果,是当代中国马克思主义发展新境界。具体来说,突出地体现在以下几个方面。

---

[1] 中国共产党第十七次全国代表大会文件汇编.北京:人民出版社,2007,第23页

(一)科学发展观创造性地回答了中国特色社会主义的基本问题

党的十一届三中全会以来,我国的改革面临着三大问题,分别是:什么是社会主义、怎样建设社会主义;建设什么样的党、怎样建设党以及实现什么样的发展、如何实现发展。科学发展观对中国特色社会主义的基本问题做出了回答。

1. 为什么发展、实现什么样的发展

我国目前以经济建设为中心在进行社会发展。那么为什么发展、要实现怎样的发展?科学发展观对这两个问题进行了详细的回答。胡锦涛同志指出,科学发展观是用来指导发展的,没有发展,科学发展观也就失去了意义。当前我国的发展还是要以经济建设为中心,虽然我党目前正面临国内外各种矛盾和问题,但是经济基础决定上层建筑,只有推动了经济建设,才能为解决出现的问题提供物质基础。同时,我国的发展并不仅仅是经济发展,而是全面的发展,包括政治、经济、文化、社会等各个方面。

2. 发展依靠谁、发展为了谁

对于发展依靠谁、发展为了谁的问题,科学发展观给出了答案:在改革开放的进程以及现代化建设的过程中,发展要依靠人民群众,同时发展的成果也是为了造福于人民群众。因此,社会主义现代化建设必须坚持"以人为本",坚持以人民群众为建设的主力军,加大力度调动人民群众的积极性,促进现代化建设的发展,并将发展成果造福于人民。

3. 怎样发展

科学发展观还回答了怎样发展的问题,也就是科学发展观的基本要求和根本方法:全面协调可持续发展是科学发展观的基本要求;统筹兼顾是科学发展观的根本方法。我国当前的经济和社会发展虽然取得了长足的进步,但是从区域、城乡等方面来看还是存在不平衡现象的,因此要将全面协调可持续作为基本要求。而随着我国社会经济的全面发展,我国的利益格局已经发生了变化,只有运用统筹兼顾的方法,对各个方面、各个阶层的利益进行全面考虑和分析,才能真正处理好利益之间的协调问题,才能促进我国改革更加稳定的进行。

(二)科学发展观明确了建设中国特色社会主义的根本目的

对发展目的的研究是科学发展观的根本和核心问题,是对发展中其他问题起到决定性作用的首要问题。科学发展观以以人为本为核心,这一核心思想从更深的角度对发展的目的进行了剖析,它告诉我们,在改革开放和现代化建设的进程中,发展问题的出发点和最终目的是能否为人民带来利益;能否提高人民的生活水平和生活质量;能否使人民的根本权益得到保

障。也就是说,我国的现代化建设和中国特色社会主义的发展的目标都是为了人民,如果离开了人民,离开了以人为本,那么发展也就失去了意义。可以说,科学发展观这一思想理论从更高的战略高度对我国发展的目的进行了深入探讨。

(三)科学发展观解决了新阶段中国特色社会主义经济如何发展的问题

实现科学发展,要求我们在进行改革开放和现代化建设的进程中,必须要把握客观发展规律、创新发展思路、转变发展方式,从而提高发展效率和发展质量,实现我国经济又好又快发展。

1. 遵循和把握客观发展规律

实现新阶段中国特色社会主义经济又好又快发展,首先要遵循和把握客观发展的规律。又好又快发展要坚持以"好"为关键,在好中求快,因此不能将二者分开讨论,必须推动二者的相互结合和相互促进。如果单纯只追求速度,那么经济发展的质量将不会得到提高,而一味只追求发展质量,那么发展效率就会停滞不前。因此,在现代化建设中必须遵循和把握客观规律,准确运用"好"与"快"的辩证关系,努力实现经济发展目标。

2. 创新发展理念

在发展要求上,科学发展观对中国特色社会主义的发展创造了新的发展理念,就是要坚持全面协调可持续发展的基本要求,以经济建设为中心,推动经济与政治、社会、文化协调、共同发展,促进社会的全面进步。

科学发展观的新理念不仅体现了当今世界和我国的发展变化对党和国家工作的新要求,而且反映了我党对于中国特色社会主义发展新阶段有了全新的理解和认识。

3. 转变发展方式

在发展方式上,科学发展观强调要加快转变经济增长模式、优化产业结构、促进产业结构升级,在上述措施的基础上实现经济的快速增长。

第四章　马克思主义哲学中国化的基本经验

我党的光荣传统之一就是善于并不断地总结和学习历史经验与教训。我党在推进马克思主义中国化的历史进程中,积累了丰富的经验,同时也吸取了教训,本章将对马克思主义哲学中国化的经验启示做探究,以对马克思主义哲学中国化的新发展指明方向。

第一节　坚持马克思主义

马克思主义哲学中国化的过程,就是马克思主义在中国不断得到运用和发展的过程。在这一过程中,中国共产党领导中国人民以马克思主义为指导,认识和改造中国,使之获得了独立解放,不断走向繁荣富强,并以生动鲜活的中国经验丰富和发展了马克思主义。历史已经证明并将继续证明,中国的兴旺发达离不开马克思主义,马克思主义的与时俱进也不能没有中国马克思主义者的理论创造和实践创造。因此,在实践中坚持和发展马克思主义,是马克思主义哲学中国化的前提条件,也是马克思主义哲学中国化的一条基本经验。

一、始终不渝地坚持马克思主义是中国革命和建设取得成功的保证

正是由于马克思主义揭示了人类历史与人类社会发展的最一般规律,是中国共产党的党魂,是中国革命和建设的根本指导思想,是党永不变质和事业成功的根本思想保证,所以中国共产党要坚持马克思主义。只有深刻理解了这一点,马克思主义信念才会稳稳地扎根于人们的心里,社会主义现代化事业必胜的信念也才会稳稳地扎根于人们的心里,我们要在实践中自觉坚持马克思主义。

中国共产党在成立以来的九十多年中,主要干了两件大事,一件是革命,一件是建设。这两件大事,都是为了完成先人的遗志和中国人民的夙愿,实现中华民族的独立解放和繁荣富强。其中,前者是后者的基础和前提,后者是前者的目的和延续。这两件大事,都是在马克思主义特别是中国化马克思主义指导下搞成功的,是围绕建立和巩固社会主义制度、实行人民民主、解放和发展生产力进行的。我们坚信这一点,在推进马克思主义中国化的进程中,离开了马克思主义的指导与支持,我们的事业是不会成功的。

马克思主义中国化是这样一个过程,我党带领人民进行社会主义现代化建设与推进马克思主义中国化是同一过程中同时并存的两个方面,它们是互为因果和前提的。

一是中国共产党以马克思主义为基本理论来指导革命,取得了新民主主义革命的伟大胜利,建立了人民政权。二是中国共产党运用马克思主义指导所有制改造,取得了社会主义改造的伟大胜利,在中国建立起了社会主义制度。三是中国共产党运用马克思主义指导改革开放,使社会主义现代化建设取得了伟大成就,使全国人民的生活总体达到小康水平。

中国共产党在革命和建设中所取得一切胜利和成就,都是马克思主义的胜利,没有马克思主义的指导,就没有这一个个伟大胜利。中国共产党九十多年奋斗的全部实践,都是围绕建立和建设社会主义这个主题展开的。历史和实践都已证明了马克思主义的科学性,证明了马克思主义对中国社会发展的巨大指导作用,这就是我们要始终不渝地坚持马克思主义的根本原因所在。

二、深刻理解马克思主义

只有深刻了解马克思主义,才会相信马克思主义,从而树立马克思主义的信仰。我们要懂马克思主义、信马克思主义。而"懂"和"信"的前提是"学"。不学习马克思主义,就不会了解马克思主义,就谈不上相信马克思主义。

(一)要将马克思主义作为一门学问来学习

马克思主义之所以是科学,因为它是在批判地吸取人类一切积极的思想成果、概括现代科学的一切成就、总结无产阶级革命和社会主义建设的经验教训基础上形成和发展起来的。马克思主义对人类社会发展的客观规律作出揭示,对资本主义的根本矛盾和发展趋势同样作出揭示,指明了未来社会的发展方向和无产阶级解放的正确道路,体现了合规律性与合目的性的统一,具有严密的逻辑性和充分的说理性,并在实践中证明了思想魅力和理论价值。

(二)要将马克思主义作为一个科学体系进行学习和把握

马克思主义并不是一个个具体理论观点的堆积,而是一个完整的科学体系,涉及多个学科领域,如哲学、政治经济学、科学社会主义及其他社会科学和自然科学,丢掉任何一个部分,都会破坏马克思主义理论的系统性,影响马克思主义的自身价值。而且,马克思主义的各个组成部分是紧密结合、密切联系的,其中,科学社会主义是它的理论核心和主体内容;马克思主的哲学和政治经济学,特别是唯物史观和剩余价值学说,则是它的最贴近、最坚实的基础,不懂得马克思主义的哲学和政治经济学,就不可能真正理解和掌握科学社会主义。

(三)善于对马克思主义的精神实质进行学习和领会

马克思主义的精神实质为:广大劳动人民联合起来,利用暴力革命建立无产阶级专政的社会主义制度,彻底废除私有制,打破无产阶级身上的枷锁,并在此基础上,大力发展生产力和人民民主,进而最终消灭阶级、消灭剥削,实现共产主义,实现全人类的解放和每个人自由而全面的发展。由此可见,在马克思主义的理论链条中,无产阶级革命-社会主义建设-实现共产主义,是它的三个最主要环节;这三个环节中的每一个环节,前者都是后者的基础和前提,后者都是前者的目的和延续。

(四)善于将对马克思主义的书本学习与实践学习进行有机统一

马克思主义集中体现在马克思主义的著作中,这些著作既是前人对当时社会问题的深刻分析,又是对革命和建设的经验教训的科学总结,是前人留给我们的宝贵精神财富。所以,向书本学习是学习马克思主义的一条重要途径。马克思主义不仅存在于书本里,而且存在于实践中。因此,学习马克思主义还要注重向实践学习,善于读无字之书,这也是毛泽东学习马克思主义的一条重要经验。这里讲的实践也分两类:一类是社会实践,特别是党和人民进行革命、建设的伟大实践;另一类是个人的工作和生活实践。

(五)善于将对马克思主义的学习与思考进行合理结合

孔老夫子说得好:"学而不思则罔,学而不思则殆。"学习其他知识是这样,学习马克思主义也是这样。我们要确立对马克思主义的坚定政治信仰,就要把信仰建立在理智的基础上,建立在真懂的基础上,通过怀疑、思索、比较,达到理性的信仰。对马克思主义也要怀疑,要允许人们怀疑,因为马克思主义是真理,而真理是不怕怀疑、经得起怀疑的。

(六)善于将"挤"和"钻"的精神渗透到马克思主义的学习之中

马克思主义既不神秘,也不浅显。说它并不神秘,是因为马克思主义是真理,而真理是很朴实的道理。马克思主义是无产阶级的理论,是与实际相结合的理论,最讲实际。说马克思主义也不浅显,是因为它不是简单的道德律令和行动指令,而是博大精深的理论体系,包含着许多深刻的道理,不是轻易就能掌握的,对一些党员、干部、群众来说,学理论的难度还是相当大的。这就需要发扬"挤"和"钻"的精神。没有这种精神,要学好马克思主义是很难想象的。"挤",就是挤时间,利用一切时间学习马克思主义理论。"钻",就是一学到底,深入进去,不弄懂弄通决不罢手。毛泽东给我们树立了"挤"和"钻"的典范,无论是战争年代行军打仗,还是建设时期外出视察,他都随身携带马列著作,一有时间就拿出来阅读,在上面圈圈点点,批注所思所想,终于达到了融会贯通的境界。

三、自觉运用马克思主义

成语说得好,"学以致用"。学习的目的在于运用。读书是学习,应用也是学习,而且是更重要的学习。学会运用,对于坚持马克思主义具有非常重要的意义。我们要在实践中透彻理解马克思主义,感受和体验它的强大指导功能,更加坚定对马克思主义的信仰。在运用中坚持马克思主义,是我们党的一条重要经验。

(一)坚持以马克思主义为指导来分析解决中国革命与建设中的具体问题

坚持以马克思主义为指导来分析解决中国革命与建设中的具体问题,既能充分发挥马克思主义的指导功能,深入透彻理解马克思主义,对社会主义社会抱有必胜的信念,又能在中国人民的伟大事业中取得成功。马克思主义的生命力和价值就在于它能够指导实践,能够解决革命和建设中遇到的各种问题,如果不被运用,它的价值就不可能实现,它的生命也就停止了。

(二)在运用中坚持马克思主义,就是要坚持理论与实际相结合

坚持理论与实际相结合,需要具备三个基本条件:一是要真正懂得,深入理解马克思主义;二是要切实了解实际情况;三是要实现二者的有机结合。要想真正做到理论联系实际,其根本前提就是要切实把中国的实际搞清楚,弄明白。要深入实际,深入群众,广泛开展调查研究,了解真实情况,切实摸清世情、国情、党情、军情,以此作为研究问题的出发点,并用马克思主义的观点去分析它、研究它,区分本质与现象、必然与偶然,制定出解决问题的政策、办法和措施。

(三)在运用中坚持马克思主义,一定要防止教条主义和经验主义

教条主义者不管我国实际情况,适用的不适用的,一起搬来,唯本本是从,以为上了书的就是对的,把马克思主义的个别词句、个别结论到处生搬硬套,常常用理论去框实践,而不是用实践去检验理论。经验主义者则相反,他们看不到马克思主义理论的巨大指导作用,拒绝理论指导,以为只有具体经验才是可靠的,拘泥于狭隘的个人经验,甚至把局部经验当做普遍真理。教条主义和经验主义都是主观主义,它们是以主观与客观相脱离、理论与实践相分裂为特征的。在我们的队伍中,一些人不能很好地运用马克思主义,要么只会搬来书本上的知识来指导实践,要么只相信前人的经验,他们正是教条主义的经验主义的代表人物,因而都不能很好地坚持马克思主

义。因此,真正的马克思主义者绝不是只会搬书本知识的人,也绝不是只依赖前人经验的人,真正的马克思主义者将马克思主义普遍真理运用于具体的实践中,在吸取前人有益经验的基础上来进行社会实践活动。懂理论的人,要向实践方面学习,要勇于参加实践,在革命和建设的工作实践中,在接近工农群众中,在将马克思主义运用于具体的社会实践中,不断发现马克思主义的魅力光辉。

四、坚持与发展马克思主义结合

作为同一问题的两个不同方面,坚持马克思主义和发展马克思主义这二者是密切联系、相互促进和制约的。只有把坚持和发展统一起来、有机结合起来,才能不断推进马克思主义理论创新,推动党的事业健康发展。

(一)坚持和发展是辩证统一的

1.坚持马克思主义和发展马克思主义是辩证统一的

一方面,坚持是发展的前提。没有坚持,就谈不上发展。我们所要发展的是马克思主义,而不是其他什么主义。如果离开坚持讲发展,就很有可能脱离马克思主义的轨道,走到邪路上去。另一方面,发展是坚持的必要条件。我们坚持马克思主义的根本目的,就是用以指导实践。而实践是不断向前发展的,新情况、新问题层出不穷。马克思主义只是为我们指出了社会发展总的趋势和方向,提供了分析和解决问题的总的方法论原则,不可能提供现成的答案。我们必须根据时代条件的变化不断发展马克思主义,使之适合新的实践需要。如果离开发展讲坚持,就会把马克思主义教条化,导致思想僵化,使马克思主义失去生命力,就是主观上想坚持,也坚持不住、坚持不好。因此,对于马克思主义,要在坚持的前提下发展,在发展中坚持,发展是最好的坚持。

2.坚持和发展马克思主义的辩证统一,具体体现在马克思主义的变与不变的辩证统一

始终坚持马克思主义,就是使自己成为一个马克思主义者,用马克思主义的思维方式和做事态度来进行社会实践,这些基本的东西不能变,也不能丢。但坚守不是保守僵化。发展是变,因为发展意味着突破和超越,意味着吸收借鉴人类一切优秀的思想文化成果,根据时代和实践的发展变化提出的要求,对马克思主义经典作家的某些具体观点、提法作某种程度的校正或改变。没有这种突破、超越或改变,也就没有马克思主义的丰富和发展,马克思主义就会失去生命力和指导作用。但突破、超越或改变不能触动根本,不是另起炉灶,不能另搞一套,更不能搞"西化""儒化",那样就从根本上违背了马克思主义。中国共产党人就是在变与不变的统一中坚持和发展马克

思主义,推进马克思主义中国化的。在这一进程中,不变的是马克思主义的本质和灵魂,变的是马克思主义的具体内容和形式。

3. 做到坚持和发展的统一,要求正确处理好继承与发展的关系问题

任何事物现有发展状态与发展水平都是建立在一定的前人努力研究成果之上的。任何新的思想理论体系都是在继承前人提供的思想资料基础上形成和发展起来的,都会在前人的思想体系中找到它的理论根基,这就是意识形态的历史继承性。故而,继承是发展的前提和基础,没有继承,没有能够真正学懂弄通,发展马克思主义又由何谈之呢?同样,一种新的思想理论体系又是根据新的社会历史条件、总结新的实践经验提出来的,它总要在前人的基础上有所发明、有所创造、有所前进才能立得起来。因此,发展是最好的继承。没有发展,就会使马克思主义逐渐与群众脱离,逐渐失去群众,也就谈不上什么真正的继承。正是在这个意义上,邓小平、江泽民、胡锦涛一再强调,一方面,"老祖宗不能丢",丢了就会丧失根本;另一方面,"要说老祖宗没有说过的新话",如果老是那么一套,不能解决新问题,马克思主义就会因缺乏吸引力、说服力而失去群众。

(二)坚持和发展相统一,坚持以实践为基础

马克思主义是在实践中不断发展的科学,它来自实践,又指导实践,并在指导实践的过程中,实现自身价值,接受实践检验,不断丰富和发展自己。实践性是马克思主义的最鲜明特征,是其生命力和价值的根本所在。离开人民群众的社会实践,马克思主义既没有来源,又没有动力,也没有意义。所以,真正发展马克思主义,离不开社会实践,特定的社会实践要用适应于这个特定实践的马克思主义理论成功来指导,唯如此,才会取得马克思主义的成功。这就是中国共产党人坚持和发展马克思主义的全过程,也是我们党的一条基本经验。

(三)坚持和发展相统一,要以科学的态度对待马克思主义

对待马克思主义有两种根本不同的态度,不言而喻,一种是科学的态度,另一种是非科学的态度。只有以科学的态度对待马克思主义,才能真正做到对马克思主义进行坚持和发展。

1. 要从阶级性与科学性的统一的角度来看待马克思主义,不能以其阶级性否定其科学性

马克思主义是属于无产阶级的理论武器,无产阶级只有用马克思主义来指导自己进行社会实践活动,社会实践才能进展下去。它集中反映了无产阶级的愿望和要求,代表了无产阶级的根本利益,具有鲜明的阶级性,它公开申明自己是为无产阶级服务的。马克思主义既具有鲜明的阶级性,同

时又具有严密的科学性,它批判地吸取了人类历史上一切优秀的思想文化成果,深入研究了当代社会的历史发展,深刻分析了人类社会的基本矛盾运动,深刻揭示了人类社会发展的最一般规律特别是资本主义社会的矛盾危机与发展前途,对社会主义必将取代资本主义作出了明确论断。马克思主义是合规律性与合目的性的有机统一,其阶级性和科学性之间并不存在矛盾,因为实现共产主义既是符合无产阶级利益的,又是合乎人类社会发展规律的。

2. 要从绝对真理与相对真理的统一的角度来看待马克思主义,不能以其真理的相对性否定其真理的绝对性

同任何真理一样,马克思主义作为一种社会科学的真理也具有相对性。沿着马克思开辟的道路前进,我们就会一步步逼近真理;离开了这条道路,除了谬误和迷惘之外,我们什么也得不到。马克思主义同一切真理一样,是绝对真理与相对真理的统一。说它是绝对真理,是因为它来自实践,揭示了人类社会发展的最一般规律,并经过了严格的实践检验,它的基本原理是推不倒的。说它是相对真理,是因为它没有也不可能穷尽人世间的一切真理,它也要继续接受实践的检验,并随着时代、实践和科学的发展而不断向前发展。

3. 要从世界观和方法论的统一的角度来看待马克思主义哲学,不能以其方法论功能否定其世界观功能

一切哲学都是世界观和方法论的统一体,都具有世界观和方法论两种功能,马克思主义哲学同样如此。在一个很长的时期内,我们在马克思主义哲学的教育和宣传中,比较强调它的世界观和意识形态功能,而对它的方法论功能则重视不够、研究不透,有时甚至把它变成了纯粹的政治斗争工具,在某种程度上降低了马克思主义哲学的吸引力,影响了其指导作用的发挥,这是一个严重的教训。

第二节　坚持理论创新

江泽民同志在与军队高级干部理论研讨班学员座谈时发表重要讲话强调:我们党八十年的历史经验说明,注重理论创新,是党的事业前进的重要保证。江泽民同志指出:"马克思主义的发展史告诉我们一个深刻的道理:社会实践是不断发展的,我们的思想认识也必须不断前进,不断根据实践的要求进行创新。思想解放、理论创新,是引导社会前进的强大力量。"[①]他还

[①] 江泽民文选(第3卷).北京:人民出版社,2006,第68页

指出:"这些历史经验都说明,注重理论创新,是党的事业前进的重要保证。什么时候我们紧密结合实践不断推进理论创新,党的事业就充满生机和活力;什么时候理论的发展落后于实践,党的事业就会受到损害,甚至发生挫折。"[①]胡锦涛同志在2000年也强调指出:"在新世纪建设有中国特色社会主义的征途上,我们党要领导全国各族人民开创新局面、创造新业绩,就要在马克思主义理论创新上有新的进步。"[②]这些都强调了理论创新是党和国家发展、社会发展、中国特色社会主义建设的强大力量。要求全党全国各族人民必须高度重视理论创新,必须积极开展理论创新与实践创新。

一、马克思主义是在实践中产生和丰富发展的

实践是理论创新的源泉。实践的观点是马克思主义的基本观点,也是马克思主义的出发点和归宿。马克思主义来源于实践,是实践经验的理论概括和总结,又反过来指导实践,并在实践中得到检验和发展。作为马克思主义中国化理论创新成果的毛泽东思想和中国特色社会主义理论体系,其形成和发展也有着深厚的实践基础。

辩证唯物主义认识论认为,实践是认识的基础,认识是在实践基础上由浅入深、由片面到全面、由低级到高级的无限发展过程。因此,人们对任何一个事物的认识都不可能一次完成,都要经过实践、认识、再实践、再认识这样一个循环往复以至无穷的过程。

同任何科学的理论和认识一样,马克思主义是从人类社会实践的客观实际中抽象出来的,是对自然、社会和人类思维发展规律的深刻认识,是对人民群众在实践中创造的新鲜经验的科学总结,因而也必然随着时代的进步和实践的发展而不断丰富、完善和发展。马克思主义从诞生至今160多年的历史,就是在实践基础上与时俱进不断推动理论创新的历史,它揭示了一个深刻的道理:社会实践是随着时代的进步不断发展的,实践主体的思想认识也必须随之发展前进,根据实践的要求进行不断创新。

马克思主义具有强烈的实践性,这就决定它只有不断创新才能适应实践发展的要求,才能指导社会实践不断前进。马克思和恩格斯在创立马克思主义的过程中,发现有些观点和结论已经不适应形势的发展,曾多次对原有的观点、结论进行补充和修改。他们从不认为自己的理论是一成不变的,总是根据实践的发展和时代的变化,对其进行不断的丰富、完善和发展。进入20世纪以后,列宁把马克思主义基本原理与新的时代特征以及俄国的具

---

① 江泽民文选(第3卷).北京:人民出版社,2006,第334页
② 胡锦涛.总结和运用"三讲"教育经验努力开场党建工作新局面.求是,2001(2)

体实际相结合,揭示了帝国主义发展的规律,提出了社会主义可以在一国或数国首先取得胜利的思想,从而把马克思主义发展到一个新的阶段,即列宁主义阶段,并以此指导"十月革命"取得成功,推动社会主义从理论变成了现实。

回顾中国共产党的发展历程,它从无到有、从小到大,并领导全国各族人民取得了革命、建设和改革的伟大成就,一个重要原因在于,它是一个善于在实践中总结经验并使之上升为理论原则再用以指导实践的马克思主义政党。进入新世纪以来,当代中国共产党人在马克思主义中国化问题上书写的新篇章、达到的新境界,正是在不断深刻总结实践经验的基础上取得的。

当今世界和我们所处的时代和以往大大不同。无论从国际还是从国内看,我们都面临着许多新情况新问题,必须从理论上和实践上作出回答并加以解决,必须与时俱进,继续丰富和发展马克思主义。

二、与时俱进是马克思主义最重要的理论品质

"马克思主义具有与时俱进的理论品质。"[①]这一科学论断,是江泽民在纪念建党80周年讲话中首次明确提出的。胡锦涛在"三个代表"重要思想理论研讨会上又进一步指出:"与时俱进的理论品质",就是"坚持一切从实际出发,理论联系实际,实事求是,在实践中检验真理和发展真理",这也是"马克思主义最重要的理论品质"。[②]

马克思主义是随着时代的进步和实践的发展而不断丰富、完善和发展的理论,与时俱进是马克思主义最重要的理论品质。这是在总揽马克思主义发展史的基础上,对马克思主义的全部特点和优点进行科学分析基础上做出的深刻概括,使中国共产党人对马克思主义的认识上升到了一个新的高度。

马克思主义是随着时代的进步和实践的发展而不断丰富、完善和发展的理论,这正是马克思主义能够反映时代和实践的要求,永远保持蓬勃生机和活力,始终具有科学性和真理性的根本原因。新的时代条件下,只有用发展着的马克思主义指导新的实践,才能永葆马克思主义的强大生命力,为进一步认识世界和改造世界、推动党和国家事业发展提供强有力的理论指导。

---

① 江泽民文选(第3卷).北京:人民出版社,2006,第283页
② 十六大以来重要文献选编(上册).北京:中央文献出版社,2005,第364页

三、中国共产党是一个善于理论创新的马克思主义政党

中国共产党是一个善于理论创新的马克思主义政党,毛泽东、邓小平、江泽民、胡锦涛是其中最杰出的代表。当毛泽东成为马克思主义者以后,很早就在他的思维里有了理论创新的强烈意识。他在1937年撰写《实践论》时,为了充分阐明马克思主义的辩证唯物主义的认识论,在主要批判教条主义的错误思想的同时,也对经验主义给予了鞭打。在毛泽东的思想里,经验主义和教条主义都是主观主义,都是"以主观和客观相分裂,以认识和实践相脱离为特征的"。但经验主义与教条主义不同的是,经验主义鄙薄理论,忽视理论创新对马克思主义发展的推动作用。正是在这个意义上,毛泽东告诫全党:"有书本知识的人向实际方面发展,然后才可以不停止在书本上,才可以不犯教条主义的错误。有工作经验的人,要向理论方面学习,要认真读书,然后才可以使经验带上条理性,上升成为理论,然后才可以不把局部经验误认为即是普遍真理,才可不犯经验主义的错误。"①毛泽东在1942年2月撰写的《整顿党的作风》一文中也指出:"现在我们党的理论水平是比过去提高了一些,但是按照中国革命运动的丰富内容来说,理论战线就非常之不相称,二者比较起来,理论方面就显得非常之落后。我们还没有把丰富的实际提高到应有的理论程度,我们还没有对革命实践的一切问题或重大问题加以考察,使之上升到理论的阶段。因此,全党同志必须善于运用马克思列宁主义的立场、观点和方法,善于应用列宁、斯大林关于中国革命的学说,进一步地从中国的历史实际和革命实际的认真研究中,作出合乎中国需要的理论性的创造。"②十分清楚,毛泽东所说的"作出合乎中国需要的理论性的创造"就是指的理论创新,只不过在他那时没有用上理论创新这个概念罢了。

正是基于这种认识,毛泽东在1941年9月召开的中共中央政治局扩大会议的讲话中提出了"中国实际马克思主义化"的概念。这一概念的深刻含义是使中国革命的实际经验上升到马克思主义的高度,以提高全党马克思主义理论创新的水平。在毛泽东看来,要实现"中国实际马克思主义化",就必须善于总结经验,使丰富的实际上升到理论的高度,并创造新的理论,指导新的实践。在延安整风时期,毛泽东就要求广大党员和干部认真学习理论,善于应用马克思主义的立场、观点和方法,总结中国革命的经验,在经济、政治、军事、文化方面都作出新的理论创造,用以指导新的实践。毛泽东

---

① 毛泽东选集(第3卷).北京:人民出版社,1991,第818—819页
② 毛泽东选集(第3卷).北京:人民出版社,1991,第820页

本人正是在发奋读书、认真钻研马克思主义、不断总结中国革命经验的基础上，写出了适应中国革命需要的大量论著，为夺取中国革命的伟大胜利提供了强有力的思想武器。正如刘少奇在1945年5月召开的党的七大会议上所作的修改党章的报告中说的："我们的毛泽东同志，不只是中国有史以来最伟大的革命家和政治家，而且是中国有史以来最伟大的理论家和科学家，他不但敢于率领全党和全体人民进行翻天覆地的战斗，而且具有最高的理论上的修养和最大的理论上的勇气。他在理论上敢于进行大胆的创造，抛弃马克思主义理论中某些已经过时的、不适合于中国具体环境的个别原理和个别结论，而代之以适合于中国历史环境的新原理和新结论，所以他能够成功地进行马克思主义中国化这件艰巨的事业。"[1]

在进入社会主义建设新时期，毛泽东又明确指出："现在，我们已经进入社会主义时代，出现了一系列的新问题，如果单有《实践论》、《矛盾论》，不适应新的需要，写出新的著作，形成新的理论，这也是不行的。"[2]在"大跃进"、"人民公社化"运动受挫之后，毛泽东深有感触地说，在社会主义建设上，我们还有很大的盲目性。社会主义经济对于我们来说，还有许多未被认识的必然王国，我们的知识和能力还非常之不够，我们应当在今后的实践中努力学习，总结经验，逐步加深对它的认识，弄清它的规律。20世纪60年代中期，毛泽东在反思社会主义建设成功的经验和失败的教训之后，又从认识论上论述了总结经验的重要性，写下了这样一段名言："人类的历史，就是一个不断地从必然王国向自由王国发展的历史。这个历史永远不会完结。在有阶级存在的社会内，阶级斗争不会完结。在无阶级存在的社会内，新与旧、正确与错误之间的斗争永远不会完结。在生产斗争和科学实验范围内，人类总是不断发展的，自然界也总是不断发展的，永远不会停止在一个水平上。因此，人类总得不断地总结经验，有所发现，有所发明，有所创造，有所前进。"[3]可见，不断总结经验，使丰富的实际经验上升为理论，是实现马克思主义哲学中国化、实现理论创新的重要途径。

集革命家与思想家于一身的邓小平，同样一贯强调理论创新在推动马克思主义发展中的重要作用。他说的"不以新的思想、观点发展马克思主义，就不是真正的马克思主义者"的名言，成了全党坚持理论创新的座右铭。邓小平是中国改革开放的总设计师。作为邓小平理论重要组成部分的改革开放理论是他进行理论创新的经典之作。"邓小平时代"和邓小平理论贯穿

---

[1] 刘少奇选集（上卷）.北京：人民出版社，1985，第336—337页
[2] 毛泽东文集（第8卷）.北京：人民出版社，1999，第109页
[3] 毛泽东文集（第8卷）.北京：人民出版社，1999，第325页

始终、渗透全部的精华,就是改革开放。改革开放是以党的十一届三中全会为标志的历史新时期最显著的时代特征。马克思当初设想,在共产主义第一阶段即社会主义阶段,生产关系是适应生产发展要求的,他没说过社会主义需要改革的问题。恩格斯晚年提出了社会主义也需要改革的思想。他说过,所谓"社会主义"不是一成不变的东西,而应该和任何其他社会制度一样,把它看成是经常变化和改革的社会。列宁认为社会主义社会仍然存在矛盾。他说,在社会主义条件下,对抗将会消失,矛盾仍将存在。改革是解决社会主义建设任务的根本手段。斯大林因其认为苏联已不存在生产力与生产关系的矛盾,它们之间是完全适合的,他否认社会主义改革的必要性。毛泽东对社会主义社会的矛盾及矛盾运动进行了深入的分析,表述了社会主义也需要改革的思想。但是,以前的经典作家都没有提出过系统的改革理论。真正对社会主义改革问题进行系统深刻论述的,邓小平是第一人。邓小平基于对国际共产主义运动和我国社会主义建设历史的深刻总结,坚定地指出,改革是必由之路。"改革是中国的第二次革命。"[1]

马克思、恩格斯设想的社会主义,是在发达资本主义国家同时发生革命的基础上建立的。但历史的进程却是第二次世界大战之后一批经济、科技和社会文化比较落后的国家建立了社会主义,面对的是发达的资本主义世界。列宁曾认识到社会主义对外开放的重要性,指出在当代这个历史时代,衰老的社会制度和新生的社会制度并存是可能的,体现这两种不同所有制之间的经济合作,对于世界经济复兴是绝对必要的,但列宁没有从理论上解决社会主义国家的对外开放问题。斯大林曾提出"两个平行世界市场"的观点,认为社会主义国家可以脱离世界统一市场而存在和发展。在毛泽东时代的中国,由于主客观两方面的原因,对外基本上处于封闭半封闭状态。邓小平基于对时代发展趋势的判断和我国社会主义建设的深刻反思,第一次完整地提出了社会主义国家对外开放理论。他指出:"现在的世界是开放的世界。"[2]"经验证明,关起门来搞建设是不能成功的,中国的发展离不开世界。"[3]

邓小平的改革开放理论,在马克思主义发展史上不但第一次阐明了社会主义国家实行改革的性质、目的、内容、方式和步骤,对外开放的基本方针政策和战略部署,还凭借他对党长期积累起来的经验和敏锐的政治洞察力,反复强调,在整个改革开放过程中,必须始终注意坚持四项基本原则,必须

---

[1] 邓小平文选(第3卷).北京:人民出版社,1993,第113页
[2] 邓小平文选(第3卷).北京:人民出版社,1993,第64页
[3] 邓小平文选(第3卷).北京:人民出版社,1993,第78页

坚持独立自主、自力更生、艰苦奋斗的方针，必须加强社会主义精神文明建设，必须保持国内安定团结的政治局面和社会环境，必须一手抓对外开放和对内搞活经济的政策，一手抓坚决打击经济犯罪活动，等等，从而为马克思主义宝库增添了新的理论瑰宝。

正是在这一理论指引下，我国的经济体制改革、政治体制改革及其他领域的改革取得了突破性的进展。我国对外开放出现了可喜的局面。改革开放极大地激发了我国人民群众的积极性、主动性和创造性，使我国的经济、政治、文化、社会发展突飞猛进，整个神州大地呈现出一片充满生机、欣欣向荣的繁荣祥和景象。从我国改革开放的史诗般征程中，我们不难看到理论创新对实践发展的巨大威力。

江泽民也一向十分重视理论创新对马克思主义发展的重要推动作用。反复强调既要坚持马克思主义的基本原理，又要谱写新的理论篇章，善于用发展着的马克思主义指导新的实践。伟大的实践孕育了伟大的理论，伟大的理论引领着伟大的实践。用发展着的马克思主义指导新的实践，生动地体现实践的发展与理论的发展之间的互动关系。马克思主义理论之所以具有蓬勃旺盛的生命力，就在于它不是褊狭封闭、万古不变的教条，仍是不断随着实践发展而发展的科学。一部马克思主义发展史就是一部不断用发展着的马克思主义指导新的实践的历史。理论上的巨大飞跃，必将带来实践上的巨大发展。这就是实践和理论互动发展的辩证法。为此，江泽民十分强调在实践基础上的理论创新。他认为，马克思主义的生命力，就是在于它在实践中能够不断创新。马克思主义理论的每一次重大突破，社会主义实践的每一次历史性飞跃，都是马克思主义基本原理同具体实践相结合进行理论创新的结果。马克思、恩格斯、列宁和毛泽东、邓小平都是理论创新的典范。实践证明，只有创造性地发展着的马克思主义，才能真正顺应时代和实践的呼唤，成为指导我国革命建设和改革的伟大事业从一个胜利走向另一个胜利的科学指南。

江泽民本人正是沿着这条认识道路，牢牢把握理论与实践的互动关系，在理论与实践的结合中勇于创新，进一步丰富和发展了邓小平理论，把马克思主义中国化推进到了一个新阶段。在经济领域中，他创造性地解决了改革开放以来、特别是党的十四大以来实践中出现的实际经济问题，明确提出把建立社会主义市场经济体制作为中国经济体制改革的目标模式，肯定了公有制实现形式的多样化和分配形式的多样化；在政治领域中，继续推进政治体制改革，依照新形势的要求，提出依法治国的方略，建设法治国家，这是马克思主义治国理念上的一大飞跃；在思想文化领域中，根据社会主义现代化建设和社会主义市场经济发展中出现的新问题，创造性地发展了邓小平关于精神文明建设的理论,提出在任何情况下,都不能以牺牲精神文明为代价去换取经济的一时发展。一个民族,物质上不能贫困,精神上也不能贫困,只有物质和精神都富有,才能成为一个有强大生命力、凝聚力的民族。

集这些认识之大成的"三个代表"重要思想,就是来自实践又服务于指导新的伟大实践应运而生的伟大理论。它不但从更高的层次上要求在新的实践中把走在时代前列,推动社会全面进步,实现最广大人民的根本利益同保持党的先进性统一起来,把全面推进建设有中国特色社会主义事业同全面推进党的建设新的伟大工程统一起来,把深入认识和正确把握共产党执政的规律、社会主义建设的规律、人类社会发展的规律同维护立党之本、执政之基、力量之源统一起来,还为我们提供了观察当代世界和中国的新的认识工具。正是因为有了"三个代表"重要思想,我们才有可能对经济全球化背景下社会主义与资本主义的战略关系作出更为冷静的判断;对社会主义与市场经济结合中的深层问题,以及社会主义初级阶段基本经济制度的含义有更为深刻的把握;对如何推进民主法制进程、建设社会主义政治文明有更为现实的制度设计;对多元文化背景下如何坚持先进文化的前进方向、建设社会主义精神文明有更为理性的思考;对在利益多元化、社会结构不断分化的情况下如何实现社会和谐有更为全面的政策安排;对如何提高党驾驭社会主义市场经济的能力、发展社会主义民主政治的能力、建设社会主义先进文化的能力、构建社会主义和谐社会的能力、应对国际局势和处理国际事务的能力,保持党的先进性和生机活力有更为科学的认识。

胡锦涛对于理论创新同样有着极其深刻的认识和精辟的论述。他认为,马克思主义的生命力,就在于它总是立足于实践,在实践中不断创新。中国共产党的历史就是一部坚持在马克思主义基本原理为指导紧密结合中国具体实际进行理论创新的历史。为此,胡锦涛在纪念毛泽东同志诞辰110周年座谈会上说过这样一段话:"要坚持以广大人民群众建设中国特色社会主义的生动实践为理论创新的源泉,以实现和发展广大人民的根本利益为理论创新的目的,以顺应时代潮流不断与时俱进的创造精神为理论创新的动力,以研究和解决我们在前进中面临的突出问题为理论创新的着力点,不断打开理论创新的新视野,不断取得马克思主义基本原理同中国具体实际相结合的新进展,不断丰富和发展马克思主义。"正是基于这一认识,他所提出的科学发展观运用辩证唯物主义和历史唯物主义的立场、观点、方法,进一步回答了实现什么样的发展,怎样发展的重大问题,体现了我们党对共产党执政规律、社会主义建设规律、人类社会发展规律的最新认识,对新世纪、新阶段的发展具有普遍指导意义;科学发展观着眼于实现经济社会又好又快发展,提出的"五个统筹"的促进协调发展的新思路,指明了我国经济社会发展的正确道路,是我国经济社会发展的重要指导方针;科学发展观从中国特色社会主义事业总体布局出发,着眼于建设富强、民主、文明、和谐的社会主义现代化国家,要求我们全面推进经济建设、政治建设、文化建设、社会建设,完善了中国特色社会主义发展道路、发展模式、发展战略,对于发展中国特色社会主义具有长远的指导意义。

第三节 坚持实事求是

推进马克思主义哲学中国化,就要坚持实事求是,只有在实事求是的基础上,马克思主义中国化才能在中国的土地上生根、开花、结果。

一、立足中国的基本国情,是马克思主义哲学中国化的实践基础

(一)以中国的基本国情为立足点

在当代中国,一切从实际出发,首要的就是立足基本国情,一切从社会主义初级阶段的实际出发。中国共产党的全部理论和实践活动,只有符合我国的基本国情这个最大的实际,才能正确领导全国人民共同努力,把改革开放和社会主义现代化建设事业不断推向前进。

深刻认识和把握我国的基本国情,即社会的性质及所处的历史阶段,是中国共产党提出科学理论和制定正确路线方针政策的基本依据,也是做好各项工作的重要前提。特别是认清中国社会的性质,是认识和把握国情的首要问题,是认清其他一切问题的前提和基础。

实践证明,我党只有坚持实事求是的思想路线,坚持在我国基本国情的基础上制定国家的大政方针,我们的抉择才是切实可行的,我们的改革才是卓有成效的。马克思主义中国化的几大理论成果指引着中国革命和建设取得了巨大的成功,究其根本原因就在于,它牢牢建立在对我国基本国情的科学判断基础之上,把立足中国国情作为最大的从实际出发,作为指导中国革命、建设、改革和发展的根本依据。

(二)一切都要从客观实际出发

在尊重客观事实的基础上,才能做到从实际出发。要从联系中去掌握事实。马克思主义是以事实而不是以可能性为根据的,马克思主义者在制定路线、方针、政策时,要依据事实。

一切从实际出发,要做到尊重客观规律性和发挥主观能动性的统一,也就是解放思想、实事求是。我党在各项工作中,要坚持实事求是思想路线,立足于自身实际,解放思想,运用马克思主义的立场、观点和态度来应对新

的挑战。因此,解放思想和实事求是体现了马克思主义认识论尊重客观规律性和发挥主观能动性的统一,体现了实际工作中马克思主义的科学态度和辩证方法的统一。

二、中国共产党立足中国的基本国情、一切从实际出发的历史经验

(一)必须坚持辩证唯物主义和历史唯物主义的认识论,高度重视并始终坚持调查研究

要想客观、准确、全面地认识世界,调查研究是一项重要方法。我们要立足于中国的具体实际,全面地、深入地做调查,通过调查研究来认识国情,必须切实注意两个问题。

1. 客观世界处于不断的发展变化之中

国情实际上也是一个处于不断发展变化之中的动态过程,是动态和静态的统一。这就决定了调查研究需要不断地、反复地进行。从马克思主义认识论来看,一个正确的认识,往往需要经过由物质到精神、由精神到物质的不断反复,也就是要由实践到认识、再由认识到实践的多次反复才能完成。马克思主义中国化的历史充分证明,要正确认识国情,需要不断地、反复地进行。中国共产党对中国国情的科学认识和正确把握,实际上也就是一个不断地、反复地进行调查研究的过程。

2. 调查研究的两种形式

调查研究包括深入实地进行调查研究和以听取汇报的形式进行调查研究两种形式。相比较而言,前者更为可靠一些。因为后者受主观因素的影响较大,它的实效有赖于整个社会的求实与求真的风气。毛泽东在新中国成立前的调查研究,主要采取前一种形式,因而能够较为准确地把握当时中国的国情。

(二)必须坚持不断加强马克思主义理论的学习,提高全党认识和把握国情的能力

"中国共产党对中国国情的科学认识和正确把握,来源于对马克思主义理论的坚持不懈地学习。'马克思主义的书是要读的,并且必须读好'。在对待马克思主义的态度上,'讲学习'是一个大前提。邓小平曾经反复强调,全党的各级干部首先是领导干部,一定要在繁忙的工作中挤出时间来搞学习,特别是学习马克思主义的基本理论,以增强我们工作中的原则性、系统性、预见性和创造性。"[①]

---

① 肖浩辉.马克思主义中国化研究.长沙:湖南人民出版社,2008,第205页

中国共产党历来对马克思主义理论的学习予以高度重视。从党的历史上看，每次革命和建设发展到重大历史关头，面临着新形势和新任务的时候，就是需要进一步认识和把握国情的时候，都特别强调要加强马克思主义理论的学习。

学习马克思主义，主要是学它的基本原理，要把马克思主义的基本原理转变为自身看问题、解决问题的立场和态度。在当前的改革深入背景下，在多元文化思潮的社会环境下，世情、国情和党情都处在急速的发展变化之中。我们要及时把握这种世情、国情和党情的新变化，坚持基本路线不动摇，不封闭僵化，不改旗易帜，以老老实实的态度学习马克思主义。

（三）必须坚持以革命和建设、改革的实际问题作为出发点，以对基本国情的认识和把握为重点

具体国情和基本国情都是国情。而一个国家的政治、经济、文化和社会等方面的具体情况则属于具体国情的范畴。基本国情指的是一个国家的社会性质、矛盾关系、阶级关系和发展阶段等方面的状况。基本国情是在认识和把握具体国情的基础上，经过从实践到认识、再从认识到实践的不断反复而获得的，是上升到理论层面的规律性认识。

我国的基本国情是我国不仅现在，而且今后很长一段时期都将处于社会主义初级阶段。我们必须牢牢掌握当代中国的基本国情，从实际出发，才能确保社会主义现代化建设在正确的轨道上进行。

（四）必须坚持和弘扬科学的学风——马克思主义学风，毫不动摇地进行反倾向斗争

对马克思主义持正确科学的态度，就是将我国的具体实际与马克思主义的基本原理结合起来。对待马克思主义有个学风问题。所谓学风问题，简言之，就是对待理论和实际的立场、态度和思想方法问题。马克思主义在本质上是实践的科学，它之所以是科学，就是因为它始终严格地以事实为根据。实践总是处在不停的变动中，马克思主义也必然随着实践的发展而不断地发展。这就要求我们必须用科学的、发展的态度，而不是机械的、教条的态度对待马克思主义。

认识和把握中国国情，必须坚持科学的学风——理论联系实际的马克思主义学风。马克思主义给我们提供了一种观察世界、认识国情和分析问题的正确思路和科学方法。马克思主义的重大贡献并不在于提出了多少具体的结论，而在于它提供了观察、分析和研究问题的根本科学方法——唯物主义的辩证方法。中国化马克思主义的理论成果集中体现了马克思主义的学风。

学风正则事业兴。反之,党的事业就不会一帆风顺。我党在马克思主义中国化的历程中,走了不少弯路,曾经付出过很大的代价。突出的表现,就是在新民主主义革命以及社会主义革命和建设中,多次犯了"左"的或右的错误。

究其根本原因,正是主观脱离了客观实践,马克思主义基本原理没有与中国具体实践相结合,这一共同的认识基础,决定了"左"和右的错误往往相伴发生,在反右的过程中极易发生"左",在反"左"的斗争中则容易出现右。在党的重大历史转折关头,这一特点往往表现得更加突出。

纵观党的发展,我们得出这样的经验总结:在发扬马克思主义学风的基础上,将马克思主义普遍真理与中国的具体实践结合起来,毫不动摇地开展反倾向的斗争。要将认识和把握中国国情与坚持和发扬马克思主义学风、正确地开展反倾向斗争统一起来。

(五)必须坚持用马克思主义的广阔眼界来审视世界,敏锐地把握时代发展的脉搏

中国化马克思主义是从中国的历史和现实中来的。同时,中国的存在和发展也离不开世界,中国化马克思主义的形成和发展还有其时代和国际的根据。就国情来看,任何国家的国情都是国内因素和国际因素的辩证统一。任何一个国家的发展,都不可避免地要被打上时代和国际因素影响的烙印。这就要求我们必须坚持用马克思主义的广阔眼界来审视世界,敏锐地把握时代发展的脉搏,从国际和国内的关系中认识和把握国情。

历史经验表明,对时代主题和国际局势的判断和把握正确与否,极大地影响着我们对国情的认识,直接影响到国内的路线、方针和政策的制定和贯彻落实。20世纪70年代末80年代初,邓小平对国际局势和时代主题的新认识开始在酝酿之中。经过对国际形势长期冷静的观察,他紧紧抓住新的时代特征和国际战略形势的特点,在1984年最先创造性地提出:现在世界上问题很多,有两个比较突出。一是和平问题,二是南北问题。南北问题就是发展问题。党的十三大把邓小平的这一战略思想概括为"和平与发展是当代世界的主题"。这一论断深刻总结了国际形势发生的重大变化,不仅丰富和发展了马克思主义关于战争与和平的理论,而且为党在新的历史条件下把握国情、制定正确的内外政策提供了科学依据。

在这一科学时代观的指导下,党对新时期国情的认识上升到了更加理性的层次。在国内,根本的问题就是发展,发展是硬道理,发展是党执政兴国的第一要务;在国际,反对以霸权主义为核心的国际旧秩序,建立有利于世界和平与发展的世界政治、经济新秩序,根本上也是为我们的国内建设和对外开放争取有利的国际环境。

中国共产党领导中国人民进行革命和建设、改革的90多年历程,就是把马克思主义的普遍真理与中国革命和建设、改革的具体实际相结合,坚持一切从实际出发,立足中国国情,一切从中国的实际出发,独立自主地探索自己发展道路的历程。在这一方面,中国共产党积累了极其宝贵而又丰富的历史经验。

第四节　坚持依靠人民群众

人民群众是历史的主体,同时也是马克思主义哲学中国化的主体。人民群众只有掌握了理论,理论才能转化为现实,理论也才有实际价值。

一、人民群众在马克思主义哲学中国化过程中发挥着重要作用

(一)人民群众的理论诉求是马克思主义哲学中国化的动力

马克思主义之所以能在中国传播、之所以要中国化,归根到底,是由人民群众的理论诉求决定的。没有人民群众变革社会的实践对马克思主义的诉求,就不会有马克思主义中国化。

(二)人民群众的理论取向是马克思主义哲学中国化的坐标

人民群众的知识素养、接受能力、思维方式、审美习惯,要求马克思主义通俗化、具体化、生活化、本土化。毛泽东思想在形成和发展过程中,融入了大量人民群众喜闻乐见的语言、形式与贴近人民群众实际生活的内容。在中国特色社会主义理论体系形成过程中,邓小平注意适应人民群众的理论取向与理论诉求,善于利用人民群众之中流传甚广的语言,如"摸着石头过河"、"不管白猫黑猫,捉到老鼠就是好猫"、"发展才是硬道理"来表达中国特色社会主义理论的基本观点。

(三)马克思主义哲学中国化理论成果是领袖人物与人民群众二者良性互动的结果

马克思主义哲学中国化的每一次创新都是在领袖和人民群众的良性互动的基础上取得的。在马克思主义中国化过程中,领袖和人民群众良性互动规律最典型的表现,就是家庭联产承包责任制的推行。1978年党的十一届三中全会开启了改革开放的历史新时期。家庭联产承包责任制,与传统社会主义生产经营模式相冲突,不为当时社会所接受。而邓小平同志尊重农民在实践中的创造精神,强调要实事求是,从实际出发,把发挥农民的积极性、发展农业生产作为确定一切农村政策的出发点,提出了家庭联产承包责任制,安徽省凤阳县小岗村18户农民为了摆脱贫穷和饥饿,实行包干到

户,签下了生死合同。这带动了全国农村农业生产和农民的积极性。这是中国农村的一场历史性变革。"农村搞家庭联产承包,这个发明权是农民的。农村改革中的好多东西,都是基层创造出来,我们把它拿来加工提高作为全国的指导。"①

二、"一切为了群众"是推进马克思主义哲学中国化的根本保证

毛泽东曾明确强调:"我们这个队伍完全是为着解放人民的,是彻底地为人民的利益工作的。"②邓小平非常看重人民群众的切身利益,只有人民群众拥护、人民群众赞成、人民群众高兴、人民群众答应的政策才是好政策。江泽民提出"三个代表"重要思想,这"三个代表"代表了广大人民的根本利益,代表了人民群众的物质利益,代表了人民群众的精神利益。胡锦涛提出科学发展观的思想,把人置身于发展的核心位置。新时期习近平提出"中国梦",中国梦也就是每个中国人的梦,就是要实现广大人民群众的梦想。

实践证明,只要我们始终代表中国最广大人民的根本利益,保持党同人民群众的血肉联系,我们的事业就能得到广大人民群众的拥护和爱戴,就能获得无穷无尽的力量,就能战胜一切困难,立于不败之地。这是马克思主义哲学中国化得以实现的根本和基础。

三、马克思主义哲学民族化、现代化、世界化与人民群众相结合

马克思主义哲学要想中国化,必须先进行马克思主义哲学民族化。马克思主义民族化,实质上是马克思主义如何让中国人民接受并指导其实践的问题。在马克思主义中国化的过程中,如果忽略人民群众这一最根本的问题,马克思主义就很难在中国社会中生根、发芽和成长。实现马克思主义中国化的成功推进,首要的就是要解决马克思主义的现代化问题,实质也就是人民群众的现代化问题。人民群众与马克思主义哲学民族化、现代化紧密相连,即人民群众与马克思主义哲学中国化紧密相连。

全球化的深入发展使得中国化马克思主义必须置于全球化背景之下才能够发展。马克思主义哲学中国化与中国化马克思主义的世界化只有在人民群众身上才能真正结合起来,中国化马克思主义只有真正得到人民群众的拥护和支持才能真正走向世界。马克思主义哲学中国化在立足本国国情的基础之上,还要具有世界眼光,要放眼全球。马克思主义哲学中国化过程,既是中国人民接受马克思主义的过程,也是中国人走向世界和中国化马

---

① 邓小平文选(第3卷).北京:人民出版社,1993,第382页
② 毛泽东选集(第3卷).北京:人民出版社,1991,第1004页

克思主义产生世界影响的过程。人民群众要自觉、主动地把马克思主义哲学中国化、世界化紧密结合,在此基础上,发展马克思主义,推进马克思主义哲学中国化。

四、树立群众观点,尊重人民的首创地位

人民,只有人民,才是创造世界历史的动力。人民群众作为社会实践的主体,是人类历史的创造者和社会发展的推动者。一切为了人民,一切依靠人民,是马克思主义政党最鲜明的政治立场。

坚持从人民群众的生动实践中总结经验、汲取智慧,是马克思主义中国化理论成果形成发展的重要途径。人民群众的丰富实践和伟大创造,是马克思主义中国化理论成果发展创新的不竭源泉。无论是在革命战争年代还是在和平建设年代,人民群众始终是我党的坚实后盾。改革开放以来的许多成功探索和新鲜经验,也都来自于基层、来自于群众。邓小平多次指出,改革开放中许多东西都是群众在实践中提出来的,我们的功劳是把这些新事物概括起来,加以提倡。江泽民也多次强调,好办法不是从天上掉下来的,也不是我们头脑里固有的,归根到底来自于人民群众的实践。

全面建成小康社会,实现美丽中国梦,是全国各族人民创造美好幸福生活的共同事业。在这一伟大历史进程中,中国共产党牢固树立人民群众是历史的创造者的观点,坚定地相信群众,紧紧地依靠群众,尊重人民群众的主体创造地位和首创精神,热情支持、鼓励、保护、引导人民群众的伟大创造,最大限度地调动人民群众的积极性、主动性、创造性,并在此基础上深刻总结人民群众丰富的实践经验,从中凝聚力量、汲取智慧,不断推进中国化马克思主义创新发展。

第五章 马克思主义哲学中国化与当代中国的发展

2012年11月8日,中国共产党第十八次全国代表大会在北京召开。中国共产党第十八次全国代表大会(以下简称十八大)是一次全面深化中国特色社会主义理论的大会。在这次大会上,胡锦涛同志做了题为《坚定不移沿着中国特色社会主义道路前进为全面建成小康社会而奋斗》的十八大报告,这份报告包含了中国共产党最新的马克思主义哲学中国化理论,指导中国社会主义建设向全面建成小康社会的奋斗目标前进。十八大将马克思主义哲学中国化推上了新的发展阶段。

第一节 坚持中国特色社会主义道路

中国特色社会主义是近代以来中国人民为争取民族独立、人民解放和实现国家富强、人民共同富裕伟大事业对原有成就的继承和发展。中国特色社会主义是当代中国的主题。在当代中国,只有高举中国特色社会主义的伟大旗帜,坚定不移地走中国特色社会主义道路,才能完成当代中国的历史人物,实现中华民族的伟大复兴。

一、中国特色社会主义道路是马克思主义哲学中国化的道路

中国共产党第十七次全国代表大会报告指出:"新时期最突出的标志是与时俱进。我们党坚持马克思主义的思想路线,不断探索和回答什么是社会主义、怎样建设社会主义,建设什么样的党、怎样建设党,实现什么样的发展、怎样发展等重大理论和实际问题,不断推进马克思主义中国化,坚持并丰富党的基本理论、基本路线、基本纲领、基本经验。社会主义和马克思主义在中国大地上焕发出勃勃生机,给人民带来更多福祉,使中华民族大踏步赶上时代前进潮流、迎来伟大复兴的光明前景。"[①]不断推进马克思主义哲学中国化正是中国特色社会主义道路的基本特点之一,而推进马克思主义哲学中国化的关键之一就是紧密结合中国的实际。

紧密结合中国实际就是要紧密结合改革开放的实际。改革开放把许多

---

① 中国共产党第十七次全国代表大会文件选编.北京:人民出版社,2007,第9页

前所未有的崭新课题推到中国共产党人面前,迫切需要立足国情作出马克思主义的创造性回答。中国共产党适应这种要求,勇于回答改革开放所提出了一系列新课题,不断把当代中国马克思主义发展到新的境界。

改革开放破除了过去对社会主义的教条主义的理解,破除了极"左"化的社会主义观念,冲破了封闭保守的观念束缚;打开了国门,使中国人民接触到了更多更新的思想文化观念。但是,随之而来的就是一个重大的基本问题摆在了中国共产党和中国人民面前:既然我们过去的社会主义观念、建设社会主义的方式有问题,那么,什么是社会主义、怎样建设社会主义就是一个必须回答的重大的新课题。邓小平不仅提出了这个重大问题,而且科学回答了这个问题。对社会主义本质做了科学的与时俱进的回答,他明确提出,"社会主义的本质,是解放生产力,发展生产力,消灭剥削,消除两极分化,最终达到共同富裕。"[①]明确提出,我们必须走自己的路,建设有中国特色的社会主义,必须坚持以经济建设为中心,坚持改革开放,坚持四项基本原则。通过回答"什么是社会主义、怎样建设社会主义",形成了邓小平理论,实现了马克思主义中国化的第二次历史性飞跃。

进入 20 世纪 90 年代,世情、国情、党情发生了重大变化。社会主义市场经济蓬勃发展,现代化建设第二步战略目标成功实现,人民生活总体上达到小康水平,改革开放进入到攻坚阶段。在国际上,经济全球化飞速发展,政治多极化在曲折中发展,科技进步日新月异,各种文化思潮相互激荡。特别是党所处的地位和环境、党所肩负的历史任务、党的自身状况,都发生了新的重大变化。中国共产党已经从领导人民为夺取全国政权而奋斗的党,成为领导人民掌握全国政权并长期执政的党;从受到外部封锁和实行计划经济条件下领导国家建设的党,成为对外开放和发展社会主义市场经济条件下领导国家建设的党。党的队伍不断壮大,阶级基础不断增强,群众基础不断扩大。进一步提高党的领导水平和执政水平、提高拒腐防变和抵御风险的能力,作为党必须解决好的两大历史性课题越来越突出。在此情况下,如何在世界形势深刻变化的历史进程中始终走在时代前列,在应对国内外各种风险考验的历史进程中始终成为全国人民的主心骨,在建设中国特色社会主义的历史进程中始终成为坚强的领导核心,是党的建设所面临的至关重要的新问题。也就是说,"建设一个什么样的党、怎样建设党"的问题,成为一个根本的需要创造性回答的问题。以江泽民为核心的第三代领导集体勇敢面对各种挑战,集中全党智慧,提出了"三个代表"重要思想。

进入新世纪,改革开放事业不断深入,中国的经济社会发展到了关键时

---

① 邓小平文选(第 3 卷).北京:人民出版社,1993,第 373 页

期,以胡锦涛为核心的党中央抓住新的时代课题,科学回答了"实现什么样的发展、怎样发展"的重大问题,提出了科学发展观的重大战略思想,对什么是发展,为什么发展,怎样发展,发展为了谁,发展依靠谁,发展成果由谁享有等重大问题进行了富有创造性的探索,取得了丰硕理论成果,把当代中国马克思主义哲学发展到了一个新的境界。

二、中国特色社会主义道路是当代中国发展的根本方向

党的十八大报告指出:"中国特色社会主义是当代中国发展进步的根本方向,只有中国特色社会主义才能发展中国。"[①]这一重要论断深刻揭示了当代中国走向光明未来的正确道路,深刻揭示了实现民族复兴、国家富强、社会和谐、人民幸福的根本途径,对于我们党带领人民在新的征程上继往开来、开拓奋进具有十分重大的意义。

实践证明,中国特色社会主义道路是中国人民走向自主富强道路的必然选择。这一道路凝聚着几代中国共产党人和无数仁人志士的心血。90多年来,党坚持独立自主地进行革命建设,历经千辛万苦和无数探索,创立了毛泽东思想和中国特色社会主义理论体系,从根本上改变了中国人民和中华民族的前途命运。多年来,我们党经历了无数次的挑战和困难,国际上苏联解体东欧剧变社会主义阵营陷入空前危机,国际金融危机、欧洲债务危机给我国的经济环境带来严重的负面影响;在国内一系列重大自然灾害也给社会主义事业带来严峻的挑战。然而我们党在正确思想的指导下,沿着中国特色社会主义道路,排除所有困难和挑战不断向中华民族伟大复兴的梦想前进。这些实践都深层次地证明了中国特色的社会主义道路是中国人民的必然选择,是胜利实现中华民族伟大复兴梦想的必然选择。

中国特色社会主义之所以是中国人民的必然选择,是因为中国特色社会主义道路一方面坚持了科学社会主义道路,另一方面结合了我国当代实际特征的鲜明特色。中国特色社会主义道路是马克思主义与我国实际相结合的产物,从理论上回答了建设什么样的社会主义、怎样建设社会主义的重要问题。中国特色社会主义道路是坚持历史唯物主义和辩证唯物主义的产物,指向的是实现共产主义这一最高理想,是与最广大人民根本利益相结合的重要理论,是我国社会发展应坚持的根本方向。

---

① 认真学习党的十八大精神人民日报重要报道汇编.北京:人民日报出版社,2012,第14页

三、中国特色社会主义道路的总依据、总布局和总任务

党的十八大报告指出:"建设中国特色社会主义,总依据是社会主义初级阶段,总布局是五位一体,总任务是实现社会主义现代化和中华民族伟大复兴。"[①]这一重要论断是我们党不断深化对中国特色社会主义规律认识的新成果,对于我们坚持一切从实际出发,立足基本国情,夺取中国特色社会主义新胜利,具有重要意义。

认清阶段是发展的首要问题。当代中国的发展仍处于社会主义初级阶段:社会主义各项事业发展依然不平衡,人均国民生产总值仍旧很低,人力资源丰富但人口素质依然不高,工业化、城镇化、农业现代化水平依然很低,民生问题还比较多。这些都说明,我国仍处于并将长期处于社会主义初级阶段。因此,我国发展仍然要牢牢把握这一最大实际,以社会主义初级阶段作为发展的总依据。

中国特色社会主义事业的总布局,是在当代贯彻和落实科学发展观,全面提高人民生活质量的重要要求。党的十八大提出社会主义事业建设应包含经济建设、政治建设、文化建设、社会建设和生态文明建设这五个内容,一方面是我国社会主义建设事业认识的不断发展;另一方面则是认识到中国的发展不能重走发达国家的老路,既要注重社会发展,又要注重生态环境保护。

中国特色社会主义事业的总任务是全面建成小康社会、完成社会主义现代化、实现中华民族的伟大复兴。这一总任务关系到中国人民能否走向文明富强道路,关系到中华民族能否屹立于世界民族之林不动摇。在任何时候,我们都要以总任务激励全党同志努力奋斗,百折不挠地建设中国社会主义事业。

四、走中国特色社会主义道路应坚持的基本内容

(一)必须坚持人民主体地位

党的十八大报告提出:"必须坚持人民主体地位。"[②]开创中国特色社会主义事业,必须坚持人民的主体地位。马克思历史唯物主义认为,人民是历史的创造者。只有坚持人民的主体地位,中国特色社会主义事业才能不断

---

① 认真学习党的十八大精神人民日报重要报道汇编.北京:人民日报出版社,2012,第14页

② 认真学习党的十八大精神人民日报重要报道汇编.北京:人民日报出版社,2012,第14页

走向胜利。中国特色社会主义事业是人民自己的事业,党和国家的全部工作都要围绕着人民的主体地位展开。因此,党和政府要不断激发人民群众在社会主义事业建设过程中的积极性和创造性,充分尊重人民的首创精神。

(二)必须坚持解放和发展社会生产力

党的十八大报告指出:"必须坚持解放和发展社会生产力。"[①]解放和发展社会生产力是中国特色社会主义事业发展的根本动力,是全面建成小康社会的重要构成因素。生产力的发展是人类社会消灭阶级、消灭对立,实现人的全面发展的根本因素。中国特色社会主义事业的发展和完善都离不开生产力的大发展。实践证明,生产力的发展是解决中国现实问题的关键。全党同志必须牢牢抓住经济建设这个中心,坚持聚精会神搞建设、一心一意谋发展,不能有丝毫动摇。

(三)必须坚持推进改革开放

党的十八大报告提出:"必须坚持推进改革开放。"[②]三十多年的实践经验证明,改革开放是坚持和发展中国特色社会主义的必由之路,因此社会主义社会应不断改革。革命导师恩格斯也说过,社会主义社会"不是一种一成不变的东西,而应当和任何其他社会制度一样,把它看成是经常变化和改革的社会"[③]。当前我国社会主义事业之中的突出问题,大多是体制问题,而解决这些问题必须进行体制改革。建设中国特色的社会主义事业还应顺应时代发展的要求,借鉴世界各国发展的先进经验,在坚持基本原则的情况下,积极改革自身不利条件,利用国际国内两个市场实现社会主义事业建设的顺利发展。

(四)必须坚持维护社会公平正义

党的十八大报告提出:"必须坚持维护社会公平正义。"[④]实现社会公平正义是中国特色社会主义的内在要求。党领导全国人民推翻封建主义、帝国主义和官僚资本主义三座大山对人民的压迫,就是要建立一个公平正义,人人当家做主的社会。随着当代社会问题的日益突出,人民群众对党和政府维护社会公平正义的要求越来越高。在今后的一段时间,我们要建立以

---

① 认真学习党的十八大精神人民日报重要报道汇编.北京:人民日报出版社,2012,第15页

② 认真学习党的十八大精神人民日报重要报道汇编.北京:人民日报出版社,2012,第15页

③ 马克思恩格斯文集(第10卷).北京:人民出版社,2009,第588页

④ 认真学习党的十八大精神人民日报重要报道汇编.北京:人民日报出版社,2012,第15页

权利公平、机会公平、规则公平为主要内容的社会保障体系,实现人们平等的生存和发展权利。公平正义是要我们长期坚持的,分阶段实现的历史范畴,必须以现阶段的生产力发展作为公平实现的物质基础。马克思恩格斯曾经指出,"权利决不能超出社会的经济结构以及由经济结构制约的社会的文化发展"①。因此,社会基本公平需要在我国现有的物质条件基础上逐渐实现。

(五)必须坚持走共同富裕道路

党的十八大报告提出:"必须坚持走共同富裕道路。"②共同富裕是社会主义社会的基本特征。实现全体人民物质上共同富足、精神上共同富有,这是中国特色社会主义的根本原则。共同富裕是党一直坚持的社会发展重要原则。"共同致富,我们从改革一开始就讲,将来总有一天要成为中心课题。社会主义不是少数人富起来、大多数人穷,不是那个样子。"③牢牢把握这一基本要求,对于逐步解决城乡区域发展差距和居民收入分配差距较大的问题,充分发挥中国特色社会主义优越性,具有重大意义。

(六)必须坚持促进社会和谐

党的十八大报告提出:"必须坚持促进社会和谐。"④社会和谐是中国特色社会主义的本质属性。当前社会发展的现实经验表明,我国最广大人民的根本利益是一致的。因此,解决人民内部的矛盾要按照立足当前、着眼长远的要求解决社会各种类型的矛盾,促进社会和谐,实现人民安居乐业,国家长治久安。促进社会和谐要把民生问题放在突出位置,解决人民群众最关心的问题,实现学有所教、劳有所得、病有所医、老有所养、住有所居,让人民群众过上更好的生活。

(七)必须坚持和平发展

党的十八大报告提出:"必须坚持和平发展。"⑤和平与发展是当今世界的两大主题。实现和平发展是中国特色社会主义事业建设的必然选择。社会主义事业建设需要依靠发展社会生产力,改革社会各项基本制度,而不是

---

① 马克思恩格斯选集(第3卷).北京:人民出版社,1995,第305页
② 认真学习党的十八大精神人民日报重要报道汇编.北京:人民日报出版社,2012,第16页
③ 邓小平文选(第3卷).北京:人民出版社,1995,第364页
④ 认真学习党的十八大精神人民日报重要报道汇编.北京:人民日报出版社,2012,第16页
⑤ 认真学习党的十八大精神人民日报重要报道汇编.北京:人民日报出版社,2012,第16页

依靠对外扩张,通过针对他国的侵略实现。恩格斯曾经说过,"一个民族当它还在压迫其他民族的时候,是不可能获得自由的。"①中国特色的社会主义是在资本主义世界的包围中慢慢成长的,因此我们必须要依靠自己的力量实现自身的不断发展。走和平发展的道路要求我们坚持对外开放,坚持走合作共赢的发展道路,认真学习和借鉴一切有利于社会主义成长的国外经验。

(八)必须坚持党的领导

党的十八大报告指出:"必须坚持党的领导。"②中国共产党是领导中国特色社会主义事业向前发展的坚强核心。中国共产党的领导地位是经过艰苦卓绝的努力确立的,是历史的选择,是人民的选择。中国共产党的领导作用是不断解决中国现实问题,实现中国向前发展的政治保证。坚持党的领导地位就必须坚持立党为公、执政为民。中国共产党是中国人民的先锋队,坚持人民的主体地位,始终把实现好、维护好、发展好最广大人民根本利益看做党的工作的根本出发点和落脚点。

第二节 建设和谐文化

马克思主义哲学中国化不仅仅是马克思主义基本原理与中国实际相结合,也是或者说首先是两种文化的结合。文化发展的历史证明,只有文化精神相通的文化之间才有对接和融合的可能。马克思主义与中国传统文化在历史背景、基本概念和命题等方面都不完全相同,但在文化精神上即在和谐价值的追求上是相通的。这正是马克思主义在传入中国后能够迅速地被中国人民接受,并与中国传统文化相互融合的重要原因。探索马克思主义与中国传统文化的文化精神,寻找它们在文化精神上的相通点,是马克思主义哲学中国化研究的重要任务,也是中国特色社会主义文化建设必须面对的课题。

一、马克思主义的和谐思想

(一)唯物辩证法中的和谐内蕴

马克思主义唯物辩证法作为马克思主义哲学的本体论,揭示了世界万

---

① 马克思恩格斯选集(第1卷).北京:人民出版社,1995,第309页
② 认真学习党的十八大精神人民日报重要报道汇编.北京:人民日报出版社,2012,第16页

物运动、变化和发展的本质规律。列宁指出:"统一物之分为两个部分以及对它的矛盾着的部分的认识,是辩证法的实质(是辩证法的'本质'之一,是它的基本的特点或特征之一,甚至可以说是它的基本的特点或特征)。"[①]作为辩证法之实质的矛盾法则,其基本含义是:在统一体内部包含的"正相反对"两个部分或两方面既相互对立、相互冲突、相互斗争,又相互依存、相互渗透、相互转化。矛盾这两个方面的属性就是矛盾的斗争性和矛盾的同一性。矛盾的这两个方面及其统一都内在地包含着和谐的思想。

其一,矛盾的同一性与和谐的和调性在本质上是一致的。"和"、"和合"、"和谐"在哲学上就是指多样性的统一或"对立面的统一",它与"矛盾"是意义相近的概念。因此,事物作为和谐体,同样也存在着对立性与和调性的关系,而和调性和矛盾的同一性在本质内涵上并无差别。

其二,矛盾的斗争性与和谐的和调性也不是绝对对立的。矛盾的斗争性是存在于和谐统一体内部的斗争,而且斗争的目的是为了消除矛盾,在新的基础上达到新的更高层次的和谐。

其三,矛盾的同一性与斗争性的辩证关系也与和谐的和调性存在着本质上的关联。根据唯物辩证法的原理,矛盾的斗争性存在于同一性之中,同一性之中包含着斗争性;斗争性离不开同一性,同一性离不开斗争性;同一性与斗争性作为矛盾的两重属性,处在不可分割的有机统一之中。

总之,从和谐和统一的观点看,无论是矛盾的同一性还是矛盾的斗争性都包含着和合、和调与和谐的内蕴。无疑,矛盾的同一性内含了对立面的相容、相通、协同、协调、有序、互补、融合等属性,因而它能与事物保持在一个统一体中,并使之得到正常的发展。同样,矛盾的斗争性也内在地包含和调、协和、融通等属性,它不仅为和谐发展化解矛盾、创造条件,而且把和谐作为自己的最终的价值目标。从矛盾的同一性与斗争性的关系看,在其地位上,矛盾的同一性和斗争性对于事物的存在和发展具有同等重要的作用。

(二)人与自然的和谐

人是自然界的产物,他源于自然,与自然存在着内在的血缘关系。人存在于大自然之中,永远依存于大自然,脱离自然的人类和人类社会是不可想象的。因此,对于任何一个社会来说,它首先要解决的就是人与自然之间的和谐关系。这是人类社会赖以存在和发展的先决条件和首要前提。马克思、恩格斯对于人与自然的和谐关系作过深入的探讨,在这方面,他们虽然没有给我们留下鸿篇巨制,但是他们所留下来的关于人与自然关系的论述

---

① 列宁选集(第2卷).北京:人民出版社,1995,第556页

至今仍然给我们诸多启示。在人与自然的关系上,恩格斯在《自然辩证法》中进行过专门的探讨。他说:"我们不要过分陶醉于我们人类对自然界的胜利。对于每一次这样的胜利,自然界都对我们进行报复。"[①]恩格斯的这段话,包含了十分深刻而丰富的内涵,揭示了人与自然和谐关系的本质规律。首先,人在改造自然界的过程中,存在着对象化和异化的矛盾关系。人类每时每刻都要与自然界打交道,并在改造自然界的过程中获取生活资料。人类进行物质生产活动的过程,同时也就是人的劳动本质的对象化过程。人把自己的劳动本质通过具体的实践活动物化在一定的劳动产品中,这就是人的本质的对象过程。伴随着这种劳动活动的对象化,也必然发生自然界对人类的反作用。这种反作用超过一定的限度,以至造成了自然界本身平衡的破坏,或人与自然和谐关系的破坏,就会产生异化。其次,人类在改造自然的时候必须服从自然。再次,在人与自然的关系中,人既是主体又是客体。自然界不会自动满足人;人只能通过改造自然才能从自然中获取物质财富。在改造的活动中,人是能动的、积极的和创造性的主体,而自然则是受动的客体。但是,人对于自然的改造又不是随心所欲的,必须服从和遵循自然本身的客观规律。人源于自然并服从于自然,从这个意义上讲,人相对于自然界来说又是客体。

关于人与自然的和谐,马克思在《1844年经济学哲学手稿》等早期著作中,从哲学的本体论高度作了概括的论述。他指出,在资本主义的异化状态下,不仅人与人的产品、劳动活动、类生活以及人与人之间发生了异化,而且人与自然也发生了异化。他甚至认为,在资本主义制度下,人类能够感受音乐的耳朵和感受颜色的眼睛都被物化了,因此,在资本主义那里,人道主义和自然主义是相分离的。而共产主义就是要通过人而为了人对这种异化进行扬弃,从而达到人道主义和自然主义的和解,乃至使人的感觉器官得到解放。

(三)异化的扬弃与社会的和谐

马克思《1844年经济学哲学手稿》(以下简称《手稿》)在批判资产阶级国民经济学的过程中,系统地论证了劳动异化的思想,并在此基础上提出了通过扬弃异化达到人与自然、人与社会、人与人以及人与自身和谐的共产主义思想。"异化"在《手稿》中具有特定的含义,它是指在资本主义私有制条件下,人与自己的劳动对象、劳动活动以及与他人和社会都处在相互离异和敌对的关系中。

[①] 马克思恩格斯选集(第4卷).北京:人民出版社,1995,第383页

马克思认为异化劳动产生的深刻的社会根源是：工人同他的劳动对象和劳动活动发生异化的敌对关系，之所以发生这种关系，是因为在他之外站着另一个异化的、敌对的、强有力的人成为这一对象和这种活动的主人，这个人就是资产阶级。工人的劳动活动，不仅生产出异己的对象和异己的本质，而且生产出一个跟劳动格格不入的、站在劳动之外的非工人阶级以及这个阶级同工人的关系。因此，资本主义社会的异化劳动是以私有制为基础的，以劳动和资本分离为特征的资本主义私有制是有产阶级和无产阶级对立的现实基础，是异化劳动存在的经济根源。马克思认为私有制是造成异化劳动的直接的现实原因，但不是最终根源，异化劳动作为一种劳动方式与人的本质力量的发展程度相联系，它们才是私有制产生的最终根源。正是在批判异化劳动的基础上，马克思初次发挥了他的共产主义思想。在马克思之前，粗陋的平均主义的共产主义主张均分私有财产，消灭一切差别包括才能和个性差别，以此扬弃异化。他把扬弃异化的思想建立在私有制发展的必然规律之上。在扬弃异化的手段上，马克思主张以消灭私有制为前提，并且必须通过工人解放这种政治形式的革命来加以实现。马克思设想，在共产主义条件下，人才能真正占有自己的本质，由于它保存了以往发展的全部财富，这种对人的本质的重新占有就是完全的、自觉的、积极的和进步的，而且它真正使人与自然以及人与人之间的矛盾获得了真正解决，使社会达到了高度的和谐。由此可以看出，在马克思恩格斯关于共产主义的思想中，和谐既是人类为之奋斗的一个重要的价值目标，也是评判人类解放程度的一个重要的价值标准，它构成未来社会主义社会和共产主义社会的重要本质特征。

二、中国传统文化中的和谐思想

（一）儒家的和谐文化思想

1. 以"礼"为制度的社会和谐文化

春秋战国时期被称为中国思想的"元典时代"，对后世产生重大影响的思想经典都出自于这一时期，特别是以孔子为代表的儒家思想。

"礼"在儒家思想，尤其是在孔子的思想中占有十分重要的地位。孔子所推崇和憧憬的周代社会，被描绘为一个尊卑有别、长幼有序、各安其分、彬彬有礼的和谐社会。而春秋乱世的特点就是"不和"，其根源，在于"礼崩乐坏"。当然，更深的原因则在于人（特别是当权者）的私欲和不仁。所以孔子要"克己复礼"，要仿效周代建立一个礼让有序的和谐社会。

礼的外在的表现就是仪式，就是制度。作为仪式和制度，礼的意义在于"别"，即把不同的人和群体，通过礼的形式相互区别开来。比如什么样的人、什么角色和身份,是通过穿什么衣服、戴什么帽子、如何行动来表示的。礼的内在的实质,就是一种"君君臣臣、父父子子"的封建等级秩序,是通过外在的仪式和制度来实现这种等级秩序的。因此孔子说:"礼云礼云,玉帛云乎哉?"①而礼的最终目的,则是实现社会的有序和谐。孔子的学生有若说:"礼之用,和为贵。先王之道斯为美。小大由之。有所不行,知和而和,不以礼节之,亦不可行也。"②在儒家看来,社会不可能是没有区别的一团和气。孔子说:"君子和而不同,小人同而不和。"③社会不能靠取消差别来实现和谐。

2. 以"仁"为核心的道德和谐文化

人是有区别的,这种区别又不是一种基于平等基础上的区别,而是有社会规定的高低贵贱、尊卑富贫的等级基础上区别,要想使低贱者安、卑贫者乐,孔子提出了"仁"。仁就是有爱人之心、爱人之举,"仁者爱人"。当然,这种"爱"不是基督教所宣扬的"博爱",而是有差等的、有区别的"仁爱",即所谓"爱有差等"。这种有差别的爱表现在语言上,就是君明臣忠、父慈子孝、兄友弟恭、夫敬妻贤,等等。其基本价值理念就是:一方面,处于上的君、长者、尊者对处于下的臣民、少者、卑者要体恤,要给予他们最基本的生存条件,不能一味夺取,把他们"逼上梁山"。孟子的"使民以时"、"节用而爱人"的"民本"或"人本"思想,其含义正在于此。

3. 以"修身"为要务的精神和谐文化

儒家认为,一个社会混乱无序、民不聊生,不管是外在的礼崩乐坏也好,或是内在的仁道不行也好,其最根本原因是人(特别是在上者、治人者)的私欲膨胀,得不到节制的缘故。为了解决这一根本问题,孔子提出了"克己"的要求。对于人的本性的认识,孔子后的儒家主要分为两派,即性善论与性恶论。性善论以孟子为代表,后成为儒家思想的主流;性恶论以荀子为代表,后来成为法家思想的主流。性善论认为人性本善,只是由于受到社会的影响而改变。因此要通过加强自身的修养来消除社会的不良影响,从而达到至善的境界。在至善的境界中,人的内心、精神和谐了,家庭和谐了,社会上人与人和谐了,整个社会也就和谐了。这就是中国传统的"修身、齐家、治国、平天下"的圣人之道。

修身的关键是"克己",也就是说做人要节制自己的欲望情感。节制欲望情感并非禁灭欲望情感,而是把欲望情感控制在合理的范围之内。"喜怒

---

① 论语·阳货
② 论语·学而
③ 论语·子路

哀乐之未发,谓之中,发而皆中节,谓之和。中也者,天下之大本也;和也者,天下之达道也。致中和,天地位焉,万物育焉。"①"富与贵,是人之所欲也。"②"富而可求,虽执鞭之士,吾亦为之。"③儒家学说是入世的、积极的、现实的学说,就在于儒家学说正视现实的合理的人的需求和欲望,只不过要通过道德的修养来规范这些需求和欲望。在孔子那里,天理(其实是社会的普遍要求)和人欲是可以统一、应该统一的。即所谓"从心所欲,不逾矩"。不过到了程朱理学却把这二者对立起来,演变成"存天理,灭人欲",走入了死胡同。但总的说来,孔孟思想中以"克己修身"为要务的道德方法,是为了达至人的精神和谐,从而在根本上保证社会的和谐。

(二)道家的和谐文化思想

在中国传统的和谐文化思想中,道家追求的是人与自然的和谐、人类万物的和谐,是"天人合一"。道家思想和儒家思想一起成为影响中国传统文化形成的最主要的思想资源。而道家思想和儒家思想被后人不断地结合和实践,构成了整个中国传统文化发展的精髓和脉络。

1. 绝圣去智,回归人性和谐

在面对分崩离析、纷争不断、生灵涂炭的社会现实时,以老子、庄子为代表的道家认为,其根源在于人类的知识化、智力化、文化化。在所谓圣人的教导下,人变得聪明了,于是就有了更多的欲望野心、更多的阴谋诡计。因此,要平息社会的纷争,恢复社会的平静和谐,只有把这些后天的社会化的因素去掉,回到人类初期的混沌状态,回到人的自然本性。老子说:"挫其锐,解其纷,和其光,同其尘。"④庄子说:"夫赫胥氏之时,民居不知所为,行不知所之。含哺而熙,鼓腹而游,民能以此矣。及至圣人,屈折礼乐,以匡天下之形;悬跂仁义,以慰天下之心。而民乃始踶跂好知,争归于利,不可止也。此亦圣人之过也。"⑤"故绝圣去智,大盗乃止。擿玉毁珠,小盗不起。焚符破玺,而民朴鄙。掊斗折衡,而民不争。殚残天下之圣法,而民始可与论议。擢乱六律,铄绝竽瑟,塞瞽旷之耳,而天下始人含其聪矣。灭文章,散五采,胶离朱之目,天下始人含其明矣。毁绝钩绳而弃规矩,攦工倕之指,而天下始人有其巧矣。"⑥

---

① 中庸
② 论语·里仁
③ 论语·述而
④ 老子
⑤ 庄子·马蹄
⑥ 庄子·胠箧

2. 封闭自洽，回归社会和谐

老子看到天下纷争常常是在一个大的社会环境中所发生的，如国与国之间，诸侯与诸侯之间，甚至是村社与村社之间，因此，道家所向往的另一理想的和谐社会是封闭自给的小型社会。"小国寡民""鸡犬之声相闻，民老死不相往来"。① 给人们描绘了一个人与人之间"无欲"、"无为"、"无争"，彼此和谐相处、宽大为怀，人人"甘其食、美其服、安其居、乐其俗"的理想社会。

3. 天人合一，回归自然和谐

老子提出："人法地，地法天，天法道，道法自然。"② 道家认为，人主要要和自然界达成和谐一致，即"天地与我并生，而万物与我为一"③ 的境界。"故至德之世，其行填填，其视颠颠。当是时也，山无蹊隧，泽无舟梁，万物群生，连属其乡。禽兽成群，草木遂长。是故禽兽可系羁而游，乌鹊之巢可攀援而窥。夫至德之世，同与禽兽居，族与万物并，恶乎知君子小人哉。"④ 老庄所憧憬的和谐社会，是人类与自然的完全融洽，是整个宇宙的和谐。以此为基点，道家特别注重个人心身或者是形神之间的关系，并希望通过领悟体验的方式找到人和自然最为契合和适应的境界。

(三) 墨家的和谐文化思想

墨家主张"兼爱"，并以"非攻"为途径，试图建立一个平等和谐的理想社会。墨家学说的创始人墨翟认为，当时的"大害"是国与国之间的战争、人与人之间的争夺。其之所以如此，他认为是由于人之不相爱。他主张国与国之间、人与人之间，都应该"兼相爱，交相利"。并且，墨子把"兼爱"的理想落实到了一些具体的事物上，他号召人们具体地实行相互帮助，"有力者疾以助人，有财者勉以分人，有道者劝以教人"⑤。在互相帮助之下，"老而无妻子者，有所侍养，以终其寿；幼弱孤童之无父母者，有所放依，以长其身"⑥。相对于儒家学说，墨子的思想更多的是站在下层人民的角度考虑，他所希望建立的和谐社会也是完全平等的社会。

另外，法家思想繁盛于儒家之后，在秦国大一统和设立国家法度方面起过重要的作用。法家也希望通过严格的立法和制度来确保社会的秩序，以达到平衡安定的目的。

---

① 老子
② 老子
③ 庄子·齐物论
④ 庄子·马蹄
⑤ 墨子·尚贤下
⑥ 墨子·兼爱下

在中国传统的和谐文化思想中,既有糟粕的或消极的一面,也不乏积极的和有启示意义的一面,值得我们今天构建和谐文化时认真汲取。

(四)我国少数民族的和谐文化思想

我国少数民族众多,在长期的历史发展中创造了丰富多彩的民族文化。和谐文化的思想不仅在以儒家、道家等为代表的中国传统主流文化中贯穿始终,在中国少数民族文化中和谐的思想也处处可见。由于少数民族所生活的地理和历史环境都较为复杂,他们的社会发展程度也不一致,有的少数民族仍保持着原始的生产生活方式,有的已经有了完善的封建制度。在那些已经进入封建社会的少数民族中,大多形成了较为严格的社会法则,甚至地方性、民族性的法规,在这些法规中,也突出了少数民族历史发展中希望构建的和谐社会的种种思想。和谐思想在少数民族的生产生活和社会理想中处处交融,概括起来,主要体现在以下几个方面。

1. 与自然长期共存的和谐思想

我国大部分的少数民族世代的生产生活都与他们所居住的自然环境有着密切的关系。少数民族依赖自然环境而生存发展,形成了他们重视自然,认为自然与人类同根的意识。苗族古歌《枫木歌·十二个蛋》中,提出了人、神、兽共祖的说法。古歌已经把自然界当成一个物质的、相互联系、不断变化的整体来看待,这个整体有它自身发生、发展、演化的客观过程。[①] 而众多的少数民族,都有着对山、水、林、树以及动物等的原始崇拜,如彝族在这些自然崇拜和图腾崇拜中,所体现出来的是他们对未知自然界的探索和畏惧,也是他们与自然界关系更为密切、更为和谐的一种体现。布依族的《护林碑》把保护山林、环境作为一种社会规范加以确立。兴义顶效地方的《护林碑》中体现了"天人合一"的思想,认为人的发育生长和大自然是协调一致的,同时,又体现了布依族爱护山林、水土的优秀传统。

人与自然和谐发展,也是当今和谐文化建设的焦点之一。人们在反省工业文明带来的环境危机对人类发展造成的威胁以及牵涉的伦理道德等问题时,大部分少数民族地区千百年来保存下来的优渥自然环境,和他们与自然环境之间那种天然和谐的生存状态,赢得了人们的关注。

2. 少数民族的伦理道德标准是和谐文化形成的重要基础

大部分的少数民族对于个人都有勤劳、节俭、不偷窃、不赌博等的道德要求。对个人道德修养的要求,也是维护社会秩序安定团结的基础。在此

[①] 萧万源,伍雄武等.中国少数民族哲学史.合肥:安徽人民出版社,1992,第377页

基础上,少数民族崇尚家庭伦理关系、集体利益,弘扬和讴歌集体主义精神。如壮族有著名的伦理长诗《传扬诗》,从"天下不公""富人""志气""养育""交友""睦邻""孝敬"等家庭、社会、道德等方面明确地提出了社会和谐的道德理想和道德规范。① 大部分少数民族都非常重视家庭的伦理关系。瑶族认为,家庭伦理关系是社会伦理关系的基础,只有在家庭孝顺父母,才能在外面尊敬他人。在家庭内部,最重要的是父母与子女之间的关系,主要是子女要孝顺父母,这是整个家庭关系的基点。瑶族还有专门的《孝歌》,"天大地大是父母为大",他们把家庭伦理关系的和谐作为整个社会和谐的重要基础。由于这些伦理道德标准的确立和人们自觉地去履行这些原则,因此大部分少数民族社会中大多保持着路不拾遗、和睦相处的和谐文化氛围。

3. 集体协作是和谐社会的共同行为取向

团结和集体协作在少数民族发展的过程中发挥着重要的作用。对团结互助精神的讴歌,体现在许多少数民族的追求中。如苗族古歌《开天辟地歌》在叙述人们铸造日月时说道:"你累我来接,我累你来敲。"你帮我,我帮你,靠团结互助精神,才完成了铸造日月的任务。

4. 对世界和谐的哲学认识

很多少数民族都有创世史诗或者歌谣、传说、神话等,在这些创世神话中,往往都认为天地和世界万物的形成是从一团混沌中被神人分离出来的。如苗族《古歌》这样描述:"天地刚生下,相叠在一起。筷子戳不进,水也不能流。……剖帕是好汉,打从东方来,举斧猛一砍,天地两分开。""把公和祥公,把婆和廖婆,他们巴掌大,他们臂力强,把天拍三拍,把地捏三捏,天才这样大,地才这样宽。"② 天地万物从混沌中形成,之后又各居其位,说明事物之间有着同祖同根的和谐关系。

在对世界的混沌和各种元素匹配或对的认识中,少数民族文化都体现出对社会安定有秩的追求。他们认识到只有在事物的辩证发展中,社会才能达到平衡有序。在少数民族的文化中,也体现着平衡、安定的思想。如纳西族《崇搬图》中记载:"世界之初,天地混沌相连接,男(神石)女(神石)会唱和。"纳西族的创世故事中,不仅说世界起源于混沌,也描述了阴阳元素在世界形成中的作用。很多少数民族也认为万物由阴阳二气或者五行等元素变化而来,《南诏德化碑》中说:"恭闻清浊初分,运阴阳而生万物,川岳既列,树

---

① 刘英等.中国哲学史史料学.北京:高等教育出版社,2002,第78页
② 中国北方少数民族哲学及社会思想史学会.中国少数民族哲学思想史论集.北京:中国社会科学出版社,1985

元首而定八方。"此外,在很多少数民族的思想中,"匹配或对"形成事物的观念也很普遍。纳西族的阴阳神唱和就体现了朴素的辩证思想。

可以说,在少数民族的历史发展和当下生活现实中,和谐的思想和追求一直贯穿其中。在和自然的抗争中,他们所体现出的不仅仅是征服,在充分把握和利用自然规律为自身造福的同时,也深刻地注意到人和自然之间和谐统一的关系,因此以崇拜、信仰的方式来规范人们的行为,形成了良好的人际关系;建立在个人道德修养和家庭、集体及部族伦理关系上的少数民族社会,其集体精神、道德原则得到了很好的实践。因此虽然完全和谐均衡的社会仍然是一种社会理想,但在很多少数民族社会中则体现了安定、团结,各种关系、利益基本均衡的和谐文化的主要内涵。还有值得提出的一点是,少数民族的和谐思想和他们的文化一样,是以非常质朴和形象的方式表现出来的,并且在他们世代的生产生活、人际关系、社会关系的构建中被自觉地传承和发展着,是一种相当自然的生存方式和状态。

三、和谐文化精神是马克思主义哲学中国化的纽带

实际上,不同文化之间的交流与融合,只有建立在对不同文化的文化精神的深入研讨和认知的基础上才能取得预期的效果。鸦片战争以后,不论是以"中体西用"为原则的洋务运动、维新变法还是孙中山先生的三民主义试验,都是东西文化融合的尝试。其失败的教训之一就在于对中西文化精神缺乏深入的检讨。而中国共产党人始终把马克思主义的研究与中国传统文化的研究结合在一起,并把这种研究始终作为重大理论任务与中国的实践相结合。因此,在马克思主义哲学中国化的进程中,和谐文化精神是贯穿始终的主要引线之一,是中国化马克思主义一脉相承的集中体现之一。马克思主义哲学中国化的深入推进同样离不开这种精神。

从毛泽东思想到邓小平理论到"三个代表"重要思想再到中共第十六次全国代表大会以来一系列重大成果,无不是在和谐文化精神主导下。马克思主义哲学中国化的伟大成果,无不是中国化马克思主义的和谐文化理论形态的典范。中国共产党成立之日就确立了共产主义这一伟大的理想目标。共产主义社会是一个高级形态的和谐社会,从而决定了中国共产党的一切决策、一切行动——包括斗争与革命——都是服务于这一和谐社会发展目标的。党的十六大以后,党中央正式提出了建设社会主义和谐社会的任务,不仅彰显了中国共产党人对和谐的追求,而且进一步明确了中国共产党确立的当代中国社会发展的阶段性目标——社会主义和谐社会——的和谐本质。

四、当代马克思主义哲学中国化的创新——社会主义和谐文化

社会主义和谐文化观是以胡锦涛同志为核心的党中央继承和发展马克思主义文化观的创造性成果,也是马克思主义文化观的逻辑的历史的发展。

(一)社会主义和谐文化的基本内涵

党的十六大以来提出的社会主义和谐文化观有着丰富的内涵,我们把其中的核心观点概括为如下方面。

1. 社会主义和谐文化是一种承认矛盾与冲突的和谐思维

古今中外的哲学家们在阐释和谐、和谐文化与和谐社会的思想中,和谐就包含着矛盾与冲突的概念,在矛盾与差异中寻求和谐的理论。孔子说,君子和而不同,小人同而不和。这与古希腊哲学家毕达哥拉斯强调在差异中实现协调的和谐思想,与赫拉克利特强调在对立中实现和谐是一致的。

和谐文化认为世界万物都是一个独立的个体,事物之间存在这样那样的差异,完全相同的有生命的个体是没有的,所以,世界就是一个矛盾的世界。但是,矛盾并不代表战争,矛盾也不代表必然的冲突。万物同生而不害,万物并行而不悖,其实就说明了这个道理。所以,和谐文化不是否定矛盾与冲突,和谐文化的实质就是首先承认矛盾、差异与冲突存在的合理性,然后寻找协调矛盾、解决矛盾的方法。

比如,世界上的国家差别很大,矛盾很多,"和谐"相处能否实现?我们认为,和谐的思想同时也是和平的思想。和谐就是反对以战争手段来解决矛盾与冲突,因为战争本身就是一种不和谐的表现,是一种最糟糕的解决问题的形式。建立国际新秩序,就是在政治多极化、文化多元化与经济一体化之中建立和谐的外交关系。和谐的辩证法主张多元化和宽容,主张多样性的统一,主张和平与团结。观点的不一致是认识差异的表现,不同观点的交流有利于提高认识。相对于人类社会整体利益来说,暴力的破坏作用在客观上造成了重大的损失。和平与发展是国际社会的共同愿望,尽管现在的国际环境错综复杂,但我们应该共同努力去实现某种有机的和谐。中国政府结束了冷战思维,实行安邻、睦邻、富邻的和谐外交论,就在做这样的努力。我们相信,这种和谐的处理矛盾的方法必将受到国际社会的认同,其作用也将日益增强。

2. 社会主义和谐文化是一种主张对话与协调的和谐方法

有差异就有矛盾,就有斗争,这是事物的辩证法,是不可回避的事实。解决矛盾的方法无非是缩小差异,最后达到协调矛盾的结果。平等有序的和谐理念告诉我们,要缩小差异,缓和与解决矛盾,一定要采用对话与协调的方式来处理。不同利益主体之间的协调,对话是有效的手段。在我们社

会主义国家内部,对待差别既需要靠社会的分配和运行机制来解决,也需要靠思想观念和行为方式的交流沟通来协调。崇尚对话、重视沟通,并着力建设对话与协调机制,使不同利益群体的声音能得到充分表达,不同利益群体的意见能得到充分尊重,并尽力协调各方利益,把矛盾和冲突控制在一个合理的范围内,使之不影响整个社会的稳定和正常运行。对话的特点是善于倾听,就是通过倾听与表达,发出自己的声音,让对方听到;就是让不同的观点有公开表达的途径与平台,对话与交流是理解的开始,倾听与对照是理解的深化。没有通常的表达意见的机制与渠道,下情无法上达,同样上声无法下传,沟通的障碍是目前造成我们社会许多问题的根源。俗话说,愤而有泄,淤积成灾。公平、畅快、自由的对话与交流方式,历来是解决问题、化解矛盾的有效方法。

3. 社会主义和谐文化是一种面向世界和未来的先进文化

作为一种和谐文化,首先需要面向现代化,现代化作为一个世界性的历史过程,是指人类社会从工业革命以来所经历的一场急剧变革,这一变革以工业化为推动力,导致传统的农业社会向现代工业社会的全球性的大转变[①]。现代化是一个世界经济与社会发展的方向与过程,一个国家强大自立于民族之林的基础。一种先进的文化也只有通过自我不断的扬弃才能够获得它的新生,才可以保持其强大的生命力,才可以展现其自我的适应性。因此,鼓励和提倡和谐文化朝着现代化的方向发展和前进,不断适应现代化的步伐并与时俱进,进行自我改造和更新。同时,和谐文化还是面向世界的文化。面向未来,面向现代化在本质上就是面向世界。现代化就是西方国家最先开始的近代历史过程,也是其他国家正在进行的过程。现代化本身已经成为世界性的问题。当然,从文化社会学的观点看,中国文化如果不注重面向世界,那么它就只可能局限于与周围社区文化进行自发的交流,从而容易局促在一个小的范围之内,形成自我的小的中心,那它是被全球化的步伐牵引而走,根本没有大气感。所以,和谐文化是面向世界的文化,需要有世界的眼光。和谐文化虽然提出于中国,实践于国内,有着地域限制,然而,其目光应该放大、放宽,与世界相适应,与世界同步发展。

(二)社会主义和谐文化的作用

1. 有利于巩固社会和谐的思想基础

和谐社会是一个广博的综合概念。从静态的角度看,它体现了人类社

[①] 罗荣渠. 现代化新论——世界与中国的现代化进程. 北京:商务印书馆,2004,第17页

会的一种理想状态和发展目标;从动态的角度看,它是一个逐步推进,永无止境的历史过程。但无论是作为一种理想还是一种过程,它越能充分代表广大人民群众的根本利益,越能为绝大多数人所认同和接受,就越能成为人们共同奋斗的思想基础。和谐社会是一个依靠广大人民群众在中国共产党的领导下,树立共同的价值观,齐心协力的创建过程。而和谐文化正为广大人民群众树立正确的价值观,进一步创建和谐社会打下坚实的思想基础。社会主义和谐文化有利于化解社会矛盾,调节社会秩序,引领社会风尚,有利于营造和谐的社会氛围,增强意识形态的吸引力和凝聚力,实现自我身心和谐和人际关系的和谐。

2. 有助于坚持以人为本,促进人的全面发展

建设社会主义和谐文化,构建社会主义和谐社会,实现经济社会的科学发展,归根结底还是要体现在促进和实现人的全面发展上。人的全面发展,简言之,就是指人的本质力量的充分显现,人的自由个性的充分张扬,人的内在潜能的充分挖掘和人的综合素质的充分提高。但是这些都不是自然的存在,而是人们长期进行社会实践的产物。也就是说,每当人类在认识和改造主客观世界的活动中获取了一次胜利,人类自身也就朝着全面发展的方向前进了一步。而要想真正在认识和改造世界中取得彻底的胜利,就必须做到尊重客观规律性与发挥主观能动性相统一,实现经济社会的发展与人自身发展的相统一。因此,建设和谐文化就是要进一步培育和弘扬根植于中华民族的文化传统,成长于马克思主义理论的社会主义和谐精神,使其更加枝繁叶茂,并能够被广大人民群众所掌握,自觉运用到推动经济社会发展的伟大实践中,坚持以人为本,把人民群众的意愿、要求和利益作为发展社会主义经济、政治、文化和生态的出发点和归宿,使人民群众在经济社会的全面协调可持续发展中受益,在受益中提高,促进和实现人的全面发展,为构建和谐社会创造良好的人文环境和文化生态。

3. 有利于提升国家文化软实力

一个国家的综合国力,既包括由经济、科技、军事实力等表现出来的"硬实力",也包括以文化、意识形态吸引力体现出来的"软实力"。历史证明,能在国际上占据主导地位的国家,历来是两种实力兼备的国家。而在世界多极化和全球化的格局下,"软实力"在国际竞争中的作用愈来愈突出。改革开放以来,中国在发展"硬实力"的同时,"软实力"也日益成为国家发展战略的重要组成部分。胡锦涛同志提出的"科学发展观"、"构建社会主义和谐社会"、"和平发展"、"和谐世界"等重大理论创新,既凝聚了中国优秀传统文化的精髓,又汇聚了当代中国共产党人放眼未来的哲学思考,是"软实力"发展的典范,也将极大地提升中国的综合国力。

(三)社会主义和谐文化建设的原则

1. 以人为本和人的全面发展相统一的原则

文化建设在根本上是人的建设,关键是全面提高人的素质。科学发展观视野中的和谐文化建设,就是要在文化的价值层面贯彻"以人为本"的发展理念,把最广大人民群众的根本利益、人的全面发展作为文化发展的出发点和落脚点,在文化的技术层面坚持文化的包容性和开放性,保持和增强文化自身的创新能力,使我国的文化发展能够反映时代要求和推动社会全面进步,以促进人的全面发展。这就要求我们在文化建设中,要把服务于人民群众作为首要任务,切实保障人民群众的文化权益,千方百计地满足人民群众的精神文化需求。

2. 一元和多元相统一的原则

社会主义和谐文化必须正确处理一元与多元、一统与多样的文化关系,必须做到以一元为指导,多元归于一统,一统包含多元。在主导文化带动下,各种文化互相促进、共同繁荣。社会主义和谐文化是以马克思主义为统一的指导思想与主流意识形态,又贯彻百花齐放、百家争鸣的方针,把主导文化与多元文化结合起来。坚持以社会主义核心价值体系引领社会思潮,尊重差异,包容多样,最大限度地形成社会思想共识。正如马克思指出的:"统治阶级的思想在每一时代都是占统治地位的思想。这就是说,一个阶级是社会上占统治地位的物质力量,同时也是社会上占统治地位的精神力量。"[①]任何一个国家的统治阶级,为了巩固其政治统治,都要极力维护和发展其占统治地位的社会意识形态。

所谓多元乃是针对一元而言的,二者之间是相对性的关系。从文化哲学上看,任何形态的文化,尽管其内部存在不同文化要素和不同亚文化,外部也与其他形态的文化有着各种各样的联系,然而都是相对独立、完整的,有着与其他形态文化相区别的内在特征。这样,就其上位概念而言,它是整个文化大系统中的一个"元";就其同位概念而言,则是多元文化中的一元。如果就其内部来看,每一种形态的文化又是由若干亚文化依据一定的规则、特征、关系所构成的,因而严格说来,任何文化又都是多元的。

在构建社会主义和谐文化的过程中,从指导思想来看,和谐文化只能是一元的。因为社会的发展,使人们的思想观念、价值取向、生活方式日趋多样化,如果没有共同的理想信念和奋斗目标,没有思想上、文化上的和谐,就难以聚集各方力量。在今日中国,就文化领域而言,"主旋律"是正统意识形

---

① 马克思恩格斯选集(第1卷).北京:人民出版社,1995,第98页

态的文化表达形式。它以突出党的领导,弘扬革命传统,倡导社会主义精神文明为基本特征,而和谐文化又是多元的。这就要求我们在确立指导思想一元化地位的前提下,必须坚持为人民群众、为社会主义服务的宗旨和百花齐放、百家争鸣的方针,提倡宽容、尊重不同文化存在的价值,实现社会文化的多样性共存,兼容并包。

3. 继承与创新相统一的原则

马克思指出:"人们自己创造自己的历史,但他们并不是随心所欲地创造,并不是在他们自己选定的条件下创造,而是在直接碰到的、既定的、从过去继承下来的条件下创造。"[①]当代中国和谐文化建设不能脱离传统的根基,只有继承优秀文化传统,和谐文化才能保持中华民族的优秀精神品质。

中华民族的传统文化是个宝库,蕴藏着众多的精华,对中国人民和中国历史的发展起着重要作用,对此,一定要继承,不能丢掉。对传统文化的继承,必须有科学态度,要继承精华,去除糟粕,不能全盘照搬,既不能采取虚无主义,否定优秀传统文化,又不能实行复古主义,回到封建时代。

中华民族优秀文化传统是中华文化世代传承的结晶,是我们民族赖以生存和发展的根基和血脉。不断创新是这一传统得以延续和发展的关键因素。中华民族的优秀文化传统是一笔宝贵的精神财富,是当代中国和谐文化发展创新的坚实基础。在中华民族的精神宝库中,蕴含着丰富的和谐文化资源,我们要以科学和理性的态度加以梳理,深入挖掘。例如,构建和谐世界的主张是中华文化和平精神在当今时代的升华,它为构建和谐世界贡献了极其宝贵的精神资源。就实现当今世界不同国家、不同地区、不同民族、不同文化的和谐相处这一目标而言,"以和为贵"为其提供了积极的价值导向,"和而不同"可以作为其指导思想,"协和万邦"可以作为其共同理想。以"己所不欲,勿施于人"为原则,反省自身,化解国与国、民族与民族间的矛盾冲突;以"己欲立而立人,己欲达而达人"为原则,帮助不发达国家实现共同发展;以"与邻为善"、"以邻为伴"为原则,与周边国家和地区建立睦邻友好关系;以"仁民爱物"为原则,尊重各国人民的人权,不损害其他国家的尊严和利益。

4. 借鉴与批判并重的原则

推进社会主义和谐文化建设,需要以开放的心态和眼光,在世界层面广泛开展文化对话与交流,增强社会主义和谐文化建设的动力。积极开展文化交流,以吸收优秀的外来文化成果,是社会主义和谐文化发展的重要渠道。综观世界文化发展史不难看出,不同国家、不同民族的文化互相开放、

---

① 马克思恩格斯选集(第1卷).北京:人民出版社,1995,第603页

互相交流、互相吸收,同时又不断分化,这是各民族文化发展的一条规律。要正确对待外来文化,积极吸收人类所创造的一切优秀文化成果。

社会主义和谐文化在承认和尊重文化多样、差异的同时,还主张要正视文化的差异性。和谐文化的核心是"和",但"和"并不是没有矛盾和斗争,也不是排斥矛盾和斗争,而是既承认矛盾、冲突和差异,又解决矛盾、冲突,使诸多异质要素、各种不同文化对立统一,求同存异,形成总体的平衡、和谐。所以,和谐文化不但不主张抹杀文化之间的矛盾、冲突和差异,反而更加正视这些矛盾、冲突和差异,正是在处理矛盾、化解冲突和协调差异的过程中,体现了和谐文化精神的宝贵价值。但同时,和谐文化鼓励人们用适当的方式来解决矛盾、冲突和斗争。和谐文化在选择解决矛盾的方式方法时,不是要激化和扩大矛盾,而是尽最大努力弱化这些矛盾的强度,通过寻找和扩大共同点,取得有利于矛盾各方的最佳结果。

(四)以社会主义核心价值体系和核心价值观为根本,推进社会主义和谐文化建设

纵观人类发展史,任何一个时期的文化价值观都是多样的,我们必须尊重这种主体价值观的差异性,鼓励人的个体发展。在尊重、包容多样的前提下,应当积极培育壮大主导价值观,大力弘扬主旋律,努力在多元中立主导、在多样中谋共识。古今中外,所有国家都非常强调社会主导文化、主导价值的建设,以此来整合、规范、引领多元的社会文化、社会价值,确保社会的良性运行和政权巩固。因此,在构建社会主义和谐文化时要以社会主义核心价值体系和核心价值观为根本。

第一,把握指向,体现国情。在我国核心价值体系建设的指向上,首先要体现社会主义的本质要求,体现它的先进性。其次要体现人类社会的发展要求,体现它的时代性和发展性。再次要体现制度层面的约束性,既可作用于每个人,但又不是对每个人的具体要求。最后要充分体现它的民族性和可实践性。我们的核心价值观应由民众来参与提炼,而不应由政府来发文规定,应由民众在实践中来感悟,而不应只由几个学者来论证确定。

第二,妥善处理好几对关系,体现价值的普世性。一是要处理好国家、社会、个人的关系,既要尊重个人的价值诉求,又要强调个人服从国家的利益,遵守社会的共同规则和秩序,在服务社会中寻求个人价值诉求的实现。二是要处理好情、理、法的关系。尤其要防止法对社会道德的打击。三是要处理好传统与现代的关系。根植于传统又不囿于传统。四是整体性与层次性的关系。既要有统一的价值要求,又要根据不同层次、不同群体设计不同的价值要求,实现核心价值观与社会公德、职业道德、家庭美德、个人私德、官员官德的有机统一。五是知与行的关系。既要明确应该是什么,也要给

· 134 ·

出如何践行的实践路径,做到知行合一。

第三,根植于优秀传统文化,从优秀传统文化中汲取营养。价值观既具有时代性,又具有历史的承继性。建构我国社会价值体系的根基在于先人们给我们留下来的宝贵文化财富特别是儒学文化价值观。在传统儒学文化价值观中,讲仁爱、重民本、国为先、守诚信、崇正义和敬天地、尚和合的生态伦理观以及仁、义、礼、智、信、诚、勇、忠、孝、悌等价值规范,反映了人们处世、行事、立世的基本准则,不仅从道德伦理层面维系了中国社会的有序运动,助推中华民族创造了辉煌灿烂的历史文明,而且在当下仍极具普世价值。传承、弘扬优秀传统文化,还要高度重视革命战争年代先烈们用鲜血换来的优秀革命传统的传承和当代中国特色社会主义宝贵实践经验的进一步提炼,通过革命历史传统和中国特色社会主义宝贵实践经验的学习宣传,增强全体人民对马克思主义的信仰,对建设中国特色社会主义的信念,对现代化建设的信心,对党和政府的信任,为科学发展的实践提供强大的精神文化动力。

第四,完善价值体系,增进社会共识。作为一个社会的核心价值体系,既要强调原则性、普世性,又应注重层次性和针对性,过高的道德要求只会使道德虚化,出现道德要求和道德实践的二元分离。因而,在社会主义核心价值体系建设中,既要制定社会成员应普遍遵守的底线价值规范,又要分不同层次进行有针对性的价值设计。一是要研究制定全社会必须共同坚守的普遍价值或底线价值。二是要细分群体进行价值设计。

第三节　全面建成小康社会

全面建成小康社会,是中国共产党人从当代中国国情出发所作出的理论与实践的重大创新。全面建成小康社会的理论与实践不仅开辟了一条走向现代化、实现中华民族伟大复兴的广阔道路,而且开辟了马克思主义哲学中国化在新的历史条件下创新发展的新境界。当前我国正处在全面建成小康社会的关键时期,我们面临的机遇前所未有,面临的挑战前所未有,这是一个在新的历史起点上推进经济社会又好又快发展的关键时期,也是一个在新的历史起点上推进马克思主义哲学中国化实现新突破新发展的关键时期。深入研究全面建成小康社会的发展规律,是马克思主义哲学中国化深入发展的重要趋向和新生长点。

一、全面建设小康社会的阶段性成果

从过去的十年以来,我国在全面建设小康社会的道路上走得越来越稳

健,在经济、政治、文化等多方面的体制改革上都取得了重大的进展。

首先,在经济上,我国综合国力大幅提升,经受住了全球金融危机的巨大考验。2011年,我国国内生产总值达47.3万亿元人民币,已居全球GDP总量第二位,成为世界主要市场。第一、二、三产业发展都十分迅速,在关键技术领域取得重大突破,如载人航天技术、载人深潜技术、超级计算机技术、高速铁路等。人民生活水平持续改善,居民收入较快增长,家庭财产稳定增加。我国人民衣食住行用等条件取得明显进步。

其次,在政治上,我国政治体制改革持续推进,民主法治建设迈出新的步伐。我国是世界人口大国,经过十多年的建设,我国逐渐完善全球最大的民主政治体系,实行城乡按相同人口比例选举人大代表,基层民主不断发展。我国社会主义法治建设成绩也较为显著,中国特色社会主义法律体系已然形成。另外,我国在行政体制、司法体制和工作机制改革上都已取得明显进展。

最后,在社会文化服务上,我国已经在全国范围内深入开展社会主义核心价值体系建设,文化体制改革效果显著。在我国各个地方,公共文化服务体系建设都已有重大进展,文化产业、文化创作在部分地区已经成为一项支柱产业。在教育方面,我国已经完全建立起覆盖全国的免费义务教育体系,能够保证适龄儿童、青少年入学。在社会保障上,覆盖城乡的新型合作医疗建设初步建立,新型社会救助体系基本形成。

二、为全面建成小康社会而奋斗

(一)全面建成小康社会是中国特色社会主义事业建设的新要求

党的十八大提出全面建成小康社会的重要目标既是对十六大以来党全面建设小康社会取得成就的肯定,也是对党在十六大、十七大确立的目标基础上提出的新要求。党之所以提出这一新要求,是由于以下这些原因。

首先,全面建设小康社会取得重大进展。十六大以来的十年发展,胡锦涛同志带领全国各族人民,在党的思想路线的指导下,朝着全面建设小康社会的目标迈出了坚实步伐,取得了一系列的历史性成就。总体上看,我国经济建设、政治建设、文化建设、社会建设、生态文明建设在这十年中上了一个大台阶。

其次,发展的一系列阶段性特征集中体现。新世纪,在我国全面建设小康社会的过程中,新的阶段性特征逐步显现。我国经济社会发展达到一个新的历史阶段,虽然取得了一些历史成绩,但是发展中仍然存在着不平衡、不协调、不可持续的问题。

再次,我国发展的国际环境有了深刻变化。世界多极化、经济全球化、文化多样化、社会信息化朝向前所未有的深度发展。国际经济政治环境陷入空前复杂的状态。我国急需提高自身实力,应对国际挑战。

(二)全面建成小康社会新要求的特点

党的十八大报告从五个方面对全面建成小康社会的目标提出了新的要求:一是"经济持续健康发展",二是"人民民主不断扩大",三是"文化软实力显著增强",四是"人民生活水平全面提高",五是"资源节约型、环境友好型社会建设取得重大进展"。[①] 这五个要求分别从经济发展、人民民主、精神文明建设、人民生活质量、生态文明建设对全面建成小康社会做出了要求,同我国中国特色社会主义事业道路的总布局是一脉相承的。

党的十八大报告对全面建成小康社会目标提出的新要求有以下五个鲜明特点。

第一,发展目标具有连续性。全面建成小康社会的目标是在全面建设小康社会的目标上提出的,是长期性与阶段性的统一。党的十六大和十七大确立的全面建设小康社会的目标,描绘了到2020年中国特色社会主义事业发展的宏伟蓝图。经过十年的发展,我国的现实情况充分满足目标的具体要求,十八大报告在此基础上确立的全面建成小康社会的发展目标是对这一目标的深化,而不是另立一套新的目标。

第二,这些要求具有一定的针对性,是为了解决当前和今后一个时期,我国社会发展中存在的突出矛盾和问题。我国社会的发展存在一些问题。党的十八大报告提出这些具体的要求就是要从根本上解决这些问题,实现发展质量与发展效益在人民生活水平上的统一。

第三,这些要求十分注重改革开放,认为改革开放是全面建成小康社会的根本途径。在21世纪的第二个十年,我国现代化建设不仅要重点解决突出矛盾和问题,更要在重要领域和关键环节上迈出实质步伐。社会主义政治体制和市场经济体制要在发展中更加完善,为全面建成小康社会提供制度保障。

第四,生态文明建设是全面建成小康社会新要求的突出特点。生态文明建设一方面制约着人民的生活质量,另一方面则制约着我国社会主义事业的发展速度。小康社会的突出特点之一就是人民的生活质量能够有显著提升,社会主义事业发展速度较为平稳。因此强调生态文明建设,是全面建成小康社会的关键因素。

[①] 认真学习党的十八大精神人民日报重要报道汇编.北京:人民日报出版社,2012,第18—19页

第五,提出了两个"翻一番"的新要求,既鼓舞人心又切实可行。党的十八大报告在经济持续健康发展的目标要求中提出,到2020年"在发展平衡性、协调性、可持续性明显增强的基础上,实现国内生产总值和城乡居民人均收入比二〇一〇年翻一番"[①]。把城乡居民人均收入同国内生产总值一起列为中国发展的具体要求在我国的发展目标中尚属首例,对我国社会发展来说具有重要的意义,充分显示了科学发展观中人文的核心地位。

第六,必须坚持党的领导。党的十八大报告指出:"必须坚持党的领导。"[②]中国共产党是领导中国特色社会主义事业向前发展的坚强核心。中国共产党的领导地位是经过艰苦卓绝的努力确立的,是历史的选择,是人民的选择。中国共产党的领导作用是不断解决中国现实问题,实现中国向前发展的政治保证。坚持党的领导地位就必须坚持立党为公、执政为民。中国共产党是中国人民的先锋队,坚持人民的主体地位,始终把实现好、维护好、发展好最广大人民根本利益看做党的的工作的根本出发点和落脚点。

[①] 认真学习党的十八大精神人民日报重要报道汇编.北京:人民日报出版社,2012,第18页

[②] 认真学习党的十八大精神人民日报重要报道汇编.北京:人民日报出版社,2012,第16页

第六章　新时期马克思主义哲学中国化的理论创新

随着经济的发展和社会环境的变化,马克思主义也必须随着时代的变化做出相应的调整才能适应变化的社会实际,特别是在生态文明建设、共产党执政理论和中国先进文化建设方面。

第一节　社会主义生态文明建设

树立生态文明观念,建设生态文明,是深入贯彻落实科学发展观实现全面建设小康社会奋斗目标的内在要求。为此,党的十七大报告做了专门的强调和解释,并对建设中国特色社会主义的生态文明的道路进行了规划。

一、生态文明的基本内涵

生态文明,是一个新提出不久的概念。对其含义和特征,目前正处于探讨过程之中。一般地说,所谓生态文明是指人类遵循人、自然、社会和谐发展这一客观规律而取得的物质与精神成果的总和;是一种以人与自然、人与人、人与社会和谐共生、良性循环、全面发展、持续繁荣为基本宗旨的文化伦理形态。

生态文明作为一种新提出的文明形态,其特征表现在许多不同的方面。

(一)生态文明是对工业文明的积极扬弃

人类社会历经了漫长的发展历史,从蒙昧到野蛮最后进入文明时代,在这个过程中人类创造了巨大的物质财富和精神财富,推动着人类社会不断向更高级的层次和形态发展。从人类产生到现在,已经经历了原始文明、农业文明和工业文明三个文明时代,生态文明将是高于这些文明形态的一个新时代。生态文明是建立在工业文明基础之上的,是对工业文明成果的去糟取精,是对工业文明的升华。对此,我们可以从两个方面理解。

1. 生态文明是在对传统工业文明的总结和反思中提出的

在漫长的人类发展历史中,无论是从渔猎社会进入农业社会,还是从农业社会进入工业社会,都伴随着人类文明的跨越式进步。但是随着时代的发展,我们应该意识到工业文明固然为人类创造了巨大的财富,但是也暴露了很多弊端。比如资源短缺、能源危机、环境污染、生态破坏、森林锐减、土地退化、淡水匮乏、酸雨和温室效应加剧、气候变暖等。这一系列问题的出现是在工业社会发展模式下难以避免的,生态的恶化使得人类的生存条件急剧下降,对人类的健康和生命造成了巨大的威胁。此种境况,引起了人们对工业文明的反思。

面对工业文明给人类社会和生态环境造成的破坏,我们不能一味渲染其严重性,更不能消极悲观。这样的做法会加深人们的恐惧心理,影响人们的正常生活。在困境下寻找解决问题的出路才是最根本的。

那么如何克服工业文明带来的弊端?对此,目前主要有两种解决的途径。

(1)修补式、应对式的调整。以环境污染问题为例,通过事后的治理来进行弥补,即"先污染、后治理",便是这种解决途径的典型例证。

(2)变革式、预防式的根治。还是以环境污染问题为例,采取变革意味着从根本上减少污染的产生甚至不再产生。科学合理的制度和政策变革应该兼顾两个方面的内容。

①对已经造成污染的生态环境进行综合性治理,扭转污染困境。

②对尚未污染或者已经治理成功的污染,应该进行足够的保护,从整体上追求生态的平衡与和谐。

可见,生态文明是根除工业文明"顽疾"的"良药",是人们在深刻反思工业化沉痛教训的基础上认识和探索到的一种可持续发展理论、路径及其实践成果。

2. 生态文明并不是对工业文明的全盘否定

工业文明的弊端引发出人们对生态文明的关注和认可,生态文明与工业文明有着密不可分的关系。生态文明虽然是基于工业文明的弊端出现的,但这并不意味着二者是对立的,恰恰相反,二者是相互补充、和谐统一的。

(1)生态文明是对工业文明的发展和提升,需要祛除工业文明中的各种糟粕,继承和发扬优秀工业文明成果。

事实上,生态文明是在吸取人类所有文明成果,尤其是工业文明精髓的基础上产生的。正是工业文明的飞速发展及由此带来的科技进步,为今天的生态文明建设提供了坚实的物质基础和各项技术集成的可能性。生态文明本身就意味着对工业文明的全面提炼与升华,是工业文明的发展与归宿,是对包括工业文明在内的一切优秀传统文明的理性汲取和科学扬弃。

(2)传统工业文明在为人类社会提供高度丰富的物质世界的同时,也加剧了全球性的生态危机,不能完全归罪于工业文明。

严格地讲,在作为工业文明基础的农业文明阶段,对生态的破坏就已经不同程度的出现了。只不过与工业文明对生态的严重破坏程度相比,农业文明阶段对生态的破坏显得"微乎其微"(甚至可忽略不计),而工业文明则将人类生态系统的不和谐状态推到了近乎于"极致"而已。

(3)虽然我们要致力于生态文明建设,但不能以生态文明来完全取代或代替工业文明。

每一种社会形态都有其相应的文明结构,生态文明和物质文明是贯穿于所有社会形态始终的一种基本要求。只不过工业社会中人们对物质的追求超越了对生态文明的追求,对人类生活环境造成极其严重的破坏。在这种背景之下,人们对生态文明的要求才会显得更加重要和迫切。

当下,进行生态文明建设已经成了一项重要的社会任务,在这种背景之下,生态文明的基础不仅包括工业文明所创造的各种成果,而且还应包括体现信息化过程和成果的智能文明。当然,我们在反思工业文明的生态弊端,逐步将社会引向生态文明、智能文明的过程中,人类需要付出艰辛的努力和漫长的探索,这个过程可能会持续几十年甚至上百年,因此我们必须树立起长久信心才能长期坚持下去。

我国作为一个工业化任务尚未完成的国家,在建设生态文明的过程中更是会遇到许多发达国家不曾面临的问题,即便如此,为了保证广大人民的最根本利益,党和政府还是坚定不移地坚持这一基本政策。作为社会民众,我们只有牢固树立生态文明观和环境保护意识,才能保证生态文明建设的持续进行,才能帮助党和政府在新的背景下更好地完成工业化和信息化的历史任务。

(二)生态文明的核心是人与自然协调发展

生态文明与原始文明、农业文明和工业文明等文明形态相比,其不同表现在多个方面。比如,核心产业的不同,生产方式的不同,生活方式的不同,等等。其中,最为突出的表现在人与自然的关系上面。或者说,表现在人类为了满足自身的需要而对自然所采取的态度上面。

在以采集和狩猎为主要经济活动的原始文明阶段,由于其生产力水平极其低下,一方面,人类为了满足自身的生存需要,不得不受制于自然、依附于自然;另一方面,由于人们对各种自然现象无法理解,逐渐形成了"图腾"崇拜,对自然存有敬畏心理和顺从的态度。从而,在人与自然的关系上,只能表现为以自然为中心,即人们只能被动地适应或受制于自然,盲目地崇拜或顺从自然。

在以种植和畜牧为主要经济活动的农业文明阶段,生产力水平相对于原始文明有了一定的发展,人类为了满足自身的生存与发展,开始对自然进行开发、利用、支配和改造。但受其生产力水平所限,人类使用的生产工具还比较简单（如传统的手工工具），使用的能源也主要是可再生的资源（如人力、畜力、水力等），所以还没有从根本上破坏自然生态系统的平衡。可见，该阶段人与自然的关系表现为：人类的一切行为都要依赖于自然界，同时人类也在积极地利用和改造自然。

到了以加工和制造为主要经济活动的工业文明阶段，生产力水平迅速提高，科学技术迅猛发展，大机器等越来越先进的工业技术不断被发明和运用，工业生产的规模也越来越大。这样，就使人的主观能动性得到突显，"人统治自然"的价值观也得以形成。认为"人是自然的主人"，而其他生命和自然界只是人类改造、征服的对象或者满足人类需要的工具。并且以为自然资源是取之不尽、用之不竭的，人类为了满足自身的需要，大肆地开发、征服和掠夺自然。而对自然的承受能力和发展的可持续性问题无所顾及。当然，在人与自然的对立中，大自然也在以生态规律作用的形式对人类实施报复和惩罚。总之，该阶段人与自然的关系表现为征服与被征服、掠夺与被掠夺、奴役与被奴役的关系，人类成为自然界的中心。

可见，从原始文明到农业文明和工业文明，人与自然的关系也由原始的依存逐步演化为对立。

今天，我们所要建设的生态文明，在人与自然的关系上，就要彻底改变那种征服与被征服、掠夺与被掠夺、奴役与被奴役的对立关系。一方面，培育和建设生态文明，并不是要让人类消极地回归自然或者在自然面前无所作为，而是要以积极的态度，去自觉地改善和优化人与自然的关系，尊重、善待和保护自然，实现人与自然的和谐发展，以最大限度地实现人类自身的利益，尤其是全局的利益和长远的利益。另一方面，人类在自身发展的同时，也要积极运用自己的知识、技术，去主动地维护好生态系统的发展进化。就是说，从传统工业文明到现代生态文明，意味着从人统治自然过渡到人与自然平等友好、和谐共生、协调发展、良性循环。

（三）生态文明与物质文明、精神文明和政治文明相辅相成

人与自然的和谐发展是生态文明的核心，也是其追求的最终目标，但是我们应该明确生态文明的发展绝不是只表现在人与自然的关系这一个方面，而是包括人与人、人与自然、人与社会等各个方面的协调发展，生态文明的建设是一个复杂的综合工程。它涉及人类各种经济社会文化等活动的领域，反映人与人、人与自然、人与社会等各个方面关系的和谐状态。

生态文明下的社会发展，不仅是工业和经济的发展，也是生态环境的发展；生态文明下的进步，不仅是社会的进步，也是人社会与环境系统的整体进步；生态文明下的提升，不仅仅是人们物质生活水平的提升，更是人们生活环境和生活品质的综合提升。因此，在开展生态文明建设的同时，我们还

要紧紧抓住经济发展和精神文明建设不放松。

生态文明与物质文明、政治文明、精神文明都是全面建设小康社会的组成部分,它们之间是相辅相成的,缺少任何一个部分社会主义现代化建设都是不完整的。四种文明共同构成当代人类社会文明系统整体。

(1)物质文明主要表现为物质生产力的进步与人们物质生活水平的提高。

(2)政治文明主要表现为人们政治理念的进步与政治制度的完善。

(3)精神文明主要表现为精神生产的进步与精神生活的满足和提高。

(4)生态文明则主要表现为人类本身及其与生态环境之间关系的协调、生态意识的增强、生态制度的完善和生态环境的改善等。

从这几个文明的关系来看,生态文明是物质文明、精神文明、政治文明的基础和前提;生态文明也离不开物质文明、政治文明和精神文明。

鉴于四者密切的关系联系和相互作用,我们在开展生态文明建设的过程中,应该最大程度地将产业、技术、理念、文化、伦理、制度、政治等各个不同的层面融入整个发展之中来,对生产方式、生活方式和价值观念进行一场根本性的变革,以尊重自然、维护自然、顺应自然为前提,以人与人、人与自然、人与社会和谐共生为宗旨,以建立资源节约型、环境友好型社会和与之适应的经济增长方式、消费方式为基础,以引导人们走持续发展、和谐发展的道路为着眼点,搞好诸如生态意识、生态伦理、生态道德、生态行为、生态产业、生态制度、生态社会、生态管理、生态文化、生态经济、生态政治等方面的文明建设。

二、马克思、恩格斯的生态思想

(一)马恩生态思想的内涵

1. 马克思、恩格斯对自然神秘化的批判

马克思和恩格斯没有专门针对自然崇拜的论述,而是通过批判所谓"真正的社会主义"来表明他们对自然崇拜、自然神秘化的态度。"真正的社会主义"又称"德国的社会主义",是19世纪40年代流行于德国知识分子中的一种小资产阶级社会主义思潮。当时,德国资产阶级反对封建制度的斗争刚刚开始,小资产阶级害怕资本主义的发展和无产阶级革命的兴起,力图保存小生产者的地位,一些代表小市民利益的知识分子便将法国的社会主义、共产主义文献搬到德国,同黑格尔、费尔巴哈的异化,人类的本质,真正的人等范畴结合起来,形成了这种思潮。

马克思和恩格斯在《德意志意识形态》中引述了"真正社会主义"投向"自然怀抱"的精神情怀:"……五色缤纷的花朵……高大的、骄傲的橡树林……它们的生长、开花,它们的生活,——这就是它们的欢乐、它们的幸福……在牧场上,无数的小动物……林马……活泼的马群……我("人"说道)觉得这些动物除了那种在它们看来是生活的表现和生活的享受的东西之外,它们不知道而且也不希望其他的幸福。当夜幕降临的时候,我看到无数的天体,这些天体按照永恒的规律在无限的空间旋转。我认为这种旋转就是生活、运动和幸福的统一。"① 这种描述完全把大自然理想化、神秘化了。马克思、恩格斯指出,在自然界中"人"除了看见鲜花绿草、流水潺潺,可能还会看见许多其他的东西,如植物和动物之间的残酷竞争;"高大的、骄傲的橡树林"夺去了小灌木林的生活资料,等等。所以,自然界绝不是"真正的社会主义"者想象中童话的乐园,那里面充满了残酷的斗争。自然界真正是个适者生存、弱肉强食的世界,每天都在发生血淋淋的生存斗争。人类社会不能以自然界为榜样,否则只会把自然中的"丛林法则"引入人类社会。

马克思和恩格斯还指出:"真正的社会主义"把自然界各种物体及其相互关系变成神秘的"统一体",其错误就在于,"把某些思想强加于自然界,他想在人类社会中看到这些思想的实现"②。他们把想象中美好的图景加于自然界,然后再把这种想象中的世界当作人类社会的教材,鼓吹人类社会向自然界学习,于是也就否认了人对自然界的劳动改造。因此,自然崇拜、自然神秘化的最大危害就是否认了人的主体地位,否认了人的主动性和创造性,否认劳动的价值,当然也就否认了人类社会的进步,必然导致倒退的、反动的历史观。

2.人在改造自然的过程中保护自然

(1)人创造环境

马克思和恩格斯明确提出了"人创造环境"的思想。人和动物不一样,动物是被动性的存在物,人则是主动性的存在物,人类比一切动物强,在于人的主动的创造性。人与动物的本质不同表现为:首先,现实的人是社会的存在物,是人的实践的结果,脱离了社会性和实践性,人就退化为一般的自然生物。其次,动物只具有被动性,人则是主动性与被动性的统一。动物依靠与自然的完全同化来满足自己的需要,但人是通过把自在的自然转化成为我的自然来满足自己的需要的。最后,自然力、生命力等作为欲望存在于人身上,人的欲望既有物质的,又有精神的,人的精神欲望(当然是在社会实践基础上的)是动物所没有的,它引领着人的实践的方向。人的能动性是使人始终把追求更适宜的环境作为奋斗的目标。马克思和恩格斯主张依靠积

---

① 马克思恩格斯全集(第3卷).北京:人民出版社,1960,第556页
② 马克思恩格斯全集(第3卷).北京:人民出版社,1960,第561页

极的、能动的实践活动来实现"环境的改变和人的活动的一致"。

(2) 人对自然的改造要有所为、有所不为

人是自然性和社会性的统一。其自然性决定了人必须持续地对自然进行改造活动。改造自然的活动是人类生存和发展的物质基础,是人创造历史的基本条件。因此人的"第一个历史活动"就是生产满足这些需要的物质资料,这之后,人才能从事政治、宗教等社会活动,才能从事哲学研究、科学研究等精神活动,进而创造理论体系。所以,社会物质活动是社会精神活动的基础,离开社会物质活动,社会精神活动就停止了,人类的历史也就停止了,人类也将像自然进化史上无数消失的生物物种一样消失了。

人对自然改造的"有所为"主要体现在:通过改造自然来获取物质资料,这一方面的活动一天也不能停止。然而,随着人类改造自然的能力越来越强、人所使用的手段和工具越来越强大,随着科学技术的日益进步,人的活动给自然界带来的负面影响愈益显现出来。环境问题已经直接影响到当代人的生存,更加威胁到后代人的生存和发展。这就要求人对自然的改造还要"有所不为",即:人必须减少自身行为的盲目性,增强计划性、目的性,这样才能更加合理地进行人与自然的物质变换,进而保护自然环境,这一方面的活动使人成为真正意义上的"人"。

(二) 马恩生态思想的特征

1. 人的尺度和物(自然)的尺度的结合

人类实践应该遵循社会与自然两种尺度统一的观点,最早是由马克思发现的。人按照"种的尺度"进行生产,是指人按照世界上各种存在物的固有属性、本质和运动规律所设定的尺度,即"物的尺度"进行生产。这种"物"既包括狭义的自然界也包括人工的自然界和存在于人类社会中的各种社会关系。人把自己"内在的尺度运用于对象",则是指人按照内在的需要、欲望、目的和人的本质力量的性质所设定的尺度,即"人的尺度"去进行生产和改造自然物。马克思在这里明确地指出了"物的尺度"与"人的尺度"的内在统一性。这也要求我们既要克服客体的局限,不要在必然性中遗忘主体,又要防止主体的膨胀,任意支配自然,超越自然的必然性,使自然失却平衡。

近一个世纪以来,人类主体性得以彰显,人类的物质生活更加发达。在物质发达的条件下,经济的发展确实带来了生态环境的恶化,资源利用遭遇了极大危机,人类生存的环境也遭到了极大的破坏,由于环境导致的人类疾病绝不在少数。严峻的现实使人类震惊了。一些人提出了错误的论断,他们开始怀疑人的主体地位,主张摒弃人类中心主义,而用自然中心主义取而代之,这样一来,人的尺度被消解,物的制度被过于强化,自然开始支配人类了,这是极其危险的信号。

马克思主义生态学的一个共同特征就是重新回归马克思的两种尺度统一的思想,提出建立一种科学的生态学的现代人类中心主义。格仑德曼和佩珀都认为,人类在反对生态危机、重新检讨自身对自然界的态度的同时,不应放弃"人类尺度"。只有这种现代的人类中心主义能把人类的利益和自然的利益统一起来,避免主体(人类)与客体(自然)分裂的二元论。马克思主义生态学思想家们认为,只有人才是解决一切问题的核心,人的发展只有与自然和谐了,才能解决全球性生态危机,重建人与自然的和谐关系。所以,人与物找到了完美的契合点,人与自然获得了和谐的相处与发展。

2. 重构马克思的自然与历史唯物主义理论

马克思主义生态学中的另一个重要的共同特征是主张重构马克思的自然与历史的唯物主义方法。马克思主义生态学的思想家们一致认为,马克思深刻的生态学认识来自于一种系统的与科学革命紧密相关的对唯物主义的自然概念和唯物主义历史概念的发展。

在福斯特看来,要想真正理解马克思主义,就要理解人与自然的关系,理解人与自然新陈代谢的基本观点,这是至关重要的。福斯特用翔实的历史分析重新恢复了被扭曲的马克思的唯物主义与自然观。

奥康纳则主张对马克思主义在人类与自然界的相互作用问题上的辩证的和唯物主义的思考方法做出重新阐释。奥康纳提出要建构一种有别于传统历史唯物主义的马克思主义生态学的历史观,这种历史观致力于探寻一种能将正确理解的"自然"以及在这一基础上的"文化"主题与传统马克思主义的劳动或物质生产的范畴融合在一起的方法论模式。奥康纳对自然与文化的生产力和生产关系作出了具体解释,对自然与历史的唯物主义概念重新进行了阐释,建立了马克思主义生态学的唯物主义方法与历史唯物主义体系。马克思主义生态学的建构虽然还存在着缺陷,但是他们的理论建构使历史唯物主义的理论结构和内容在当代生态学视域内得到了丰富和更新。

3. 生态自然观:解读人与自然关系的新范式

"范式"概念是由库恩提出的,主要指"科学共同体"共有的概念框架,哲学观点、科学成果、方法论、习惯、教材、实验工具等都属于"科学共同体"。按照这种理解,我们把人类的自然观念称之为对人与自然关系的解读的不同"范式",这种范式随着时代的发展在内容上发生过多次重大的变化,即自然观的转向。

一般认为,人类解读人与自然关系的这种范式大致经历过自然宗教自然观、有机论自然观、机械论自然观和生态自然观等几种变化形式。马克思主义生态学的自然观属于生态自然观发展阶段,是当代人类解读人与自然关系的新范式。马克思主义生态学思想家们都认为这种新自然观是在批判传统自然观包括传统马克思主义的机械自然观的基础上建构起来的。在面对20世纪人类社会所面临的人与自然之间的尖锐矛盾——环境污染、生态危机等全球问题空前凸显的现实状况时,他们一致认为,传统自然观包括传统的马克思主义机械自然观仍然存在着局限。

马克思主义生态学思想家们认为,在对待自然的问题上片面的人类中心主义和非人类中心主义的观点都不能正确解读人与自然的当代关系。他们主张,在当代,人类应该坚持一种新的自然观,这种新自然观就是综合了生态学与马克思主义的生态自然观。这是对传统自然观的本质内在超越。马克思主义自然观旨在协调人类理性与自然给予之间的限度。马克思主义的自然观是现代人类所要树立的自然观。

马克思主义生态学思想家们立足于对人、自然以及二者之间关系的考察和反思,提出最终建立一种人与自然和谐共存、持续发展的理想社会。福斯特用翔实的历史分析重新恢复了被扭曲的马克思的唯物主义与自然观。他从清理哲学史上的唯物主义形态和马克思的唯物主义传统入手,来建立一种新的自然哲学研究范式。在自然哲学研究范式下,人与自然之间的关系不用技术尺度来衡量,而是用社会价值来衡量。

这样,马克思主义生态学思想家就从理论上共同建构起了一种解释人与自然关系的新自然观。

4. "红"与"绿"的结合

马克思主义生态学从生态危机引发的"生态革命"中寻找马克思主义新的增长点,试图把生态学与马克思主义相结合,给人们找到一条"红"(马克思主义的社会革命)与"绿"(生态革命)相契合的社会发展道路。

马克思主义生态学者都明确自称是马克思主义者,他们强调要站在马克思主义的立场上研究发达资本主义国家的生态环境问题,探索解决危机的途径和方法。他们认为生态学理论以及生态主义运动只有也必须在马克思主义的领导下才能发挥重要作用,但同时他们又宣称马克思主义生态学是对传统马克思主义的一种"补充"、"发展"和"超越"。反映在自然观上,马克思主义生态学把马克思主义的辩证唯物自然观与当代的生态学理论和运动结合起来,提出建立一种生态学的马克思主义自然观。佩珀认为,马克思主义主张社会和自然之间关系上的一种辩证观点,这不同于生态中心主义者和技术中心主义者的看法,马克思主义持一种社会变革的历史唯物主义方法,而且后者应当贯穿于绿色战略之中。佩珀还提出,绿色分子通过放弃那些更接近于自由主义及后现代政治的无政府主义方面而更好地与红色分子协调;与此同时,红色分子通过复活那些马克思主义和社会主义传统而与绿色分子协调。

自然是马克思主义生态学的核心概念。马克思主义生态学借助于对马克思的有关社会和自然的思想的分析,结合 20 世纪的社会与自然界关系的现实状况重新解释马克思的唯物主义、马克思的历史唯物主义或马克思主义自然观,建构马克思主义生态学的自然观或历史观,以此作为分析和批判 20 世纪的资本主义的世界观。马克思主义生态学思想家们认为,马克思主义的普遍原理要与当代生态文明建设相结合,人类要与大自然和谐相处,资本主义与人类、与大自然的发展是相悖的。只有推翻资本主义制度,生态危机才能得以根治,才能获得人与自然的和谐发展,建立起生态社会主义的模式来,这种新的生态学自然观是科学的。

三、马克思主义生态思想在中国的形成与发展

中国化的马克思主义生态思想形成于毛泽东对中国社会主义生态建设的探索,发展于邓小平经济优先发展环境观、江泽民可持续发展环境观和胡锦涛、习近平的生态文明环境观。

以邓小平为核心的党的第二代领导集体从中国的实际出发,正视人与环境、经济发展与环境保护之间对立统一关系,指出,在社会主义初级阶段要以经济建设为中心,经济发展是环境保护的基础,保护环境是社会主义现代化建设的重要任务,形成了经济优先发展环境观。

随着现代化建设的深入,发展的深层次矛盾和问题日益明显。能源和原材料对国际市场的依存度也越来越高,资源相对短缺、生态环境脆弱、环境容量有限,逐渐成为中国发展中的重大问题。如何实现可持续发展,构建和谐社会,是新的历史条件下中国人必须面对和回答的事关民族命运和前途的大课题。以江泽民为核心的党的第三代领导集体,密切关注这一人类社会新的发展战略,结合中国的实际情况,明确提出在现代化建设中必须实施可持续发展战略,形成了可持续发展的环境思想。

胡锦涛把马克思主义生态学说与中国当前国情相结合,创造性地提出了以人为本,全面、协调、可持续的科学发展观,突出表现了尊重自然、保护环境、关心人类、着眼当前、思考未来的生态文明新理念。

第一,实现人与自然的和谐发展。

由于传统经济发展方式的高投入、高产出和高污染,使我国的工业化过程伴随着大量废水、废气、废渣的排放而造成了严重的环境污染问题,不合理的自然资源开发导致了森林锐减、生物多样性减少、水土流失和土地的荒漠化等问题,再添上人口增加、资源紧张等问题,严重制约着经济质量的提高,加剧了环境与发展之间,区域发展之间,人口、资源和环境之间的矛盾。

因此,走出一条科技含量高、经济效益好、资源消耗低、环境污染少、人力资源优势得到充分发挥的新型工业化之路,是经济健康发展的客观要求,也是全面建设小康社会,加快经济社会又好又快发展的必然选择。

2004年在考察江苏时,胡锦涛就讲过,在发展中必须充分考虑资源和环境的承受力,统筹考虑当前规划和未来发展的需要,努力使我们今天所做的一切能给后人留下的是赞叹,而不是遗憾。2005年4月2日,在北京参加义务植树活动时,胡锦涛又说,环境是大家共同生活的一个家园,现在讲经济社会可持续发展,可持续发展就得依托环境。他还强调,全社会都要坚持不懈地做好爱护环境、保护环境、建设环境的工作,努力实现人与自然和谐发展的目标。2006年"两会"期间,胡锦涛参加西藏代表团审议时,特别提到了要搞好西藏的生态保护和建设。自然生态环境是人类社会赖以生存和发展的重要物质基础,社会的和谐建立在人与自然和谐的基础之上。社会主义和谐社会应该是人与自然和谐相处的社会。2008年4月,胡锦涛在海南考察时强调:把建设生态文明、保护生态环境放在经济社会发展的首要位置,做到在保护中发展、在发展中保护。他还指出:良好的生态环境既是经济社会可持续发展的重要依托,也是中华民族生存和发展的根本基础。

第二,发展循环经济。

按马克思主义生态学原理,经济发展走工业生态化之路,就必须要实行循环经济,发展清洁的生产方式,节能减排,进而实现人与自然、经济与环境、发展与健康、当代人与后代人利益的协调和共赢。党的十六大之后,胡锦涛指出:要加快转变经济增长方式,将循环经济的发展理念贯穿到区域经济发展、城乡建设和产品生产中,使资源得到最有效的利用。党的十六届四中、五中全会决议又明确提出要大力发展循环经济,把发展循环经济作为调整经济结构和布局,实现经济增长方式转变的重大举措。具体来说,发展循环经济,就是要达到经济发展和环境保护的双赢。

第三,建设生态文明。

生态文明是人类遵循人与自然和谐发展规律、推进经济社会发展取得的物质与精神成果的总和,是以人与自然、人与人和谐共生、全面发展、持续繁荣为宗旨的文化形态。生态文明是绿色文化,标志是绿色环境,是建立在先进生产力基础之上的文化追求,是一种让人民群众普遍感到舒适、感到幸福的文明形态。2008年1月14日,胡锦涛在安徽考察工作时的讲话中指出:"建设生态文明,实质上就是要建设以资源环境承载力为基础、以自然规律为准则、以可持续发展为目标的资源节约型、环境友好型社会。"党的十七大第一次把建设生态文明作为一项战略任务提了出来,并在报告指出:"建设生态文明,基本形成节约能源资源和保护生态环境的产业结构、增长方式、消费模式。""努力在大江南北、淮河两岸实现经济繁荣、人民富足、生态良好的发展目标。"倡导生态文明建设,不仅对中国自身发展影响深远,也是中华民族对全球日益严峻的生态环境问题作出的承诺。

第四,完善环境保护的法治体系。

环境保护法治体系是国家制定的合理开发利用自然资源、保护改善环境的各种法律、规范共同构成的相互联系、相互补充、内部协调一致的有机整体。它把人类的生存环境作为保护对象,把人们在生产、生活中所产生的同保护和改善环境有关的社会关系作为其调整社会关系的特定领域。胡锦涛在党的十七大报告中明确提出:"要完善有利于节约能源资源和保护生态环境的法律和政策,加快形成可持续发展体制机制。落实节能减排工作责任制。"把完善环境法律法规作为实现经济社会又好又快发展的手段和重要保障,有利于从源头上制止环境污染蔓延和生态破坏,有利于资源的优化配置,有利于降低发展成本,减少污染处理的费用,是实现可持续发展的基本条件和重要保证。

党的十八大把生态文明建设纳入了中国特色社会主义事业的总体布局,把生态文明建设放在突出位置,融入经济建设、政治建设、文化建设、社会建设的各个方面和全部过程,中国特色社会主义事业总体布局由经济建设、政治建设、文化建设、社会建设"四位一体",拓展为包括生态文明建设的"五位一体",生态文明建设的地位更加明确,这是我党社会主义建设规律在实践和认识上不断深化的重要成果。

习近平指出,在建设生态文明方面,要更加重视和加强对森林资源的建设和开发,同时还要注重加强海洋管理,保护海洋环境。我们要扎实推进生态文明建设,努力建设美丽中国。

四、马克思主义生态思想中国化的意义

马克思主义生态思想中国化是当代的中国马克思主义者把马克思主义关于人与自然关系的合理思想与中国的具体实践相结合,形成的具有时代背景和民族特色的人与自然关系观点,对丰富和发展马克思主义生态思想具有重要的理论意义,对指导中国的社会主义现代化建设、实现可持续发展具有重要的实践意义。

(一)理论意义

人类社会文明发展的历史,是人与自然关系发展变化的历史,始终围绕着生存与发展这一永恒的主题。例如,在渔猎时代,人是自然的奴隶;在农业时代,人依赖于自然;在工业时代,人是自然的主宰;在现代社会,自然制约着人;到了未来社会,人与自然将实现和谐相处。因此,人类与自然之间,

一直是相互依赖、相互制约、相互作用,既对立又统一,既冲突又协同的关系。

马克思主义生态思想揭示了人与自然关系的本质,人是自然生态系统中的一个组成部分,人对自然环境既直接依赖,又能动地改造。但这并没有解决人应该在何时何地何种情况下顺应自然,在何时何地何种情况下能动地改造自然,在改造自然的时候选择何种道路、何种方式等一系列的问题。

在人与自然的关系中,人是主体,自然是客体,人处于中心位置,换句话说,如何正确地认识和处理人与自然的关系,一方面取决于时代背景、生态环境条件;另一方面还取决于人的认识能力和科学技术水平。在新中国成立初期,毛泽东针对国内不断发生的自然灾害,走自力更生之路,不断与自然灾害作斗争,改造自然利用自然。邓小平认为:把世界看做一个大系统,对外开放的中国则是个小系统,中国人应抓住和平机遇,高举"发展是硬道理"的大旗。江泽民认定了可持续发展的目标,把发展作为执政兴国的第一要务,协调人口、资源和环境的关系,实现了民族振兴。胡锦涛在总结传统发展模式得与失的基础上,站在时代角度,抓住人类与环境这一社会发展过程中的基本矛盾,科学地构建了人与自然和谐共处的观念和价值目标,并在实践中不断丰富、发展了马克思主义的人与自然关系的生态学说。

(二)实践意义

中国是人口大国,处于资源相对短缺、生态环境脆弱、环境容量有限的现状,面对大规模的工业化、城市化和日益激化的人与自然关系的矛盾、环境与经济发展的矛盾,如何避免历史上曾现出的西域楼兰古国和美洲玛雅文化中断的危险,实现以人为本,全面、协调、可持续发展,这不仅是摆在中国人面前的重要历史课题,更是攸关中华民族生存和发展命运的重大问题。马克思主义生态思想中国化与时俱进地回答了在中国的国情下发展与自然的关系,指导中国创造了自然与发展关系的奇迹。

邓小平经济优先的生态学思想回答了经济文化落后的东方大国,在人口多、资源少的情况下经济发展与环境保护的问题,明确走可持续发展道路的必然选择。江泽民回答了处理人与自然关系的目标问题,提出了可持续发展战略。胡锦涛回答了在人类改造自然能力不断增强的时代背景下,如何把握人与自然的关系,并指出了人与自然和谐相处、走新型工业化道路、发展循环经济、建设生态文明,为我国的可持续发展提供了理论指导,对全球的可持续发展都具有重要意义。

五、当代社会主义生态文明建设的路径

生态文明是社会发展的一个理想情况,也是我国将要现实的一个发展目标。这一目标的具体要求是:"让人民群众喝上干净的水、呼吸清新的空气,有更好的工作和生活环境。"[①]在社会主义现代化建设的过程中,我们要始终坚持资源节约和环境保护的基本国策,将"建设资源节约型社会、环境友好型社会"作为我国发展经济的一个战略性目的来对待,因为这不仅关系到人民群众的生活质量,还关系到中华民族的生存发展。但是,作为一种新的文明形态,生态文明建设尚无范例可循,从理论到实践都需要进行艰苦的探索。在充满挑战和困难的过程中,我们应该从以下几个方面着手。

(一)加强物质层面的生态文明建设

物质层面的生态文明建设从侧面反映出一个国家的环境保护能力和科技实力。物质层面的生态文明建设具体表现在以下两个方面。

1. 加大对环境保护科技手段的投入和研发

现阶段,环境保护的科技手段已经广泛应用于人民的生产和生活中。例如,在农业生产方面,无公害农药的应用既为人们提供了更加安全、绿色的食品,又保护了土壤等生态环境;再如,污水治理设施和技术的应用更是对保护环境作出了巨大的贡献;此外,可降解的生活用品等科技手段的应用都不同程度地对推动生态文化的建设起着重要的作用。所谓生态科技文化是指以科学技术为载体的生态文化。目前,城市空气污染、江湖污染、土地沙漠化等都是我国主要的生态环境问题。例如,仅在2013年10月28日至11月2日一周之内北京就曾三度发布"空气重污染预警",空气重污染严重影响了人们的出行和身体健康,目前北京已开始制定《北京市空气重污染应急预案》,并进一步加大了对环境保护的科技手段投入和研发。环境问题因地而异,不同地方面临的环境问题有所不同,针对这种情况,各级地方政府应该认真分析、实地研究当地的环境问题,结合当地实际情况,与相关科研机构合作建立科研项目,注重环境保护专业人才的培养,为实现可持续发展而不懈努力。

2. 建设一批生态主题公园和自然保护区

人类的足迹几乎遍布地球的各个角落,但很多珍贵物种却濒临灭绝的状态。虽然我国的动植物物种都非常的丰富,但由于各种原因,很多珍稀物种没有得到及时、有效的保护,许多物种已处于濒危的边缘,而如果继续任其发展而不采取有效的措施加以保护,这些物种迟早会走向灭绝。为此,可以根据生态特点,建设一批生态主题公园和自然保护区,使珍稀动植物物种以人工饲养或栽培的方式存在于其中,以避免来自各方面的伤害,对其起到

---

① 温家宝.政府工作报告.北京:人民出版社,2005,第21页

保护作用,从而建立起人与自然和谐相处的生态系统。发挥这些地方生态道德教育的示范作用和带头作用,为人们去更多亲近自然、认识自然和探索自然提供了各类场所和必要条件。

(二)加强培养全民的生态文明观念

必须在全社会牢固树立生态文明观念,并以此作为我们建设生态文明的理论和方法指导。

建设资源节约型、环境友好型社会是全民族的共同事业。十七大报告指出:"坚持节约资源和保护环境的基本国策,关系人民群众切身利益和中华民族生存发展。必须把建设资源节约型、环境友好型社会放在工业化、现代化发展战略的突出位置,落实到每个单位、每个家庭。"[①]

在新世纪进行全面有效的社会主义现代化建设,实现中华民族的伟大复兴,把我国建设成经济繁荣、环境优美、生态良好社会主义现代化国家,是每一个中国人民的心愿,同时也是每个公民义不容辞的责任。人民群众是整个社会的基本构成单位,也是进行社会主义现代化建设的基本力量,生态文明的建设离不开他们广大人民群众的支持和努力,因此在推进我国生态文明的过程中应该重视群众的力量、依靠群众的力量、发动群众的力量、维护群众的利益,为我国的生态文明建设提供源源不断的动力。

建设生态文明的目的是让人民群众在良好的生态环境下生活得更舒适、更幸福,它是着眼于广大人民群众的福祉,也需要广大人民群众的积极配合与热情参与。要按照十七大报告提出的"生态文明观念在全社会牢固树立"的要求,弘扬传统文化中尊重自然、顺应自然的哲学思想,重新建立起人与自然和谐相处的社会发展状态。大力加强生态文明观念的教育和宣传,大幅度提高社会公众参与可持续发展的力度。生态文明观念的核心是人与自然关系的和谐,要从人与自然和谐统一的高度加强生态文明观念的教育,弘扬环境文化,努力形成节约资源、保护环境的良好社会氛围。在全社会牢固树立正确的自然观、环境伦理观,树立人与自然平等、国际间和代际间公平的思想,切实提高全民的资源环境意识,提高全社会对建设生态文明重大意义的认识,增强紧迫感和责任感,使每个公民、每个家庭、每个社区和每个单位都积极行动起来。广泛深入持久地开展资源节约和环境保护以及相关知识和法规的宣传和普及,鼓励有利于环境保护和可持续发展的各种艺术形式的作品发表,鼓励创建绿色学校、绿色社区、环境优美乡镇等公

[①] 胡锦涛.高举中国特色社会主义伟大旗帜,为夺取全面建设小康社会胜利而奋斗.北京:人民出版社,2007,第 24 页

益活动。提倡从每个单位做起,从每个家庭做起,从我做起,从现在做起,从一点一滴做起,倡导绿色消费和文明消费,形成节约保护光荣、浪费破坏可耻的良好社会风尚。

我国已进入工业化、城镇化快速发展的时代,由于我国人口基数庞大,因此在这个过程中资源的供需矛盾比较突出。如果单纯地考虑经济的增长速度,靠过量消耗资源和牺牲环境维持经济增长的传统观念是不可取的。人类历史表明:人类文明的发展和延续与资源环境密切相关。资源条件特别是生态环境的恶化不仅会破坏人们的生存条件,甚至会导致人类文明的消亡。如果再不重视节约资源和保护环境,我们也就可能"吃祖宗饭、断子孙粮",犯难以改正的历史性错误。所以,我们一定要立足生态文明观念,将生态文明作为制定政策、法规的基本原则,作为决策、管理、评估等的指导原则。各级政府必须立足我国生态状况十分严峻的现实,尊重自然规律,尊重科学,决策时实行环境保护一票否决制;调整政策导向,加大对生态环境保护的倾斜力度,加强对环境污染、温室效应、水土流失、沙漠化石漠化等生态问题的治理。为实现"十一五"环境保护规划目标,国家将实施危险废物处置、城市污水和垃圾处理等九大环境保护重点工程,未来5年全国环境保护总投入预计将达到1.3万亿元。这样的目标设计,对于降低和杜绝环境污染有着举足轻重的重大意义。当然,环境保护重点工程只是建设生态文明的一个方面,而要达到"循环经济形成较大规模,可再生能源比重显著上升"和"主要污染物排放得到有效控制,生态环境质量明显改善"的要求,不仅需要广大干部牢固树立"保住青山绿水也是政绩"的政绩观,需要组织人事部门把生态环境保护和建设的成效纳入干部考核评价体系,还必须切实解决环境执法难题,构建起环境监管的长效机制。

(三)建立健全相关的生态文明法律法规

加强法制,建立健全生态补偿、奖惩制度,形成科学的社会核算体系,以绿色GDP作为评价政府工作的重要标准。

树立可持续发展的生态文明观,建设社会主义生态文明,一靠教育,二靠法制,这两者是相辅相成的。生态文明观念的教育固然重要,但在目前,当我们所面临的生态问题十分严重的时候,法律的手段显得尤为重要。大量的事实也说明:当乱砍滥伐屡禁不止的时候,当一些严重污染环境的工厂该关不关的时候,当污染源造成巨大危害的时候,不采取严厉的法律措施是不行的。现在的问题是,有法不依,执法不严,违法不究,甚至知法犯法的情况时有发生。对此,我们必须予以高度重视,切实维护法律的尊严。要完善资源环境保护立法,加大资源环境执法力度,下力气解决有法不依、环境保护法执行打折扣的问题。要建立健全补偿、奖惩制度。有必要制定一系列特殊的优惠政策,对发展循环经济、推行清洁生产等成效显著的企业,要给予税收减免等政策优惠,鼓励和引导企业积极开发利用有利于节约资源能源、保护生态环境和促进循环经济发展的技术和产品,加快企业节能降耗技术改造,督导企业严格执行环境法律法规和污染排放标准,完善和落实企业应对突发环境事件的应急预案,努力建设资源节约型、环境友好型企业。鼓励和支持生态型产业的发展,建设生态园区和生态村镇。实行有利于科学发展的财税制度、资源有偿使用制度,适时征收环境税、资源税。建立生态环境补偿机制,落实以财政转移为主要手段的生态补偿政策,这主要包括限制传统工业发展权益损失补偿政策、提高地表水环境质量标准地方经济损失补偿政策、保障下游用水当地水资源使用权损失补偿政策、高耗水种植业结构调整损失补偿政策、保障生态林业用地而损失的土地开发使用权损失补偿政策、提高生态功能区域标准地方经济损失补偿政策、生态工程管护费用补偿政策、自然保护区管护费用补偿政策,等等。生态补偿机制的根本目标是体现社会公正,从根本上实现统筹协调发展。同时,要加大对污染环境主体的监管、处罚力度。要执行更为严格的环境保护政策,严厉查处资源环境违法行为,千方百计实现节能减排目标。对那些死抱着传统增长方式、不惜环境代价者,必须采取更为严厉的惩罚措施。要做到绿色信贷、生态环境补偿等信息公开,解决生态文明建设过程中的形式主义和权力寻租问题。

(四)在世界范围内广泛开展区域合作

中国的生态文明建设离不开世界,需要广泛、深入地开展国际合作,共同解决全球性的资源和环境问题。

"我们只有一个地球"、"生态无国界",地球上的生态是一个有机的整体,任何局部地区的变化都会对其他地方产生重大影响,保护生态环境、维护人类赖以生存的家园不仅仅是一个人、一个国家的责任,而是全球国家共同面临的问题。生态环境问题已经成为全人类共同面临的严峻课题。在当今世界,能源、矿产、水资源以及大气环境等问题,日益成为国际外交活动关注的热点。全球性的资源和环境危机,要求世界各国采取一致行动,广泛、深入地开展国际合作,相互帮助、协力推进,共同呵护人类赖以生存的地球家园,建设美好和谐的新世界。作为世界上最大的发展中国家和唯一在联合国担任常任理事国的发展中国家,我国非常重视资源节约和环境保护,努力树立负责任的大国形象。

第二节 共产党执政理论的重大创新

党的建设与马克思主义哲学中国化的伟大事业是有机统一的。党的建设服从服务于马克思主义哲学中国化的需要并为其提供根本保证。新时期,我们党已经形成了党的建设新布局,这是党的建设思想逐步成熟的体现;在党的建设中,我们特别强调党的建设的科学化以及马克思主义学习型政党建设,这对于保证马克思主义哲学中国化发展具有特殊重要的意义。

一、党的建设是马克思主义哲学中国化的内在要求

一个政党的进步性不仅体现在其所依托和代表的社会关系的先进性之中,同时也为其所从事的事业的进步与否所规定。中国共产党是中国工人阶级的先锋队,是中国人民和中华民族的先锋队,其先进性已经为历史所证明,为人民所认可。中国共产党从事的事业是推进和实现人类解放,符合社会历史进步的要求。党自成立之初,就致力于推动马克思主义哲学中国化的伟大事业,并围绕马克思主义哲学中国化的内在要求全面加强党的建设。党的建设的内容、目标都要服从、服务于马克思主义哲学中国化的需要。

政党政治是社会发展到一定历史阶段的产物,它既发生在发达国家的社会变迁里,也存在于后发国家追赶先进水平的过程中。西方发达国家的政党大多属于"自发内生性"的,资本主义生产力为资本主义的发展提供了内在动力,也为资产阶级政党提供了舞台,在与封建贵族利益博弈的过程中,政党应运而生。政党是资本主义现代化进程的产物,同时也促进了资本主义现代化进程以及民主政治的发展。但是,在后发现代化国家,执政党承担着发动和推进现代化的历史重任,美国政治学者亨廷顿在研究了后发现代化国家发展的经验后指出:"一个现代化中政治体系的安定,取决于其政党的力量。一个强大的政党能够使群众的支持制度化。政党的力量反映了大众支持的范围和制度化的水平。凡达到目前和预料的高水平政治安定的发展中国家,莫不至少拥有一个强有力的政党。"[①]政党在发展中国家往往充当新国家的缔造者,同时还要面临国家建设、经济发展和社会转型的重任。在西方先发展国家,政党与国家明显是两码事;但是在后发展国家,两者的关系不是很明确,不仅国家生存,而且经济、社会的发展更多地依赖于政党。

相比西方政党,中国共产党肩负着特殊的使命。首先要实现民族国家的独立,要承担起国家缔造者的重任,其次是要实现国家和民族的富强。中国共产党履行使命的过程就是不断推进马克思主义中国化的过程。马克思主义中国化事业的伟大成就是在党的领导下取得的。党的建设是马克思主义中国化事业发展的内在逻辑,并贯穿马克思主义中国化的始终。只有不

---

① 亨廷顿.变化社会中的政治秩序.上海:三联书店.1989,第 396 页

断加强党的建设,提高党的领导水平,才能引领马克思主义中国化的方向,实现中华民族的伟大复兴。

二、全党同志要坚定对马克思主义的信仰

党的十八大报告指出:"对马克思主义的信仰,对社会主义和共产主义的信念,是共产党人的政治灵魂,是共产党人经受住任何考验的精神支柱。"①这一重要论断,深刻阐明了马克思主义信仰是共产党人不懈的精神追求,揭示了新形势下坚持马克思主义信仰的极端重要性。

实践经验表明,没有信仰的政党和民族就如同在黑夜中失去灯塔的船只,没有奋斗目标和前进方向。不论时代条件如何变幻,马克思主义信仰的光辉依然是全世界无产者奋斗的共同纲领和行动指南。90多年来,虽然国际风云变幻,但是中国共产主义事业的依然不断向前发展,显示出了其巨大的优越性和生命力。历史的发展告诉我们,什么时候共产党人的精神垮了,共产主义事业什么时候就会走向低潮。美国前总统理查德·尼克松在《一九九九:不战而胜》一书中分析,"东欧共产党人已完全丧失了信仰","共产党的意志和信心已经破灭","今日东欧进行和平演变的时机已经成熟"。②

中国共产党的发展是以马克思主义为科学根基的,崇高的马克思主义信仰与灵魂始终指导着中国共产党人。毛泽东同志指出:"我们的党从它一开始,就是一个以马克思列宁主义的理论为基础的党,这是因为这个主义是全世界无产阶级的最正确最革命的科学思想的结晶。"③邓小平同志说:"对马克思主义的信仰,是中国革命胜利的一种精神动力。"④党从弱小走向强大,就是因为无数仁人志士坚守着这一崇高的历史信仰,在革命和建设的实践中坚持马克思主义的指导地位。可以说,有了马克思主义,中国共产党才有了发展。全党同志要坚持马克思主义信仰,自觉为党和人民的事业而奋斗。

理想信念教育是党建的永恒课题。年轻党员、年轻干部缺乏严格党内生活锻炼和重大政治风浪考验。他们在走上各级领导岗位之后,容易经受不住各种形式的考验与诱惑。对于这些人尤其要加强理想信念教育,否则会出现信仰迷茫、精神迷失的思想战线溃烂现象。江泽民同志告诫我们:

---

① 认真学习党的十八大精神人民日报重要报道汇编.北京:人民日报出版社,2012,第52页
② 张录平.第五讲,共产党员莫失信念.党员之友,2000(05)
③ 毛泽东选集(第3卷).北京:人民出版社,1991,第1093页
④ 邓小平文选(第3卷).北京:人民出版社,1995,第63页

"我们共产党人的根本政治信仰是社会主义和共产主义,世界观是马克思主义的辩证唯物主义和历史唯物主义,这是任何时候都丝毫不能动摇的。"①胡锦涛同志一再强调,"理想的滑坡是最致命的滑坡,信念的动摇是最危险的动摇"。因此,在复杂的斗争环境中,党员、干部要自觉加强理想信念教育。

三、新时期党的建设的新要求

(一)以人为本、执政为民,始终保持党同群众的血肉联系

党的十八大报告明确指出,"为人民服务是党的根本宗旨,以人为本、执政为民是检验党一切执政活动的最高标准"。②这一论断进一步强调了我们党的性质和宗旨,提出了新阶段我们党应有的权利观,对加强我们党的作风建设,密切干群关系具有重大意义。

以人为本、执政为民是检验党一切执政活动的最高标准,首先是由党的性质和宗旨决定的。作为一个马克思主义政党,党的一切活动都应该指向人民群众的根本利益。新时期党员干部要树立马克思主义权力观,从我做起加强党与人民的血肉联系。其次是党执政兴国的必然要求。马克思辩证唯物主义认为,人民群众是历史的创造者。党要对历史负责,最紧要的就是对人民群众负责。我们党始终把人民群众的根本利益放在第一位是从根本上实现执政兴国的表现。再次是党完善执政方略、改进执政方式的具体体现。我们党发展90多年以来,从革命战争年代走向社会主义建设,所有的活动都是指向人民群众的富强自主。党不断完善自身的执政方式,就是要实现科学执政、民主执政、依法执政。最后是党对执政规律和人类社会发展规律的全新认识。

群众工作是加强党同人民群众血肉联系的核心内容。党的十八大报告提出,"要围绕保持党的先进性和纯洁性,在全党深入开展以为民务实清廉为主要内容的党的群众路线教育实践活动,着力解决人民群众反映强烈的突出问题,提高做好新形势下群众工作的能力。"③这一论断其实说明了党加强同人民群众联系的主要方式和党应有的群众工作作风。加强党同人民

---

① 对马克思主义、社会主义和共产主义的信念是共产党人的政治灵魂.新华网:http://news.xinhuanet.com/politics/2013-03/11/c_114974835.htm
② 认真学习党的十八大精神人民日报重要报道汇编.北京:人民日报出版社,2012,第53页
③ 认真学习党的十八大精神人民日报重要报道汇编.北京:人民日报出版社,2012,第53页

群众血肉联系的主要方式是着力解决人民群众反映强烈的突出问题。人民群众所反映的问题是人民群众最关心的实际问题。只有把这些问题解决好、落实到位,党的其他工作才能顺利开展。党的群众工作作风应是务实清廉。务实是解决好群众问题应有的工作态度。务实要求党员干部能够正确反映群众的客观实际问题,要求党员干部能够采取合适的方式解决这些客观问题,而不是反映问题时的瞎报、瞒报、谎报,解决问题时的高、大、全式的官僚主义做法和主观主义做法。清廉是党员干部为官执政应有的工作作风。党执政兴国是为领导人民群众走向社会主义新胜利,而不是为个人搭建谋私利的工作平台。

(二)积极发展党内民主、增强党的创造活力

党的十八大报告指出,"党内民主是党的生命。要坚持民主集中制,健全党内民主制度体系,以党内民主带动人民民主"[①]。这一论断不仅指出了把党内民主在党发展中的关键地位,而且指出了发展党内民主的总思路。

民主集中制是党内民主的主要制度体系,是推进党制度化、规范化、程序化建设的重要方面,是保证党内民主健康发展的根本保障。党的十八大报告总结党内民主发展的经验,提出在今后的党建工作中积极发展党内民主的重大举措和工作着力点:第一,保障党员主体地位,落实党员知情权、参与权、选举权、监督权;第二,完善党的代表大会制度;第三,完善党内选举制度;第四,强化全委会和常委会集体领导作用;第五,扩大党内基层民主。

(三)深化人事制度改革与人才队伍建设

党的十八大报告提出,要"深化干部人事制度改革,建设高素质执政骨干队伍"[②]。人事制度改革说到底是干部队伍建设与人才培养。改革开放以来,我们党提出干部队伍要革命化、年轻化、知识化、专业化,指出干部队伍建设的方向与指导方针。党的十八大报告在过去十年干部队伍建设的经验基础上强调了干部队伍建设的两大原则。

一方面坚持党管干部原则。党的干部队伍建设要坚持贤德并重,注重实效,形成广纳群贤、人尽其才、能上能下、公平公正、充满活力的中国特色社会主义干部人事制度。在党的干部队伍建设过程中,要全面坚持民主、公开、竞争、择优方针,提高干部选拔公信度,不让老实人吃亏,不让投机钻营

---

① 认真学习党的十八大精神人民日报重要报道汇编.北京:人民日报出版社,2012,第54页

② 认真学习党的十八大精神人民日报重要报道汇编.北京:人民日报出版社,2012,第54页

者得利。另外,还要加强和改进干部教育培训,提高关键岗位干部素质和能力。

另一方面要坚持党管人才原则。人才队伍建设是保证党和人民事业兴旺发展的根本之举。第一,加快我国由人才大国向人才强国转型,在全社会形成尊重劳动、尊重知识、尊重人才、尊重创造的风气,确立社会人才优先发展战略。第二,加快实施重大人才工程,加大创新人才、实用人才的培养力度,充分开发国内人才资源,引进海外人才,改革人才发展机制和政策创新体制。

(四)创新基层党建工作,加快服务型党组织建设

基层党组织建设是党同人民群众联系的基础。党的十八大报告明确提出:"以服务群众、做群众工作为主要任务,加强基层服务型党组织建设。"[①]这一重要论断明确显示了基层党建的工作任务和工作方向。

加强基层服务型党组织建设,一方面,是践行党的根本宗旨的必然要求。党要实现为人民服务的根本宗旨必然需要千千万万的基层党员在实际工作中落实党的各项政策。党的基层组织既是反映人民心声的通讯堡垒,也是落实党的政策的战斗堡垒。因此加强基层党组织建设,提高基层党员干部组织群众、宣传群众、教育群众、服务群众的本领是当前党为人民服务的必然要求。另一方面,是新时期完成党的执政使命的需要。实践证明,正是由于基层党组织充分发挥了战斗堡垒作用,才使我们党在革命、建设、改革各个历史时期能够历经磨难而不衰,取得辉煌成就。

加强服务型基层党组织建设,可以从以下四个方面入手。首先,注重增强党员服务群众的意识培养。要在广大党员干部群体中牢固树立人民群众是历史创造者的观点,虚心向人民群众学习。其次,扩大基层党组织的覆盖面,要在私营企业和外资企业中建立党组织。再次,健全联系服务群众机制。最后,坚持领导干部下访与接防,引导群众依法表达诉求。

(五)建设廉洁政党,严明党的纪律

党的十八大报告强调要进行党的反腐倡廉建设,严明党的纪律,自觉维护党的集中统一。胡锦涛同志指出:"这个问题(指反腐倡廉)解决不好,就会对党造成致命伤害,甚至亡党亡国。"[②]这一论断把反腐倡廉提升到了与

---

① 认真学习党的十八大精神人民日报重要报道汇编.北京:人民日报出版社,2012,第56页

② 认真学习党的十八大精神人民日报重要报道汇编.北京:人民日报出版社,2012,第57页

党性命攸关的地位,充分体现了党对腐败危害性的清醒认识和对反腐败斗争的高度重视。

1. 进行廉政道德建设

从我国基本国情出发,进行廉政道德建设,应做到以下三个方面。

第一,重视人文精神。在社会化腐败面前,我们应该深思,是什么导致了整个社会的腐败。其中重要原因就是我们的精神被物化了,人文精神遭受了冷遇。一个健全的社会离不开良好文化体系的支撑。一个国家文化底蕴越深厚,民风也就更纯洁,公民素质也会随之提高。

第二,大力弘扬中华民族传统美德。在西方文化横行的今天,我们要坚守住我们的道德家园,我们要弘扬中华民族的传统美德。我们要从幼儿时期就开始对其进行道德教育,要把传统道德教育与共产主义道德教育结合起来。香港地区廉政经验之一就是从小学开始进行道德廉政教育。

第三,加强官德官风教育。"国家之败,由官邪也。"官员日常的表率作用直接关系着社会风气的好坏。官德教育要法制化、行政化,用法律手段推动道德建设。我们要做好宣传教育工作,要在全社会树立典型,要广泛宣传那些艰苦奋斗,不图享受,甘为孺子牛的廉洁干部。在官德官风教育方面,我们认为应从以下两个方面入手。

首先,要加强对领导干部的党风廉政教育。一是加强以马克思主义廉政观为核心的廉政道德教育。二是加强以中国共产党的纪律规定和国家法律法规为主要内容的法纪教育。三是加强以行政伦理为基础的廉洁自律教育。

其次,领导干部自身要切实承担起党风廉政建设的领导责任。领导干部要以身作则,充分认识到廉政文化建设在反腐败大局中的基础性作用和潜移默化的功能,努力推进党风廉政建设。

2. 加强廉政制度建设

加强廉政制度建设的最终目标是要形成一个防范权力腐败的制度体系,从而更好地建设社会主义廉政文化。

(1) 加强国家反腐倡廉制度体系建设

加强国际反腐倡廉制度体系建设,核心是提高反腐倡廉法制化水平,适时将经过实践检验的反腐倡廉制度和有效做法上升为国家法律法规。国家反腐倡廉制度体系,主要包括公职人员廉政教育、权力监督制约、公职人员薪俸保障和严厉惩治腐败四个方面。

(2) 加强党内反腐倡廉制度体系建设

党内反腐倡廉制度体系是国家反腐倡廉制度体系有效发挥作用的保障,可以进一步分为反腐倡廉工作机制、宣传教育制度、党员干部廉洁自律、党内民主监督制度、违反党纪案件处罚制度等方面。要健全党内反腐倡廉制度体系，必须以中国共产党章程为依据，统筹推进党内各项反腐倡廉制度建设。

在反腐倡廉宣传教育制度方面，要适应反腐倡廉教育实践需要，继续完善党内生活制度、理论学习中心制度以及干部培训、管理和考评制度，完善反腐倡廉"大宣教"的工作格局。"搞好反腐倡廉'大宣教'，就是要在党的领导下，把反腐倡廉宣传教育纳入全党宣传教育的总体部署之中，把方方面面的积极性和创造性引导好、保护好、发挥好，形成整体合力，营造良好氛围。"

在党内民主监督制度建设方面，《建立健全惩治和预防腐败体系2008—2012年工作规划》指出，要完善党的地方各级委员会、常委会工作机制，制定党代表大会任期制的具体实施办法、健全党务公开制度、党内领导干部选拔制度、常委会向全委会报告制度等，并提出了一些具体的制度建设计划，为加强党内民主监督制度提供了着力方向。

在党员领导干部廉洁自律制度方面，需要根据新情况继续完善《中国共产党党员领导干部廉洁从政若干准则》《国有企业领导人员廉洁从业若干规定》等制度规范的相关配套法律，制定有效的执行性制度和措施，使其相对宏观的现实具体化。

在违纪案件查处制度方面，要在已有党内法规的基础上，注意制定《中国共产党纪律处分条例》的配套规定，并注意健全纪检监察机关与检察机关相互移送案件工作制度，并对原有制度加以完善。

(3) 不断整合和完善现行制度

改革开放以来，我们虽然也形成了不少制度，但在反腐败方面的制度建设仍是相对滞后的，制度弱化、制度缺位、制度错位等现象较为突出。在现实中，我们不难发现，各级人大虽然是最高权力机关，享有最高监督权，然而重大腐败案几乎没有一起是来自于人大监督，这在很大程度上反映了人大监督尚未充分履行制度赋予它的相应职能。在各级人大代表中，也存在着官员化、行政化的现象，官员代表占据人大代表总数的较大比例，这不利于人大对政府的监督，应通过制度设计将人大代表去行政化、去官员化。司法权也应该具有相对的独立性和自主性，法治原则应该得到尊重和贯彻。要进行司法系统的预算、人事制度改革，改变各级法院在实践中受到行政权牵制的被动局面，以免影响司法公正和法治原则。

第三节 中国特色社会主义文化建设理论

中国特色社会主义文化建设理论是中国特色社会主义理论体系的重要

组成部分,与整个中国特色社会主义理论体系一样,是中国共产党在长期实践与探索过程中创立并逐渐形成的,是中国特色社会主义文化建设实践理论的概括和反映,提供了新的历史阶段中国文化建设的理论纲领依据,为中国特色社会主义文化建设的理论指明了方向。

中国特色社会主义文化建设理论是在马克思主义哲学中国化的基础上的进一步丰富和发展,是马克思主义理论与中国实际相结合的产物,反映了中国共产党对社会主义文化建设的规律性认识,是团结、凝聚和激励全国各族人民的重要力量。中国特色社会主义文化建设是以马克思主义为核心,是区别于资本主义文化的重要标志,它是对人类文化建设进行探索的理论成果,是中国特色社会主义文化建设理论的理论基础。

一、马克思、恩格斯关于文化建设的理论内容

马克思主义文化建设理论是以唯物史观为理论基础,是马克思主义科学理论体系的重要组成部分。马克思、恩格斯对"文化"含义有多种理解和运用。一是文化包括物质文化和精神文化,与文明是一致的;二是人类创造出来的新技术、新工艺、新技术装备等都属于文化的范畴。恩格斯曾指出:"文化上的每一个进步,都是迈向自由的一步。"[①]马克思认为,人的实践或劳动,是人区别于动物的最本质特征,而这里所说的通过人的劳动创造的相对于天然的"人化的自然界"实际上指的就是人的文化世界,文化是人区别于动物的本质特征。

从总体来说,马克思、恩格斯运用唯物主义历史观对文化进行考察,认为文化主要是由一个基础、两大部分和三个层面组成。所谓一个基础是就是指人类社会对客观世界进行改造的一切实践活动,文化的产生离不开人类改造客观世界的社会劳动。物质文化和精神文化即文化的两大部分。三个层面则指的是物质文化、精神文化和制度文化。因此,文化从广义上来说,就是指人类对客观世界进行改造的所有社会实践,其中物质文化、精神文化和制度文化的创造是以物质生产的实践为源泉和基础,文化发展又是以劳动群众为创造和推动的主体。以此为基础,马克思、恩格斯就文化建设的理论内容做了详细的、科学的研究和论述,从文化产生的原因,到文化对经济发展的反作用,再到提出文化的核心内容,这一文化理论体系成为中国特色主义文化理论的渊源。

(一)文化产生的原因

马克思、恩格斯认为文化的源泉和基础是人类改造世界和改造人本身

---

① 马克思恩格斯选集(第 3 卷).北京:人民出版社,1972,第 154 页

的活动。人类生存和发展的基本条件是物质资料的生产,它同时也是文化产生和存在的基本的、初始的条件。物质资料再生产的过程也是文化本身生产的过程。马克思指出:"宗教、家庭、国家、法、道德、科学、艺术等等,都不过是生产的一些特殊方式,并且受生产的普遍规律的支配。"①恩格斯也认为:"直接的物质的生活资料的生产,从而一个民族或时代的一定的经济发展阶段,便构成基础,人们的国家设施、法的观点、艺术以至宗教观念,都是在这个基础上发展起来的,因而,也必须由这个基础来解释。"②通过以上理论可以看出,经济状况决定了文化的产生和发展,随着经济的不断发展,文化发展水平也得到不断提高,一个社会的经济状况和生产力发展水平必定可以通过这个社会的文化反映出来。因此,归根结底来说,人的文化发展及其形态的变更是依赖于人类生产方式的发展及其形态的变更。马克思主义对文化的产生、发展从唯物史观的角度作了辩证而科学的说明。文化的产生是起源于人处理其与自然关系的活动过程中,是在自然历史的进程中逐步创造并形成的,它与抽象的人性、理性、绝对观念、神意,以及所谓的人的"文化基因"无关。总之,文化产生应从人在处理人与自然、人与人的关系的社会活动实践活动中去寻找,去实现。

(二)文化对经济发展的反作用

马克思、恩格斯认为经济的发展水平与文化的发展水平并不是完全一致的。例如,18世纪的法国在经济上落后于当时的英国,但在哲学和政治思想领域取得的成就却超过了英国,后来的德国对英法两国来说也是如此,因此可以说,"经济上落后的国家在哲学上仍然能够演奏第一提琴"③,文化的发展水平在某种程度上与经济的发展水平并不同步。同时,马克思、恩格斯还认为文化(包含意识形态在内)对经济基础具有反作用,一方面,文化(包括政治、哲学、文学、宗教、艺术等)的发展是依赖于经济发展水平的,是以经济发展水平为基础的;另一方面,二者之间又是相互统一,互相影响的,文化也对经济基础发生作用,即文化的关系不仅在于内部各要素之间的相互影响和相互制约,而且还在于能反作用于经济基础。马克思、恩格斯的这一思想对研究文化的价值做出了深刻的说明,通过研究和掌握文化的发展进程以及其发展的特殊规律,我们可以使文化的这一作用得以充分发挥,从而推动社会经济和生产力的发展,并对社会的发展和进步起到促进作用。马克思、恩格斯在认识到文化反作用的基础上,强调无产阶级革命既要同传

---

① 马克思恩格斯选集(第42卷).北京:人民出版社,1979,第121页
② 马克思恩格斯选集(第3卷).北京:人民出版社,1995,第776页
③ 马克思恩格斯选集(第4卷).北京:人民出版社,1995,第773页

统的所有制进行最彻底的决裂，推翻旧的经济制度，又要彻底同传统的文化观念决裂推翻旧的思想文化。并以革命实践的需要为依据，对人类历史上的一切优秀文化成果进行积极的吸收和借鉴，并在此基础上，进一步创造新的文化。对于无产阶级政党来说，马克思、恩格斯特别强调无产阶级政党的优势在于，作为无产阶级的先锋队，其理论基础必须是科学的思想，理论基础必须是创新的、科学的观点，这一理论指明了文化建设对一个政党也有着非常重要的作用。

(三) 文化的核心是人的自由全面的发展

马克思、恩格斯文化理论的出发点是社会关系的整体，目的是人的发展的总体过程。马克思认为，造就高度文明的人，是通过培养人的一切社会的属性，使其成为具有尽可能丰富的属性和联系的人，因此，需要通过文化使其作为尽可能完整的和全面的社会产品为满足广泛的需求将其生产出来。马克思的这一论述，揭示出了文化的实质、意义和社会目的。也就是说，文化的实质、意义、目的就是为了人的发展，为了培养具有尽可能丰富的属性和联系的全面发展的人。文化是在人处理人与自然的关系的实践活动过程中逐步创造出来的，是以这个过程为起源，并在人处理人与自然、人与社会的关系的实践活动过程中不断发展起来的。所以说，从文化产生的那一刻起，文化就成为内在于人的一个不可或缺的要素，与人紧密联系在一起，成为人之所以为人的本质特征。因此，从社会发展的主体角度来看，文化的核心表现为人的思想素质、知识素质以及二者融为一体的综合素质，而这种综合素质又直接地或者间接地对个人、群体、民族及至整个人类的存在状态做出了规定。这种综合素质是人区别于动物，人类社会区别于自然的根本特征。一旦人的综合素质得不到全面的发展和提高，那么就必然会导致人与人之间的对立、冲突，乃至社会的危机；导致人类与自然的对立，造成生态危机。因此，从某种意义上来说，"文化即人化"。

二、中国特色社会主义文化建设的内容

中国特色社会主义文化是在马克思主义理论的指导下，以培养社会主义"四有"公民为目的的文化，是充分体现时代精神的文化。它主要包括以下几方面的内容。

(一) 思想理论建设

思想理论建设在很大程度上决定了文化建设的道路、方向和走势，决定了文化建设成就的大小。结合全面建成小康社会与构建社会主义和谐社会对文化建设的要求，在中国特色社会主义理论体系指导下，以当前文化工作

者和广大人民群众广阔而丰富的文化实践为基础,对关系文化发展的重大课题做出科学回答,进而明确社会主义现代化建设中文化建设的地位和作用、指导思想和根本任务以及工作的中心环节,能够正确认识和全面把握关系到文化建设全局的若干重大关系,并以此为基础,对文化建设的全局性、战略性、前瞻性问题进行认真思考,对文化工作的近期任务和长远目标进行正确规划。思想理论建设不能懈怠,必须常抓不懈,它为文化建设提供思想保障意识。我们要始终以培养四有新人为目标,以满足人民群众精神文化需求为根本任务,提高全民族素质,促进人的全面发展为宗旨,建设富强、民主、文明的社会主义现代化国家。深入学习并贯彻落实邓小平理论和"三个代表"重要思想,与我国文化领域的思想实际和工作实际紧密结合,不断推进文化领域的思想理论建设,及时地、有针对性地对文化队伍和文化工作进行思想政治引导。因此,首先要坚持马克思主义在意识形态领域的指导地位,坚持"三个代表"重要思想在文化建设中的统领地位;其次,坚持科学发展观,从社会主义现代化建设的全局出发,对战略机遇期的文化建设进行认真研究,对现阶段中国文化建设的发展战略和方针政策要有整体上和长远上的把握;最后,顺应时代潮流,增强与时俱进、开拓进取的新意识,努力推动文化思想和观念、体制和机制、内容、形式和方法的创新。以此为重点进行思想理论建设,就可以使文化保持正确的发展方向和文化事业的持续发展繁荣。

(二)新闻舆论导向

新闻媒体对现实社会现象和问题进行报道的过程中所表达出来的态度、意见等的总和即为新闻舆论。当今社会已经是大众传媒的时代,在人们的生活中,广播、电视、报纸、网络等大众传媒扮演着越来越重要的角色。从某种意义上来说,大众传媒通过对现实社会现象和问题的报道而为我们建构起了一个被认识的现实生活世界,对我们的世界观、人生观和价值观造成了影响,并进一步影响我们的社会实践行为。为此,在现代化进程中任何一个国家和政府都不应忽视大众传媒为其提供精神动力的作用。对我们来说,更是如此,我们要建设具有中国特色社会主义文化,同样离不开新闻舆论的支持。通过正确的新闻舆论导向,在全社会形成统一的指导思想、共同的理想信念、强大的精神力量以及良好的道德风尚,为深入学习实践科学发展观,推动社会主义文化大发展大繁荣提供有力的思想保证、精神动力和舆论支持。

1. 用社会主义核心价值体系引领社会思潮

社会思潮属于社会意识形态的范畴,是社会意识的表征,是特定社会存在的反映。随着社会主义市场经济的不断发展与完善,改革开放的不断深化,我国的社会结构发生了翻天覆地的变化。"当前,我国社会思想文化多元多样多变,人们思想活动的独立性、选择性、多变性、差异性不断增强。"[①]社会生活中充斥着各种各样好的坏的、先进的落后的、主流的与非主流的社会思潮,各种思想观念相互交织,在相互碰撞中发生复杂变化。价值观会影响人们的行为方式进而影响人们的实践行为,而社会思潮的发展方向又会影响社会意识形态。因此,党在新时期提出将推动社会主义文化大发展大繁荣作为一项重大战略任务,成为中国特色社会主义事业总体布局的重要组成部分。这需要全党、全国各族人民认清形势,将思想统一到这一光荣而艰巨的任务上来,在科学发展观的指导下,共同开展文化建设实践活动。所以,要在进行文化建设过程中坚持以社会主义核心价值体系引领社会思潮,这就要求大众媒体能始终坚持正确的舆论导向,将多样化的社会思潮引领到正确轨道上来。必须在推进具有中国特色社会主义文化建设过程中以"尊重差异,包容多样"的基本原则和方针为基础,以社会主义核心价值体系为出发点,用马克思主义中国化的最新成果武装全党、教育全国人民,用中国特色社会主义的共同理想凝聚社会力量,用社会主义荣辱观引领时代风尚,用以爱国主义为核心的民族精神鼓舞斗志,用以改革创新为核心的时代精神激发潜力。要努力建设符合广大群众的价值取向、愿望要求和自觉行为的社会主义核心价值体系,进一步营造积极向上的社会舆论环境,形成有利于具有中国特色社会主义文化建设的舆论强势。

2. 坚持正确导向,弘扬社会正气

社会主义核心价值体系引领社会思潮目标的实现,需要充分发挥各方面的力量,尤其是要善于运用广播、电视、报纸以及网络等大众传播媒介,对社会舆论加以引导,使之得到有效疏导,为社会的发展提供正确的理论支持,为人们的实践行为提供思想支持,从而为建设中国特色社会主义社会营造良好的舆论氛围。新闻媒体是实现社会主义核心价值体系普及化、大众化的主要途径。而其效果则是由新闻报道的传播效果决定的,从实质上说,社会主义核心价值体系的普及化、大众化不是取决于新闻报道的数量,而是由其质量决定的。在实际操作过程中,新闻舆论的质量决定着新闻舆论对社会舆论的引导效果。就目前的状况来看,我国的大众传媒在宣传国家的重大方针政策、坚持正确舆论导向方面还是做得比较到位的,但这并不意味着能够产生较强的舆论宣传效果,因为我国的大众传媒的报道思路、形式和观念等无法满足群众的需求,限制了报道效果,影响了新闻舆论引导功能的

[①] 李长春.深入学习和实践科学发展观推动社会主义文化大发展大繁荣.求是,2008(22)

全面发挥。因此,应切实贯彻落实"三贴近"原则,提升新闻报道质量,提高新闻舆论的引导效果;正确理解"坚持正面报道为主的方针",发挥正面报道的激励功能,兼顾负面报道的疏导功能,实现新闻舆论的正面引导效应。

(三)文学艺术繁荣

文学艺术是借助语言、表演、造型等手段塑造典型的形象,是对社会生活的反映,属于社会意识形态的范畴。其中语言艺术、表演艺术、造型艺术、综合艺术等都属于它的范围。文学艺术是人类精神活动的一种重要的方式,是人的精神食粮,可以满足人的精神需求。失去精神的人类就如同失去了灵魂,人类的发展离不开文学艺术。

在党的十七大报告中,胡锦涛同志突出强调了文化软实力,强调提高国家文化软实力对社会主义建设的极端重要性,而文学艺术及其生产力就包含在文化软实力之中。另外还提出了全面推进社会主义经济建设、政治建设、文化建设、社会建设以及生态文明建设,而由于只有与经济社会的发展需要相适应的文化才能充实和支撑经济社会的发展,因此,我们既要加大文化建设的发展力度,还要加快其发展速度,尤其是随着经济全球化、一体化的进程不断加快,更需要文学艺术来充实人们的精神世界、满足人们的文化消费、营造人们的精神家园。

文学艺术的繁荣,是建设小康社会的精神表征。在全党深入学习实践科学发展观的活动中,推动文学艺术的繁荣发展是广大文艺工作者义不容辞的时代责任;只有抓好中国特色社会主义文化建设的第一要务,即文学艺术大发展,才能推动文学艺术的大繁荣;推动文学艺术的大繁荣需要维护好、实现好、发展好最广大人民的基本文化权益。只有文学艺术大繁荣才能实现造福于民的伟大宗旨,满足广大人民群众日益增长的精神文化的需要,从某种程度上来说,文学艺术的社会需求反映出一个社会的文明程度。

党在推进社会主义文学艺术繁荣方面的主要贡献有以下几个方面。

1.调动文艺工作者的积极性

改革开放和社会主义现代化建设为中国特色社会主义文化的繁荣和发展提供了前所未有的环境、基础、条件和机遇。党中央、国务院不断提高对文化建设的重视程度,加大对文化建设的支持力度,在十七大精神指引下,推进文艺创新,抓好文化产业,不断发现人才、保护人才,提高创作水平,努力促进文化事业再上新台阶,充分调动广大文艺工作者为社会奉献精神食粮的积极性。国家通过营造宽松的发展空间的重要举措、提供深化文化体制改革的有力保证、培养高素质的文艺人才队伍、增强文学艺术作品的自主创新和自觉意识等一系列重大的政策措施,充分调动了广大文艺工作者的积极性,推动文学艺术的大繁荣,谋求中国特色社会主义文化建设的全面、健康、协调发展。

2. 创新文艺作品生产方式

创新是文化的本质、灵魂。当代中国的文化需要在中华民族祖先积累和结晶的优秀文化传统基础上不断创新,需要对传统文化转化和重塑,创新决定了传统文化的延续和发展。从解放思想方面来说,就是观念的创新,必须充分认识发展文化产业的重要性、必要性,树立全新的文化产业意识;从理论方面来说,理论创新是文化创新的核心和前提,人民群众创造新生活的实践是创新的不竭源泉和动力;从体制和机制的改革方面来说,它们是文化文艺繁荣的制度保障,文化体制改革首先必须与社会主义精神文明建设的特点和规律相适应,符合社会主义市场经济发展的要求。全面贯彻党的文艺方针政策,尊重文艺发展的自身规律,营造文艺创新、文艺繁荣的良好氛围。

文艺作品生产方式的创新也是我们在创新中必须要考虑到的因素,文化艺术作品生产的多样化已经因为人们对精神生活需求多样性而势在必行。不同层次的精神文化产品供求状况既与文化艺术作品社会功能的发挥、社会价值的实现相关联,又与文化艺术作品的自身经济效益、社会效益和公共利益相关联。因此,社会主义文化艺术作品发展必须以提高文化艺术作品生产的自觉性,正确把握文化艺术作品的生产消费和传播方向为宗旨。并且,为进一步巩固和发展文艺界大繁荣的良好局面,应该大力推进文艺创新,推出更多优秀文艺作品和优秀文艺人才,这是促进社会主义文艺事业全面繁荣发展的根本保证。要引导广大文艺工作者立足于时代特征创新文艺内容形式、体制机制和传播手段,创作出贴近人民现实生活,反映人民主体地位,易被群众接受和喜爱的优秀精神文化产品。要积极配合有关部门,发现、举荐和培养优秀文艺人才,设立文艺精品创作和奖励基金,扶持优秀文艺作品创作生产。为广大文艺工作者发挥艺术才华、展示创作成果搭建各种平台,创造各种条件,如通过举办展览、演出、艺术节和书刊出版、影视制作等方式。通过不断的努力,引领广大文艺工作者紧跟时代潮流,不断推陈出新,创作和生产出更多更好的文艺精品、传世之作,进而更好地巩固文艺界大发展大繁荣的良好局面。当文艺作为一种商品或者一种产品出现时,也就意味着存在着一种生产或者说经营方式。在文艺生产方式中,也就存在着一种商品的机械复制和批量生产的规模性生产方式。并随之出现了一些与商品相关的词汇,如"包装"、"运作"、"形象"、"设计"等。文化产品的生产被产业化已经成为不可避免的趋势。

3. 推动精品,多出人才

随着时代的发展,艺术生产已经同物质生产一样,也需要通过产品的形式将成果提供给社会,并通过交换,体现产品的价值,从而维持再生产和扩大再生产。产品的质量对于艺术生产部门的生存与发展至关重要,它关系到艺术生产部门能否担当起给社会提供能够提升人的精神需求、文化熏陶的重任。因此,在文学艺术发展中,应更多地推出精品,多出人才,保证艺术生产的质量,更好地满足人民对精神文化生活的需求。

三、中国特色社会主义文化建设的意义

中国特色社会主义文化建设是综合国力的重要标志,是凝聚和激励全国各族人民的重要力量,既体现了中国经济、政治、社会等建设的实际需要,又对它们有着重要的意义和影响。

(一)中国特色社会主义文化建设是中国特色社会主义建设的精神动力

中国特色社会主义文化所形成的强大的感召力、凝聚力、共同理想和意志信念,是实现中华民族伟大复兴和社会主义现代化以及屹立于世界民族之林的伟大精神动力。

理想信念是国家民族精神的中流砥柱。毛泽东同志指出,党要有"共同语言",社会主义国家要有"统一意志";邓小平同志指出,"我们这么大一个国家","一靠理想,二靠纪律","才能团结起来、组织起来"。[①] 江泽民同志指出,"一个民族、一个国家,如果没有自己的精神支柱,就等于没有灵魂,就会失去凝聚力和生命力"。[②] 胡锦涛同志指出,要"增强民族精神","巩固精神支柱","形成共同理想信念"。中华民族的精神世界是以中国特色社会主义文化为灵魂,中国特色社会主义文化对共产主义理想和社会主义信念进行积极的宣传和倡导,并始终坚持不渝,对一切有利于经济发展、政治民主、人民富裕、社会和谐的思想和精神给予支持和宣扬,对一切有利于民族团结、祖国统一、民心凝聚的精神进行大力弘扬,使全社会逐步形成共同的价值取向,提供经济社会科学发展的精神动力。这样首先有助于提高人们对科学发展、社会和谐的认同感,以团结一致地推动经济社会的又好又快发展;其次,还能提高人们的劳动生活积极性、主动性、创造性,使人们能始终保持昂扬向上的精神状态;再次,还能引领人们树立和谐理念、发扬和谐精神、培育和谐文化,把各方面的智慧和力量凝聚到推动科学发展、促进社会和谐上来;最后,可以增强人们追求和创造理想活动的自觉性、能动性,激励人们将各种生产生活活动指向一个统一的方向,使人们追求的层次不断升

---

① 邓小平文选(第3卷).北京:人民出版社,1993,第111页
② 江泽民文选(第2卷).北京:人民出版社,2006,第230页

华,从而实现建设富强、民主、文明、和谐的社会主义现代化强国的宏伟目标,具有形成共同理想和统一意志的整体,努力为全面建成小康社会,实现民族伟大复兴而奋斗。

(二)中国特色社会主义文化建设是中国特色社会主义建设的思想保证

社会主义核心价值体系是社会主义文化建设的核心内容,它揭示了中国特色社会主义共同思想基础的基本内涵和基本要求,也就是要推动全社会形成统一意志,具有共同理想,为实现中华民族的伟大复兴而共同奋斗。

随着时代的发展,文化在综合国力竞争中愈来愈显示出其举足轻重的作用。当今世界,世界政治日趋多极化,经济日益全球化,各种思想文化相互激荡,意识形态领域的斗争更加错综复杂,既相互吸引又相互排斥,既相互斗争又相互交融,既相互抵御又相互渗透,既出现了进步也出现了倒退。改革开放以来,中国社会主义现代化建设取得了举世瞩目的成就,但面对和平崛起的中国,西方敌对势力却意图使我们"西化",对我们实施一系列"分化"和"遏制"的政策,尤其是在思想文化方面的渗透,更是不遗余力。采取各种手段对西方的价值观、政治思想、审美情趣和生活方式进行宣传,妄图将它们所谓的那些"民主"、"自由"的思想观念强加给中国,以实现其不可告人的目的。针对这一情况,邓小平同志曾说,"要说有危险,这是最大的危险"。面对这样的形势,我们必须立足于社会主义事业兴旺发达和民族复兴的高度,充分认识中国特色社会主义文化建设对于中国特色社会主义的重要意义。认识到其重要性和紧迫性,加强社会主义文化建设实际上就是要对社会主义核心价值体系加强建设,要始终坚持中国特色社会主义先进文化前进方向,以提高全民族文化创造力为动力支持,真正实现人民基本文化权益的利益保障,丰富社会文化生活。要始终保持意识形态领域中马克思主义的指导地位,对无产阶级政党的执政规律、社会主义的建设规律和人类社会的发展规律进行积极的探索和改造,激发人们的创新思维,使其成为中国特色社会主义建设的理论指导,坚定中国特色社会主义的发展方向。用马克思主义的科学真理应对西方敌对势力"西化"、"分化"的严峻挑战,以坚定正确的政治思想处理各种复杂的社会矛盾,坚决抵制和排除各种消极思想对人民的影响,营造社会主义现代化建设良好的思想环境。我们要始终代表中国先进文化的前进方向,追求和谐的社会主义文化,树立马克思主义中国化的思想信念,成为全国各族人民不畏艰险,不受干扰,继续积极地投身改革开放和社会主义现代化建设的指路灯。

(三)中国特色社会主义文化建设为社会主义中国塑造国家文化形象

国家文化形象是国家形象的一个重要组成部分,它集中反映出一个国家的文化传统、文化实力和文化创造力;体现出一个国家的文化道德素质、精神风貌和对文化的吸收创造能力,显现出一个国家的文化在国际上的影响力,是一个国家政治和经济形象的精神支撑,同时更是一个国家宝贵的财富和必不可少的软实力,是加强国际间交流与对话、提升国家形象的重要载体。因此,在世界各国制定社会发展战略时将塑造国家文化形象作为其中一项重要的内容。

中国特色社会主义文化建设是要塑造与我国经济实力、国际地位、文明古国这一形象相符合的国家文化形象。它既要大力推动文化复兴,又要继续推进经济繁荣、政治文明和社会和谐;还要在"两手抓"的基础上,培养"四有"公民;更要满足人民群众不断增长的精神文化需求,更多地为全人类提供健康、多样、富有创造性的文化产品。

四、始终坚持马克思主义在我国文化领域中的主导地位,建立中国特色社会主义文化

中国共产党在推进马克思主义哲学中国化的进程中,得出了一条基本的经验,这就是面对文化领域中的各种矛盾与冲突,必须始终坚持马克思主义在文化领域中的主导地位,这样才能确保中国特色社会主义文化的正确前进方向。

(一)发展中国化的马克思主义主流文化,必须正确应对马克思主义在文化领域所遇到的各种挑战

在当代经济全球化背景下,世界不同文化之间在相互接触、交融过程中,也必然面临着复杂的矛盾与冲突。一方面,文化交融和碰撞的主导倾向是超越本土文化的文化认同和价值认同,并且这种超越国界、超越社会制度的全球范围内公认的普遍价值观的出现,深刻地影响着生活在各种文化背景下的人们的思想和生活方式;同时,文化民族化倾向与文化认同化作为矛盾的另一方面而存在,并保持强有力的态势。这两种不同的文化发展倾向,同时也向作为一种文化形态的马克思主义发起了挑战。如何看待文化冲突及其对未来人类文化发展的影响、如何寻求各种文化价值观在一定条件下的和谐共处、如何发展创新马克思主义文化并使它始终站在历史的前列,这些都是马克思主义在文化领域所必须面对和回答的问题。

1. 在当代全球化过程中形形色色的文化思潮对马克思主义提出挑战

例如,某些西方国家的冷战思维阴魂不散,不断向发展中国家特别是社会主义国家实施文化渗透。它们既鼓吹多元化,以消解对方国内占统治地位的意识形态;又鼓吹新自由主义、新干涉主义,强迫对方接受它们的价值观。其根本目的就是通过文化渗透,分化、削弱和瓦解社会主义国家,以便在日益激烈的国际竞争中实现对全世界的控制。另一方面,各种文化激进主义日益兴起。伊斯兰激进组织兴起,对整个伊斯兰世界产生着重要影响。"亚洲价值"和"当代新儒学"再度复活,也成为一种新的文化思潮,如此等等。面对各种挑战,我们必须保持清醒头脑,并积极应对,才能使中国化马克思主义立于不败之地。

2. 改革开放以来,在我国文化领域中先进与落后文化的斗争,也呈现出空前复杂多样的局面

例如,发展市场经济与发展先进文化之间存在着矛盾。市场的最高原则是利益最大化,文化则以至真、至善、至美为最高价值和原则;市场关心的是个人的、团体的、局部的、世俗的利益,文化则从人生理想的意义上确立人的基本价值。如何实现一个健全社会所必需的文化最高价值取向与市场的价值取向之间的平衡、融通文化理想主义与市场现实功利主义的冲突,这无疑是马克思主义指导下的社会主义文化建设面临的一个重大课题。又如,发展高雅文化或严肃文化与发展通俗文化或大众文化之间同样也存在着矛盾和冲突。在市场经济条件下,通俗文化或大众文化因其通俗性、娱乐性最能抓住消费者的心理,最有可能进入市场,被买方接受,实现其价值。而高雅、严肃文化将真、善、美作为最高追求,与市场的品性有难以吻合的一面,其市场化是有困难的,这对马克思主义指导下的社会主义文化建设也会形成一定的冲击。

3. 在全球化背景下,中国化马克思主义文化在拓展中还要遇到中国文化认同与外来文化认同之间的矛盾

20世纪,中国文化发展既是中国传统文化与外来文化相互融合的过程,也是两者之间相互冲突的过程。随着我国改革开放和现代化建设的逐步推进,中外文化的冲突与对话再次凸显。20世纪80年代"文化热"中关于"儒家复兴"与"全盘西化"的争论、20世纪90年代关于人文精神的讨论,无疑都是自19世纪中叶以来中西方文化碰撞和交融的延续,并且有所加深。这个问题必然不会在短期内得到彻底解决,并将给推进中国化马克思主义的文化建设带来新的不确定性。

4. 思想文化领域出现的文化多元化现象,是对马克思主义文化提出的直接挑战

这种文化多元化现象表现在诸多方面。如历史虚无主义抬头,有些人曾借总结建党80年、建国50年的经验教训鼓吹历史虚无主义,全面否定共产党,进而否定马克思主义在中国发展的历史作用;西方"民主、自由"思潮有所蔓延,有些人宣扬"完全民主",西方式的"宪政"、"自由"和"民主",不附

加任何立场的"独立的思想和自由的精神"等;封建迷信活动有所发展,看相、算命、看风水等封建迷信活动,有不少人相信。这使我们清楚地看到,随着文化多元化的流行,在我国社会确实出现了五花八门的、错误而有害的思想观念,对坚持"弘扬主旋律,提倡多样化"、坚持和发展中国化马克思主义文化,形成严峻挑战。应当指出,对于这些挑战,既不能消极看待、听之任之,也不能简单粗暴地加以处理。思想文化问题解决起来并不比经济、政治问题容易,在这方面我们有过许多历史教训。积极的态度应是正视现实,深入活生生的社会实践,创造性地丰富和发展马克思主义,使马克思主义所蕴含的崇高价值理念与改革开放、发展社会主义市场经济的伟大实践更加契合,从中焕发出勃勃的生机和活力,以此感召并赢得群众。只有这样,才能在当代文化的历史性巨变中真正战胜各种思潮的挑战,真正把握住中国化马克思主义发展的历史命运。

(二)发展中国化的马克思主义主流文化,必须坚持马克思主义在中国先进文化建设中的主导地位

历史发展到今天,马克思主义已经发展成了一种真正世界性的文化现象,已经深深渗入人类文明肌体的每一项细胞及其发展的每一个环节。这是当代其他任何一种理论思潮都无法比拟的,也是任何人或任何势力都无法否认的客观事实。因此,马克思主义不仅过去是,现在是,将来一定还应当是中国的主导文化。它在不断中国化的历史进程中,已经把自身所倡导的价值理想深深融入了中国社会的现实历史发展中,成为中国人民把握历史发展大趋势的强大思想武器和理论指南。

在当代各种文化思潮相互激荡,我国改革开放、发展社会主义市场经济实践面临许多新情况、新问题的情况下,我们更要坚持以马克思主义为指导,坚持推进中国化马克思主义的文化建设,发展中国特色社会主义先进文化。

在推进马克思主义哲学中国化过程中,必须坚持马克思主义的主导地位的原因如下。

1.马克思主义理论为当代中国文化提供了核心价值观

马克思主义包含丰富的价值观思想,作为科学的世界观、方法论、价值观,它能够指导我们依据新的历史条件,吸取一百五十多年来人类价值观发展的新成果,探索适应改革开放、发展社会主义市场经济要求的文化价值观。

2.马克思主义始终代表着中国先进文化的前进方向,是建设中国特色社会主义文化的根本指针

马克思主义认为,一切划时代体系的真正内容,都是由产生这些体系的

那个时代的现实和需要构成的。马列主义、毛泽东思想、邓小平理论、"三个代表"重要思想和科学发展观,作为中国改革开放、建设中国特色社会主义实践的理论表现,必然深刻地反映我国社会主义初级阶段的经济、政治、文化和社会建设。改革开放、建设中国特色社会主义的实践是不断发展的,马克思主义也必然伴随这一实践而不断前进。因此,只有始终坚持和发展马克思主义,才能全面认识和把握社会主义初级阶段的文化,正确把握中国特色社会主义文化的科学规定。

3. 在推进马克思主义哲学中国化过程中,必须坚持马克思主义的主导地位,才能正确把握和处理好当前文化建设中的各种关系

马克思主义是指导我们思想的理论基础,因而也是建设中国特色社会主义文化的根本指导思想。只有用马克思主义指导文化建设,才能使那些即使达不到社会主义思想高度的文化也具有进步的思想内容。正确把握和处理当前文化建设中的各种关系,归根到底,就是如何学会运用马克思主义的观点和方法来指导文化建设,探索中国文化发展的正确道路和客观规律。我们说坚持以马克思主义为指导,并不是指马克思主义个别结论的指导,而是世界观和方法论的指导;也不是教条主义或实用主义地对待马克思主义,而是在实践中坚持和发展马克思主义,把马克思主义当做开放的体系,与中国具体实际相结合,从而不断推进中国化马克思主义先进文化的发展。

结束语　不断推进马克思主义哲学中国化 实现中华民族的伟大复兴

中国共产党成立90多年的历史,是一部在马克思主义哲学中国化的进程中不断发展壮大,引导中国革命、建设和改革开放事业胜利前进,为中华民族的伟大复兴不懈奋斗的历史。这一光辉历程,充分体现出我们党用马克思主义理论武装起来,同时又把马克思主义与中国具体实际相结合,不断与时俱进、创新理论的可贵精神。每一次理论创新,都既继承前人又突破前人,都有自己鲜明的时代特点,从而极大地丰富和发展了马克思主义,极大地推进了中国的革命、建设和改革发展事业。毛泽东思想、邓小平理论、"三个代表"重要思想和科学发展观,是马克思主义哲学中国化的光辉典范,是几代中国共产党人领导亿万人民群众实践的结果,是全党集体智慧的结晶。实践早已无可辩驳地证明,不断推进马克思主义哲学的中国化,是中国共产党领导中国人民进行革命斗争,建设中国特色社会主义事业的必然选择,是实现中华民族伟大复兴唯一正确的道路。

回顾中国共产党90多年的光辉历程,可以清楚地看到,我们党始终把实现中华民族的伟大复兴作为自己的重要使命,始终锲而不舍地探索如何推进马克思主义哲学中国化,留下了许多宝贵的经验与启示。这些经验与启示,是我们继续推进马克思主义哲学中国化、实现中华民族伟大复兴必须认真汲取的。

首先,我们一定要坚持马克思主义的指导地位,同时以科学态度对待马克思主义,正确处理坚持与发展的辩证关系,这是不断推进马克思主义哲学中国化进程的基础。之所以如此,最根本的原因就是,作为一种世界观,马克思主义是人类文明特别是欧洲近代文明发展的结晶,是建立在坚实的科学成果基础上的,因而它是科学的世界观。马克思主义的科学性,决定了它的指导性。发展是坚持与创新的统一。我们要丰富、发展马克思主义,首先应该深入研究马克思主义,这是我们前进的基础和出发点。我们党在马克思主义哲学中国化进程中取得的每一个理论成果,都是坚持马克思主义与创新马克思主义有机统一的结果。

其次,我们一定要积极响应时代召唤,准确体现时代精神,认真回答时代提出的课题,这是不断推进马克思主义中国化进程的前提。当今世界和当代中国仍然在不断发展变化。国际形势又出现了一些新的特点,我国改革开放和现代化建设在不断前进,人民群众的伟大实践在不断发展。这就要求我们的认识不能永远停留在一个地方,而要高度关注时代的发展。我们党推进马克思主义中国化的历程表明,理论的每一次创新,都是顺应时代需要,在运用马克思主义基本理论解决时代提出的最迫切问题中产生的。马克思说过:每个原理都有其出现的世纪。任何理论都在实践的需求下应运而生。毛泽东思想、邓小平理论、"三个代表"重要思想和科学发展观,都是如此。

最后,我们一定要紧密依靠人民群众的伟大实践和创造,这是不断推进马克思主义哲学中国化进程不竭的动力。离开人民群众的实践与创造,关起门来冥思苦想,或从书本到书本、从理论到理论,都是不受群众欢迎的。离开了实践,理论没有价值,也没有生命力。我们党在思想理论上的每一次创新,都不是从书本、概念和抽象原则出发,而是紧紧依靠人民群众的伟大实践与创造,总结群众实践的新鲜经验并上升到理论而形成的。为此,我们应该努力建设一支具备这种素质的高水平的干部队伍和马克思主义理论队伍,使理论之树深深扎根在人民群众实践与创造的沃土中而保持旺盛的生命力,从而不断地推进马克思主义哲学中国化的伟大进程。

马克思主义哲学中国化是一个永无止境的历史过程,它贯穿于中国革命、改革开放、现代化建设发展和中华民族伟大复兴的全过程,是一个需要广大理论工作者和实际工作者不断深入研究的重大课题。如何更深入具体地阐明以毛泽东、邓小平、江泽民和胡锦涛为代表的中国共产党人发掘中国传统哲学中丰富的思想资源来发展马克思主义哲学,架起中国人民进一步学习接受马克思主义哲学的思想桥梁,还有待于拓展和深化;如何深刻阐明以习近平为代表的中国共产党人,继往开来,坚持把马克思主义基本原理与中国当代具体实践相结合,批判继承中国传统哲学思想精华,提出了科学发展观、构建社会主义和谐社会、建设社会主义核心价值体系等重要思想,不断推进马克思主义中国化,用马克思主义中国化的最新成果武装全党,教育人民,指导新的实践,也有待于进一步研究。我们希望广大党政干部、学界同仁共同努力,以期取得新的成果。

参考文献

[1]马克思恩格斯选集(1—4卷).北京:人民出版社,1995.
[2]马克思恩格斯全集(1、42、46卷).北京:人民出版社,1956、1979.
[3]列宁选集(1—4卷).北京:人民出版社,1995.
[4]毛泽东选集(1—4卷).北京:人民出版社,1991.
[5]周恩来外交文选.北京:中央文献出版社,1990.
[6]李大钊文集(下).北京:人民出版社,1984.
[7]邓小平文选(第2、3卷).北京:人民出版社,1994、1993.
[8]江泽民文选(1—3卷).北京:人民出版社,2006.
[9]建国以来毛泽东文稿(第10册).北京:中央文献出版社,1996.
[10]中国共产党历次党章汇编(1921—2002).北京:中国方正出版社,2006.
[11]十四大以来重要文献选编(上).北京:人民出版社,1996.
[12]十七大以来重要文献选编(中册).北京:中央文献出版社,2011.
[13]胡锦涛.胡锦涛出席"2008经济全球化与工会"国际论坛开幕式并致辞.人民日报,2008-01-08.
[14]十八大报告学习辅导百问.北京:党建读物出版社,学习出版社,2012.
[15]中共中央关于加强和改进新形势下党的建设若干重大问题的决定.北京:人民日报社,2009.
[16]张允熠.中国传统文化与马克思主义.太原:山西教育出版社,1999.
[17]王建辉.马克思主义生态思想研究.武汉:湖北人民出版社,2007.
[18]刘仁荣,方小年.毛泽东思想的理论创新研究.北京:人民出版社,2004.
[19]中共中央宣传部新闻局."三个代表"重要思想、马克思主义新闻观、职业精神职业道德学习读本.北京:人民日报出版社,2004.
[20]田克勤.中国化马克思主义概论.北京:中国人民大学出版社,2010.
[21]雷清.马克思主义中国化简明读本.北京:中共中央党校出版社,2011.

[22]包心鉴.马克思主义中国化的基本规律与当代走向.北京:人民出版社,2011.

[23]侯树栋,辛国安.马克思主义中国化的基本经验.北京:人民出版社,2009.

[24]林志友.马克思主义中国化的进程及其规律研究.北京:中国社会科学出版社,2010.

[25]刘勇.马克思主义大众化的实践研究.北京:中国矿业大学出版社,2012.

[26]郭湛,安启念.马克思主义中国化教程.北京:人民出版社,2008.

[27]陶德麟,何萍.马克思主义哲学中国化.北京:北京师范大学出版社,2007.

[28]毕国明,许鲁洲.中国哲学与马克思主义哲学中国化.北京:人民出版社,2010.

[29]郭建宁.马克思主义哲学中国化的当代视野.北京:人民出版社,2009.

[30]于金富.马克思主义经济学的经典理论与现代观点.北京:中国社会科学出版社,2008.

[31]裴小革.建设的经济学——马克思主义经济学中国化研究.北京:中国社会科学出版社,2011.

[32]孙居涛.马克思主义经济理论中国化基本问题.北京:中国社会科学出版社,2008.

[33]宋士昌,衣芳.马克思主义中国化通论.济南:山东人民出版社,2009.

[34]张宁.科学发展观与十六大以来的理论创新.北京:中央文献出版社,2012.

[35]商志晓.文化软实力——提升当代中国文化建设的社会影响.济南:济南出版社,2013.

[36]刘晓玲.文化软实力提升浅论.长沙:湖南人民出版社,2009.

[37]郑新立.文化建设与国家软实力.北京:外语教学研究出版社,2010.